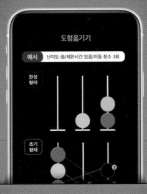

LSIT

코오롱그룹
인적성검사

단기완성

Always with you

사람이 길에서 우연하게 만나거나 함께 살아가는 것만이 인연은 아니라고 생각합니다.
책을 펴내는 출판사와 그 책을 읽는 독자의 만남도 소중한 인연입니다.
(주)시대고시기획은 항상 독자의 마음을 헤아리기 위해 노력하고 있습니다.
늘 독자와 함께하겠습니다.

PREFACE

머리말

코오롱그룹은 1954년 나일론 섬유 사업을 시작하여 대한민국에 의생활 혁명을 이끌어냈으며, 독특한 기업문화를 기반으로 더 나은 미래를 제공하기 위해 정밀화학, 건설 등으로 사업을 다각화, 한국 경제의 고속성장과 발전에 기여했다.

코오롱그룹은 '인간생활의 풍요와 인류문명의 발전에 이바지한다.'는 경영철학을 바탕으로 생활의 질을 향상시키는 제품과 서비스를 제공함으로써 고객의 라이프스타일을 혁신시킨다는 'LifeStyle Innovator'를 새로운 비전으로 내세우고 있다. 이를 위해 코오롱은 화학 · 첨단소재 · 바이오와 같은 눈에 보이지는 않지만 생활의 근간이 되는 사업부터 패션 · 레저 · 건설처럼 우리의 삶을 풍요롭게 하는 사업에 매진하고 있다.

'One&Only'라는 경영방침을 기반으로 임직원 모두에게 독특하고 차별된 역량은 물론 최고의 경쟁력을 요구하는 코오롱그룹은 채용절차에서 취업 준비생들이 업무에 필요한 역량을 갖추고 있는지를 평가하기 위해 인적성검사를 시행하여 맞춤 인재를 선발하고 있다. 코오롱그룹 인적성검사는 적성검사와 인성검사로 나뉘어 있으며, 적성검사의 난도는 높은 편이 아니지만 유형을 익혀 대비하지 않으면 시간이 부족하다.

이에 (주)시대고시기획에서는 코오롱그룹에 입사하고자 하는 수험생들에게 좋은 길잡이가 되어주고자 다음과 같은 특징을 가진 본서를 출간하게 되었다.

첫 째 주요기업 인적성검사 최신기출문제를 수록하여 최근 대기업 인적성검사의 출제경향을 한눈에 파악할 수 있게 하였다.

둘 째 최근 기출문제를 철저히 분석하여 구성한 영역별 이론점검을 통해 보다 체계적으로 공부할 수 있으며, 유형점검을 통해 수험생들이 출제 가능한 문제유형을 파악할 수 있도록 하였다.

셋 째 코오롱그룹의 인재상과의 적합 여부를 판별할 수 있는 인성검사를 분석 · 수록하였다.

넷 째 합격의 최종 관문인 면접에 관한 실전 대책과 기출 면접을 수록하여 코오롱그룹 채용에 별도의 합격서가 필요하지 않게 하였다.

끝으로 이 책으로 코오롱그룹 인적성검사 시험을 준비하는 여러분 모두에게 합격의 기쁨이 있기를 진심으로 기원한다.

SD적성검사연구소 씀

코오롱 소개

KOLON Corporation

(주)코오롱은 코오롱 그룹의 지주회사로서, 지배구조 투명성 확보와 사업부문별 전문화를 이끌며 글로벌 시장에서의 그룹 경쟁력을 높이고 있다.

이와 함께 핵심 사업 투자를 위한 협의와 의사결정, 계열사 사업 육성 및 지원, 브랜드 상표권 등 지적재산권 라이선스 사업, 시장조사 및 경영 자문을 수행해 경영 효율성을 제고하고 있다. 계열사가 성공 노하우를 공유하며 목표를 향해 정진할 수 있도록 'One&Only'에 토대를 둔 기업문화의 확산 및 내재화에 힘쓰고 있다.

비전

LIFESTYLE INNOVATOR

고객에게 기대 이상의 혁신적 가치를 전하며 고객의 삶을 더 풍요롭게 만드는 것, 그것이 코오롱이 지난 60여 년간 이어온 목표이자 역사이다.

생활의 질을 향상시키는 제품과 서비스를 제공함으로써 고객의 LIFESTYLE을 혁신시키는 것을 목표로 한다.

핵심가치

One & Only

One & Only는 모든 코오롱인이 공감하고 실천하는 경영방침이다.

고객으로부터 가장 사랑받는 코오롱이 되기 위하여, 임직원 모두가 독특하고 차별화된 역량을 갖추고, 개개인이 최고의 경쟁력을 가져야 함을 의미한다.

코오롱인이 가야할 길

One & Only Way

코오롱의 핵심가치 'One & Only'를 실현하기 위한 방법이다. One & Only Way의 세 가지 핵심가치는 코오롱인의 의사결정 기준이다.

• 고객으로부터 가장 사랑받는 코오롱 • 독특하고 차별화된 우리 • 최고의 경쟁력을 갖춘 나

인재상

코오롱그룹은 One&Only를 실현하는 사람을 바람직한 인재상으로 두고 있다.

One&Only는 코오롱인 각자가 가장 중요하게 여겨야 할 핵심가치를 담고 있다.
3Ways는 코오롱인의 의사결정 기준이며, 궁극적으로 달성해야 할 코오롱의 모습이다.
9Practices는 코오롱인이 모든 일상 속에서 One&Only Way를 실현할 수 있는 구체적인 방법이다.

First choice of customers

고객으로부터 가장 사랑받는 코오롱
- 고객으로부터 출발한다.
- 기대 이상의 가치를 제공한다.
- 고객의 성공에 기여한다.

Uniqueness

독특하고 차별화된 우리
- 한 발 앞서 시장을 읽고 움직인다.
- 경계를 넘어 협력한다.
- 새로운 것에 도전한다.

Individual Excellence

최고의 경쟁력을 갖춘 나
- 높은 목표수준을 갖는다.
- 철저하게 준비한다.
- 될 때까지 실행한다.

코오롱
이야기

INTRODUCE

채용절차

서류심사

01

지원자격/기본소양검증
▶ 무엇보다 서면만으로도 공감할 수 있도록 진솔하고 열정적으로 기술하는 것이 가장 중요하다.
▶ 왜 코오롱에 입사하고 싶은지, 본인이 왜 그 업무에 적합한지에 대한 이유를 구체적이고 분명하게 설득하는 것이 필요하다.
▶ 맞춤법, 상황에 맞는 정확한 어휘, 문장배열 등 글쓰기의 기본이 가장 중요하다.

LSIT

02

LIFESTYLE INNOVATOR'S TEST
▶ 자신의 역량을 충분히 발휘할 수 있도록 긴장을 풀고 Test에 임하는 것이 좋다.
▶ 거짓응답은 불이익을 당할 수 있다.

1차 면접

03

실무중심면접
▶ 직무 수행과 관련한 지식, 역량을 평가하는 개인 PT 면접을 통해 업무 수행 능력 및 조직문화 적합도를 평가한다.
▶ 깨끗하고 단정한 복장으로 좋은 첫인상을 남기는 것이 좋다.
▶ 계열사와 직무에 맞는 자신의 이야기를 하는 것이 좋다.

2차 면접

04

인성면접(임원면접)
▶ 코오롱의 핵심가치인 One&Only Way를 실천할 수 있는 인재를 찾는 과정이다.
▶ 자기소개서 중심으로, 주요 경험에 대해 내용을 정리하는 것이 좋다.
▶ 솔직한 답변과 함께, 긴장해서 질문을 제대로 이해하지 못할 경우 다시 한 번 요청하는 자세가 필요하다.

채용검진

05

▶ 면접 전형에서 합격한 후, 지정된 기관에서 건강검진을 실시한다.

최종합격

06

▶ 합격자 발표는 최종 합격자에게 개별 안내된다.
▶ 코오롱의 신입사원은 체계적인 육성시스템을 통해 단기간 내 실무에 투입되어 전문가로 성장한다.

※ 채용절차는 채용유형, 채용직무, 채용시기 등에 따라 변동될 수 있으므로 반드시 코오롱그룹에서 발표하는 채용공고를 확인하시기 바랍니다.

합격 후기

합격 선배들이 알려주는
코오롱그룹 인적성검사 합격기

💬 시험장에서 당황하지 않으려면!

코오롱그룹 입사를 준비하면서 LSIT가 있다는 것을 알게는 되었지만 다른 기업들의 인적성검사와 크게 다를까 싶어 한동안 준비를 게을리 했었습니다. 그러다 인적성검사 기간이 가까워져 혹시나 하는 마음으로 책을 훑어보게 되었는데 도형추리 영역 유형이 생소해 크게 당황했던 기억이 있네요. 그래도 남은 기간 동안 시대고시 책으로 열심히 준비해서 그런지 좋은 결과를 얻을 수 있었던 것 같습니다!

💬 유형을 파악해야 노력이 보답받습니다.

저같은 경우에는 코오롱그룹의 인적성검사의 대략적인 난이도를 주변 사람들에게 들어서 어느 정도는 알고 있었던 터라 차근차근 준비해왔던 것 같습니다. 언어영역의 경우 평소 꾸준히 추리문제를 풀면서 독해 준비를 해왔었고 수리 영역 또한 많은 유형에 익숙해지려고 노력했던 것 같습니다. 다만 도형추리의 경우에는 다른 기업 인적성검사와 유형이 달라 익히는 데 고생했던 기억이 납니다. 미리 책을 구매해 공부할 수 있어서 다행이었던 것 같습니다.

※ 본 독자 후기는 실제 (주)시대고시기획의 도서를 통해 공부하여 합격한 독자들께서 보내주신 후기를 재구성한 것입니다.

시험장 TIP

○ 필수 준비물

❶ 신분증
　주민등록증, 외국인등록증, 여권, 운전면허증 중 하나
❷ 수험표

○ 유의사항

❶ 전자제품 사용 및 휴대는 금지이므로 가방에 넣어 시험관에게 제출하도록 한다.
❷ PART Ⅰ－C(도형추리) 영역의 경우 검사지에 정답을 제외한 표시를 할 수 없으며 검사지 자
　체를 움직이거나 돌려보는 행위는 부정행위로 간주된다.
❸ 시험 중에는 모자와 손목시계를 착용할 수 없다.

○ 시험 진행

구분	문항 수	제한시간
PART Ⅰ－A(언어능력)	30문항	35분
PART Ⅰ－B(수리능력)	25문항	35분
PART Ⅰ－C(도형추리)	25문항	25분
휴식		10분
PART Ⅱ(인성검사)	300문항	7~80분

❶ PART Ⅱ 시작 전에 쉬는 시간이 주어진다.
❷ 시험 종료 5분전 안내 방송을 해준다.

○ 알아두면 좋은 Tip

❶ 각 교실의 시험 감독관과 방송에 의해 시험이 진행되므로 안내되는 지시 사항을 잘 준수한다.
❷ 수험장에 도착해서는 화장실에 사람이 몰릴 수 있으므로 미리미리 간다.
❸ 정답을 시험지에 표시하고 답안지에 옮겨 적을 만큼 충분한 시간을 주는 시험이 아니므로 답
　안지에 바로바로 마킹한다.
❹ 길게 진행되는 시험이 아니더라도 시험에 집중하는 만큼 빨리 피로해지므로, 초콜릿 등의 간
　단한 간식을 챙긴다.

시험 전 CHECK LIST

체크	리스트
☐	수험표를 출력하고 자신의 수험번호를 확인하였는가?
☐	수험표나 공지사항에 안내된 입실 시간 및 주의사항을 확인하였는가?
☐	신분증을 준비하였는가?
☐	컴퓨터용 사인펜과 수정테이프를 준비하였는가?
☐	여분의 필기구를 준비하였는가?
☐	시험시간에 늦지 않도록 알람을 설정해 놓았는가?
☐	시험 전에 섭취할 물이나 간식을 준비하였는가?
☐	수험장 위치를 파악하고 교통편을 확인하였는가?
☐	시험을 보는 날의 날씨를 확인하였는가?
☐	시험장에서 볼 수 있는 자료집을 준비하였는가?
☐	인성검사에 대비하여 지원한 회사의 인재상을 확인하였는가?
☐	자신이 지원한 회사와 계열사를 정확히 인지하고 있는가?
☐	오답 체크표의 '×' 표시한 문제를 한 번 더 확인하였는가?
☐	자신이 취약한 영역을 두 번 이상 학습하였는가?
☐	도서의 모의고사를 통해 자신의 실력을 확인하였는가?

※ 최소 시험 이틀 전에 위의 리스트를 확인하시면 좋습니다.

시험 후 CHECK LIST

체크	리스트
☐	인적성 시험 후기를 작성하였는가?
☐	상하의와 구두를 포함한 면접복장이 준비되었는가?
☐	지원한 직무의 직무분석을 하였는가?
☐	단정한 헤어와 손톱 등 용모관리를 깔끔하게 하였는가?
☐	자신의 자소서를 다시 한 번 읽어보았는가?
☐	1분 자기소개를 준비하였는가?
☐	도서 내의 기출 질문을 확인하였는가?
☐	자신이 지원한 산업의 최신 이슈를 정리하였는가?

※ 시험 다음 날부터 위의 리스트를 확인하며 면접 준비를 미리 하시면 좋습니다.

| GSAT |

수리논리

❶ 빈칸 채우기

다음 표는 K시 A, B, C동에 있는 벚꽃나무 수에 관한 연도별 자료이다. 빈칸에 들어갈 수치로 가장 적절한 것은 ① 빈칸 확인
각 수치는 매년 일정한 규칙으로 변화한다)
② 문제 조건 확인

〈연도별 벚꽃나무 수 변화 추이〉

(단위 : 그루)

구분	A동	B동	C동
2012년	60	110	35
2013년	66	120	19
2014년	60	103	42
2015년	56	105	44
2016년	55	97	53
2017년		112	50
2018년	48	116	41

④ 연도별 규칙 확인
각 연도의 증감 추이나 합,
등차·등비 확인

③ 각 동별 규칙 확인
각 동의 증감 추이나 합, 등차·등비 확인

① 50
② 48
③ 47
④ 44

★ GSAT 삼성직무적성검사 기출이 답이다(개정5판) 본문 p.40_대표유형

❷ 농도

연속출제

설탕물 500g이 있다. 이 설탕물에 농도가 3%인 설탕물 200g을 온전히 섞었더니 설탕물의 농도는 7%가 되었다.
설탕물에 녹아 있던 설탕은 몇 g인가?

① 31g
② 37g
③ 43g
④ 49g
⑤ 55g

★ GSAT 삼성직무적성검사 7일 특강(초판) 본문 p.57_대표유형

추리

조건추리

19   A, B, C, D는 구두를 사기 위해 신발가게에 갔다. 신발가게에서 세일을 하는 품목은 빨강, 주황, 노랑,
남색, 보라색 구두이고 각각 한 켤레씩 남았다. 다음 〈조건〉을 만족할 때, A는 주황색 구두를 제외하고 어떤 색의 구두
를 샀는가?(단, 빨강 – 녹색, 주황 – 파랑, 노랑 – 남색은 보색 관계이다)

〈조건〉

• A는 주황색을 포함하여 두 켤레를 샀다.
• C는 빨강 구두를 샀다.
• B, D는 파란색을 좋아하지 않는다.
• C, D는 같은 켤레의 구두를 샀다.
• B는 C가 산 구두와 보색 관계인 구두를 샀다.
• D는 B가 산 구두와 보색 관계인 구두를 샀다.

★ GSAT 삼성직무적성검사 봉투모의고사(개정15판) 제2회 p.47_19번

| SKCT |

인지역량 I - 수리(검사 B)

자리배치

중복 확인(사람일 때는 같은 사람이 없으므로 중복이 없지만,
사물이나 직급, 성별같은 경우에는 중복이 있을 수 있으므로 주의해야 함)

합의 법칙

A, B, C, D, E 다섯 명을 전방을 향해 일렬로 배치할 때, B와 E 사이에 1명 또는 2명이 있도록 하는 경우의 수는?

순서를 고려하므로 순열 P

① 30가지
② 60가지
③ 90가지
④ 120가지
⑤ 150가지

어떤 둘 사이에 n명($n \geq 2$)을 배치할 때,
$(n+2)$명을 한 묶음으로 생각하고 계산
→ $(n+2)$명을 1명으로 치환

★ SKCT SK그룹 종합역량검사 기출이 답이다(개정5판) 본문 p.20_대표유형

인지역량 II - 언어(검사 C)

추론

17 다음 글을 바탕으로 〈보기〉의 내용으로부터 추론할 수 있는 내용으로 가장 적절한 것은?

> 독립신문은 우리나라 최초의 민간 신문이다. 사장 겸 주필(신문의 최고 책임자)은 서재필 선생이, 국문판 편집과 교정은 최고의 국어학자로 유명한 주시경 선생이, 그리고 영문판 편집은 선교사 호머 헐버트가 맡았다. 창간 당시 독립신문은 이들 세 명에 기자 두 명과 몇몇 인쇄공들이 합쳐 단출하게 시작했다.
>
> 신문은 우리가 흔히 사용하는 'A4 용지'보다 약간 큰 '국배판(218×304mm)' 크기로 제작됐고, 총 4면 중 3면은 순 한글판으로, 나머지 1면은 영문판으로 발행했다. 제1호는 '독닙신문'이고 영문판은 'Independent(독립)'로 조판했고, 내용을 살펴보면 제1면에는 대체로 논설과 광고가 실렸고, 제2면에는 관보·외국통신·잡보가, 제3면에는 물가·우체시간표·제물포 기선 출입항 시간표와 광고가 게재됐다.
>
> 독립신문은 민중을 개화시키고 교육하기 위해 발간된 것이지만, 그 이름에서부터 알 수 있듯 스스로 우뚝 서는 독립국을 만들고자 자주적 근대적 사상을 갖추했다. 창간호 표지에는 '데이크 데이호. 조션 서울 건양 원년 사월 초칠일 금요일'이

★ SKCT SK그룹 종합역량검사 봉투모의고사(개정2판) 제1회 p.27_17번

인지역량 III - 직무(검사 D)

조건추리

09 기획팀에서 근무하는 네 명의 여자 사원 A, B, C, D와 세 명의 남자 사원 E, F, G는 이번 달에 회식을 진행할 것인지를 두고 토론하고 있으며, 그들 중 네 명은 회식 진행에 찬성하고, 세 명은 반대하고 있다. 이들의 찬반 경향이 다음과 같다고 할 때, 반드시 참이라고 할 수 없는 것은?

> • 남자 사원 가운데 적어도 한 사람은 반대하지만 그들 모두 반대하는 것은 아니다.
> • A와 B 가운데 한 사람은 반대한다.
> • B가 찬성하면 A와 E는 반대한다.
> • B가 찬성하면 C와 D도 찬성하고, C와 D가 찬성하면 B도 찬성한다.
> • F가 찬성하면 G도 찬성하고, F가 반대하면 A도 반대한다.

① A와 F는 같은 입장을 취한다.

★ SKCT SK그룹 종합역량검사 5일 특강(초판) 본문 p.127_09번

| 포스코 |

언어이해

문단순서

25

'기상 측정이 시작된 이후 최대 강수량, 최대 폭설', '사람 체온을 훌쩍 넘기는 이상 기온'. 우리는 요즘 이런 말을 자주 듣는다. 예측할 수 없는 이상 기후와 자연재해의 원인을 보면 아이러니한 측면이 있다. 이제까지 인류는 화석 연료를 지혜롭게 이용한 덕에 편리함과 풍족함을 누릴 수 있었다.

(가) 그러나 화석 연료로 인한 지구 온난화는 심각한 부작용의 대표적 사례이다.
(나) 우리는 과거의 영화를 그리워하기보다는 앞으로 닥칠 미래가 어떤 식으로 진행될지 예측해야 한다.
(다) 그와 관련하여 우선 현실을 점검하고 그에 따른 대비책을 마련해야 한다.
(라) 수억의 인구가 먹고 살 수 있도록 농업 생산량을 증가시킨 농약이나 비료를 비롯하여 건강을 지켜 준 의약품, 플라스틱 제품 등 이루 헤아릴 수 없을 만큼의 많은 혜택을 인류에게 제공한 것도 화석 연료이다.
(마) 그래서 다음 몇 세기는 장기간의 화석 연료 사용이 초래한 부정적인 결과를 감당해 내야만 할 것 같다.

① (가) - (나) - (마) - (라) - (다)
② (나) - (마) - (가) - (라) - (다)
③ (라) - (가) - (마) - (나) - (다)
④ (나) - (다) - (마) - (가) - (라)

★ 포스코그룹 단기완성(개정8판) 최종점검 모의고사 p.17_25번

자료해석

추론

13 다음은 인천광역시 내의 각 자치단체 홈페이지에 게재된 글의 성격을 분석한 결과 자료이다. 이에 대한 설명으로 옳은 것은?

〈지역별 게시글의 성격〉

(단위 : 건 수, %)

구분		게시글의 성격									합계	
		문의	비율	청원	비율	문제 지적	비율	정책 제안	비율	기타	비율		비율
지역	시 본청	123	36.1	87	25.5	114	33.4	10	2.9	7	2.1	341	33.1
	중구	20	37.7	17	32.1	13	24.5	1	1.9	2	3.8	53	5.1
	동구	14	43.8	9	28.1	7	21.9	-	-	2	6.3	32	3.1
	남구	22	24.7	25	28.1	32	36.0	7	7.9	3	3.4	89	8.6
	연수구	6	16.7	15	41.7	14	38.9	1	2.8	-	-	36	3.5
	남동구	21	22.8	31	33.7	39	42.4	-	-	1	1.1	92	8.9
	부평구	29	28.7	28	27.7	41	40.6	1	1.0	2	2.0	101	9.8
	계양구	13	15.3	40	47.1	30	35.3	2	2.4	-	-	85	8.2
	서구	50	32.5	34	22.1	65	42.2	-	-	5	3.2	154	14.9
	강화군	17	44.7	8	21.1	8	21.1	3	7.8	2	5.3	38	3.7
	옹진군	6	60.0	-	-	3	30.0	1	10.0	-	-	10	1.0
전체		321	31.1	294	28.5	366	35.5	26	2.5	24	2.3	1,031	100

① 전체 게시글의 빈도는 문의, 문제 지적, 청원, 정책 제안, 기타의 순서로 많다.
② 문의의 비율이 가장 높은 지역은 강화군이다.

★ 포스코그룹 봉투모의고사(개정1판) 제1회 p.25_13번

| L-TAB |

자료해석

자료추론

07 다음은 민간 분야 사이버 침해사고 발생현황에 관한 자료이다. 이에 대한 〈보기〉의 설명 중 옳지 않은 것을 모두 고르면?

〈민간 분야 사이버 침해사고 발생현황〉

(단위 : 건)

구분	2016년	2017년	2018년	2019년
홈페이지 변조	6,490	10,148	5,216	3,727
스팸릴레이	1,163	988	731	365
기타 해킹	3,175	2,743	4,126	2,961
단순침입시도	2,908	3,031	3,019	2,783
피싱 경유지	2,204	4,320	3,043	1,854
합계	15,940	21,230	16,135	11,690

★ L-TAB 롯데그룹 5일 특강(초판) 본문 p.140_07번

수리공간(이공계)

펀칭

※ 다음과 같은 정사각형의 종이를 화살표 방향으로 접고 〈보기〉의 좌표가 가리키는 위치에 구멍을 뚫었다. 다시 펼쳤을 때 뚫린 구멍의 위치를 좌표로 나타낸 것으로 옳은 것을 고르시오(단, 좌표가 그려진 사각형의 크기와 종이의 크기는 일치하며, 종이가 접힐 때 종이의 위치는 바뀌지 않는다). [21~25]

〈좌표〉

A B C D E F
1
2
3
4
5
6

★ L-TAB 롯데그룹 이공계 봉투모의고사(개정3판) 제1회 p.73_21번

언어논리(인문계)

어휘유추

① 제시된 단어 뜻 파악
자기의 손이나 발처럼 마음대로 부리는 사람을 비유적으로 이르는 말

다음 제시된 단어의 대응 관계로 볼 때 빈칸에 들어가기에 알맞은 것은?

② 관계 유추   유의어 ③ 유의 관계에 맞는 단어 유추

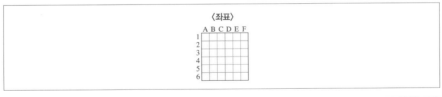

유의 관계 손발 : 하수인=바지저고리 : ( )

주견이나 능력이 전혀 없는 사람을 놀림조로 이르는 말

① 비협조자   ② 불평분자   =무능력
③ 의류업자   ④ 무능력자

남의 밑에서 졸개 노릇을 하는 사람

★ L-TAB 롯데그룹 인문계 기출이 답이다(개정5판) 본문 p.40_대표유형

2020 하반기 채용대비
LSIT 코오롱그룹
단기완성

도서
200%
활용하기

FEATURES

[최신기출문제]로 출제 경향 파악

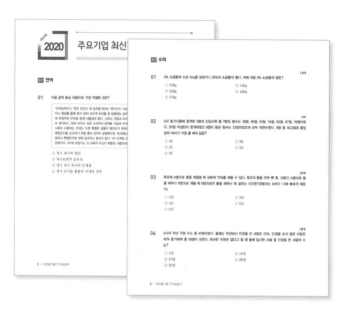

주요기업 인적성검사 최신기출 문제를 복원하여 최신 출제 경향을 파악할 수 있도록 하였다. 이를 바탕으로 본격적인 학습을 시작하기 전에 자신의 실력을 판단할 수 있다.

[이론점검], [대표유형], [유형점검]으로 영역별 단계적 학습

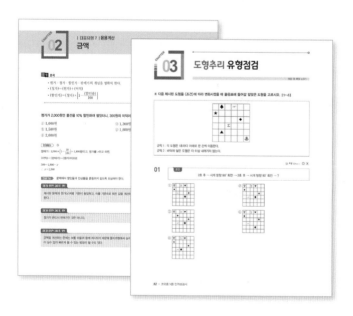

출제되는 영역에 대한 이론, 대표유형, 유형점검으로 수록하여 최근 출제되는 유형을 익히고 점검할 수 있도록 하였다. 이를 바탕으로 기본기를 튼튼히 준비할 수 있다.

[최종점검 모의고사]+[OMR]을 활용한 실전 연습

최종점검 모의고사 2회와 OMR 답안지를 수록하여 실제로 시험을 보는 것처럼 최종 마무리 연습을 할 수 있도록 하였다.

- 스마트폰을 이용하여 QR코드로 접속하면 모바일 OMR을 사용할 수 있습니다.
- 시험 시간에 맞춰 연습할 수 있습니다.
- 현재 나의 순위를 확인할 수 있습니다.

[인성검사]부터 [면접]까지 한 권으로 완벽 대비

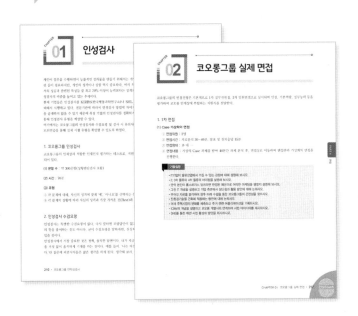

인성검사 모의테스트를 수록하여 코오롱그룹에서 추구하는 인재에 부합하는지 확인할 수 있도록 하였다. 또한 면접 주요사항과 유형을 파악한 뒤 면접 기출 질문을 통해 실제 면접에서 나오는 질문에 미리 대비할 수 있도록 하였다.

2020 하반기 채용대비
LSIT 코오롱그룹
단기완성

도서
200%
활용하기

FEATURES

샘플 해설 페이지

14 정답 ②

첫 번째 단락에서 창의적 사고는 반성적 사고의 체화를 통해서 이루어진다고 하였고, 마지막 단락에서 창의력을 위해서는 유사 응용문제 풀이를 반성적 사고 속에서 반복적으로 수행하여 반성적 사고의 제 단계에까지 도달하여야 한다고 하였다. 따라서 창의적 사고와 유사 응용문제 풀이의 반복이 관련이 없다는 것은 잘못된 진술이다.

오답분석
①·④·⑤는 첫 번째 단락에서, ③은 첫 번째 단락과 다섯 번째 단락에서 알 수 있다.

15 정답 ①

'블랙홀처럼 무거운 물질이 있는 태양계 밖의 우주 공간에서는 아인슈타인의 이론이 아니라' 해석할 수 없는 일들이 발생한다.'로 보아, 매우 무거운 물질이 존재하기 때문이라고 할 수 있다.

16 정답 ④

최저 임금제는 임금(임금)의 최저 가격을 설정하고 이 가격 이하로 내려가지 못하게 통제하는 제도이기 때문에 최저 가격제의 일종이다. 최저 임금제의 가격제는 근로자(노동 생산자)의 이익을 보호하기 위한 것이기 때문에, 기업(노동 소비자)에게는 불리한 제도이다. 따라서 최저 임금제가 시행되면 근로자에 대한 기업의 고용량은 감소한다.

17 정답 ②

자음과 모음을 각각 문자화한 것을 음운 문자라고 하는 것을 제시문에서 확인할 수 있다. 그리고 영어 단어의 경우 한 단어가 여러 문자로 표기될 수 있으므로 소리는 같지만, 철자가 다른 경우가 많다. 반면, 훈민정음은 1자 1음, 1음 1자의 성질을 갖고 있어서 소리 나는 대로 표기할 수 있다. 그리고 제시문에서 훈민정음은 세밀한 과정 속에서 입말소리를 정확하게 관찰하고 분석한 결과라고 제시하고 있어서 맞는 진술이다. 그러나 영어의 모음자는 5개이지만, 하나의 모음이 다양한 소리를 낼 수 있으므로 모음자의 개수에 따라 문자의 우열을 나눌 수 있다는 ②의 진술은 적절하지 않다.

18 정답 ②

제시문은 한국식 웰빙이 어떤 배경에서 등장하였고, 또한 한국식 웰빙이 미국식 로하스와 어떻게 다른지를 선진국형 로하스의 개념과 대조하여 제시하고 있다.

19 정답 ②

세 번째 문단에서 출생 전 안드로겐 호르몬 노출 정도가 남성의 성적 방향성을 결정하는 요인 중 하나라고 언급하고 있다.

오답분석
① 두 번째 문단에서 뇌 영역 및 그 크기의 차이가 인간의 성적 방향성과 직접적인 인과관계를 맺고 있다는 증거는 발견되지 않았다고 하였다.
③ 첫 번째 문단에서 동성애자가 강압적인 어머니와 복종적인 아버지에 의해 양육되었으나 아무런 증거도 발견하지 못하였다고 나와 있다.
④ 네 번째 문단에서 인드로겐 호르몬은 청소년기 분비된다고 하였다.
⑤ 다섯 번째 문단에서 일란성 쌍생아의 동성애 일치 비율은 유전이 성적 방향성을 결정짓는 요인 중 하나라는 것을 보여주는 증거라고 하였다.

20 정답 ⑤

제시문의 '그런 훈련으로 책을 신성시하는 태도에서 벗어나게 해주는 역할을 교육이 충분히 수행하지 못해 '책을 꾸며낼 권리가 학생들에게 주어지지 않았기 때문에 벌어지는 일이다.'에 의해 잘못된 판단이라는 것을 알 수 있다.

오답분석
① · ③ 내용의 '알지 못하는 것에 대해 성찰하게 있게 말할 줄 안다는 것은 책들의 세계를 훨씬 옳도는 가치가 있다.'에서 추론 가능하다.
② '텍스트에 대한 존중과 수정 불가의 금기에 머리답한다'나 텍스트를 암송하거나 그것이 담고 있는 내용을 알아야 한다는 속박으로 인해'에서 추론 가능한 판단이다.
④ '젊은 작가들의 예를 통해 앞 수 있듯이 교양 전체는 담론而 그 대상 간의 연결을 읽고 자기 이야기를 하는 능력에서 보이는 이들에게 열리는 것이다.'에서 추론 가능한 판단이다.

21 정답 정답

제시문은 2극 진공관의 구조와 전류가 흐르는 원리, 그리고 정류에 대한 글이다. 따라서 (B) 2극 진공관의 구조 : 진공 상태와 유

PART 2

❶ 오답분석
정답 및 해설에서 정답에 대한 해설과 함께 오답에 대한 상세한 해설을 추가 수록하였다.

PART 1

적성검사
정답 및 해설

❷ 다회독 체크
한 번만 풀어서는 절대 내 것이 될 수 없다. 완벽하게 내 것이 될 때까지 풀고 또 풀고!

다회독 마킹표

영역	유형정답		
	1st	2nd	3rd
CHAPTER 01 언어능력			
CHAPTER 02 수리능력			
CHAPTER 02 도형추리			

14 갑, 을, 병은 2명의 대표자를 뽑는 선거의 후보자들이다. 선거결과 총 투표수는 3,270표, 무효표는 20표였고, 갑과 을이 당선되었다. 을의 득표수는 병의 득표수보다 50표 많았다. 만일 갑 득표수의 4%가 병의 지지표로 바뀌었다면 을은 병보다 10표 적어서 낙선했을 것이다. 이때, 갑과 을의 득표수의 차이는?

① 450표 ② 500표
③ 550표 ④ 600표
⑤ 650표

❶ Easy

15 어느 고등학교의 작년 학생 수는 1,200명이었다. 올해는 남학생이 5% 감소하고, 여학생이 7% 증가하여 작년과 학생 수가 같았다. 작년 여학생 수는 몇 명인가?

① 450명 ② 500명
③ 550명 ④ 650명
⑤ 700명

❸

16 S사는 토요일에 2명의 사원이 당직 근무를 서도록 사칙으로 규정하고 있다. S사의 B팀에는 8명의 사원이 있다. B팀이 앞으로 3주 동안 토요일 당직 근무를 선다고 했을 때, 가능한 모든 경우의 수는 몇 가지인가?(단, 모든 사원은 당직 근무를 2번 이상 서지 않는다)

① 1,520가지 ② 2,520가지
③ 5,040가지 ④ 10,080가지
⑤ 15,210가지

❷ Hard

17 S부서에는 부장 1명, 과장 1명, 대리 2명, 사원 2명 총 6명이 근무하고 있다. 새로운 프로젝트를 진행하기 위해 S부서를 2개의 팀으로 나누려고 한다. 팀을 나눈 후의 인원수는 서로 같으며, 부장과 과장이 같은 팀이 될 확률은 30%라고 한다. 대리 2명의 성별이 서로 다를 때, 부장과 남자 대리가 같은 팀이 될 확률은?

① 41% ② 41.5%
③ 42% ④ 42.5%
⑤ 43%

❶ Easy

조금만 연습하면 시간을 절약할 수 있는 난이도가 낮은 문제를 표시하였다. 이러한 문제는 평균 문제 풀이 시간보다 적은 시간을 사용하여 풀이하는 연습을 해야 한다.

❷ Hard

다른 문제에서 절약한 시간을 투자해야 하는 고난도 문제를 표시하였다. 시간 압박과 긴장감을 잠시 내려놓고 실수하지 않도록 차분하게 접근하여 풀이한다.

❸ 맞은 문제·틀린 문제 체크

문제를 풀 때 틀린 문제와 풀지 못한 문제에 'X' 표시를 한 후 시험 전 한 번 더 확인하자!

1주 완성 **학습플랜**

본서에 수록된 전 영역을 단기간에 끝낼 수 있도록 구성한 학습 플랜이다. 한 번에 전 영역을 공부하지 않고, 한 영역을 집중적으로 공부할 수 있도록 하였다. 인성검사 및 필기시험에 대한 기초 학습은 되어 있으나, 학습 계획 세우기에 자신이 없는 분들이나 미리 시험에 대비하지 못해 단시간에 많은 분량을 봐야 하는 수험생에게 추천한다.

ONE WEEK STUDY PLAN

1일차 ☐	2일차 ☐	3일차 ☐
____월____일	____월____일	____월____일

Start!

4일차 ☐	5일차 ☐	6일차 ☐	7일차 ☐
____월____일	____월____일	____월____일	____월____일

STUDY PLAN

STUDY CHECK BOX

구분	1일 차	2일 차	3일 차	4일 차	5일 차	6일 차	7일 차
최신기출문제							
PART 1							
최종점검 모의고사 1회							
최종점검 모의고사 2회							
다회독 1회							
다회독 2회							
다회독 3회							
오답분석							

🖐 스터디 체크 박스 **활용법**

1주 완성 **학습플랜**에서 계획한 학습량을 어느 정도 실천하였는지 표시하여 자신의 학습량을 효율적으로 관리할 수 있다.

STUDY CHECK BOX

구분	1일 차	2일 차	3일 차	4일 차	5일 차	6일 차	7일 차
최신기출문제	언어	×	×	완료			

2020 하반기 채용대비
LSIT 코오롱그룹
단기완성

이 책의 차례

CONTENTS

주요기업
최신기출문제

01 언어

| 포스코

01 다음 글의 중심 내용으로 가장 적절한 것은?

'있어빌리티'는 '있어 보인다.'와 능력을 뜻하는 영어단어 'Ability'를 합쳐 만든 신조어로, 실상은 별거 없지만, 사진이나 영상을 통해 뭔가 있어 보이게 자신을 잘 포장하는 능력을 의미한다. 이처럼 있어빌리티는 허세, 과시욕 등의 부정적인 단어와 함께 사용되어 왔다. 그러나 기업과 마케팅 전문가들은 있어빌리티를 중요한 마케팅 포인트로 생각하고, 있어 보이고 싶은 소비자의 심리를 겨냥해 마케팅 전략을 세운다. 있어 보이기 위한 연출에는 다른 사람이 사용하는 것과는 다른 특별한 상품이 필요하기 때문이다. 과거에는 판매하는 제품이나 서비스가 얼마나 괜찮은지를 강조하기 위한 홍보 전략이 성행했다면, 최근에는 특정 상품을 구매하고 서비스를 이용하는 소비자가 얼마나 특별한지에 대해 강조하는 방식이 많다. VIP 마케팅 또한 있어빌리티를 추구하는 소비자들을 위한 마케팅 전략이다. VIP에 속한다는 것 자체가 자신이 특별한 사람이라는 것을 증명하기 때문이다.

① 자기 과시의 원인
② 자기표현의 중요성
③ 자기 과시 욕구의 문제점
④ 자기 과시를 활용한 마케팅 전략

02 다음 글의 주제로 올바른 것은?

> 누구나 깜빡 잊어버리는 증상을 겪을 수 있다. 나이가 들어서 자꾸 이런 증상이 나타난다면 치매가 아닐까 걱정하게 마련인데 이 중 정말 치매인 경우와 단순 건망증을 어떻게 구분해 낼 수 있을까?
>
> 치매란 기억력 장애와 함께 실행증, 집행기능의 장애 등의 증상이 나타나며 이런 증상이 사회적, 직업적 기능에 중대한 지장을 주는 경우라고 정의한다. 증상은 원인 질환의 종류 및 정도에 따라 다른데 아주 가벼운 기억장애부터 매우 심한 행동장애까지 다양하게 나타난다. 일상생활은 비교적 정상적으로 수행하지만 뚜렷한 건망증이 있는 상태를 '경도인지장애'라고 하는데 경도인지장애는 매년 10∼15%가 치매로 진행되기 때문에 치매의 위험인자로 불린다. 모든 치매 환자에서 공통으로 보이는 증상은 기억장애와 사고력, 추리력, 언어능력 등의 영역에서 동시에 장애를 보이는 것이며 인격 장애, 공격성, 성격의 변화와 비정상적인 행동들도 치매가 진행됨에 따라 나타날 수 있는 증상들이다. 국민건강보험 일산병원 신경과 교수는 "치매를 예방하기 위해서는 대뇌(Cerebrum) 활동 참여, 운동, 뇌졸중 예방, 식습관 개선 및 음주, 흡연을 자제해야 한다."고 말했다.
>
> 한편 치매는 시간이 지나면 악화가 되고 여러 행동이상(공격성, 안절부절 못함, 수면장애, 배회 등)을 보이며 시간이 지나면서 기억력 저하 등의 증상보다는 이런 행동이상에 의한 문제가 더 크기 때문에 행동이상에 대한 조사도 적절히 시행돼야 한다.

① 치매의 종류   ② 인지장애단계 구분
③ 치매의 의미   ④ 건망증의 분류

03 다음 (가)∼(마) 문장을 논리적 순서대로 알맞게 배열한 것은?

> (가) 한 연구팀은 1979년부터 2017년 사이 덴먼 빙하의 누적 얼음 손실량이 총 2,680억 톤에 달한다는 것을 밝혀냈고, 이탈리아우주국(ISA) 위성 시스템의 간섭계* 자료를 이용해 빙하가 지반과 분리되어 바닷물에 뜨는 지점인 '지반선(Grounding Line)'을 정확히 측정했다.
>
> (나) 남극대륙에서 얼음의 양이 압도적으로 많은 동남극은 최근 들어 빠르게 녹고 있는 서남극에 비해 지구 온난화의 위협을 덜 받는 것으로 생각되어 왔다.
>
> (다) 그러나 동남극의 덴먼(Denman) 빙하 등에 대한 정밀조사가 이뤄지면서 동남극 역시 지구 온난화의 위협을 받고 있다는 증거가 속속 드러나고 있다.
>
> (라) 이것은 덴먼 빙하의 동쪽 측면에서는 빙하 밑의 융기부가 빙하의 후퇴를 저지하는 역할을 한 반면, 서쪽 측면은 깊고 가파른 골이 경사져 있어 빙하 후퇴를 가속하는 역할을 하는 데 따른 것으로 분석됐다.
>
> (마) 그 결과 1996년부터 2018년 사이 덴먼 빙하의 육지를 덮은 얼음인 빙상(Ice Sheet)의 육지─바다 접점 지반선 후퇴가 비대칭성을 보인 것으로 나타났다.
>
> *간섭계 : 동일한 광원에서 나오는 빛을 두 갈래 이상으로 나눈 후 다시 만났을 때 일어나는 간섭현상을 관찰하는 기구

① (가)─(나)─(다)─(라)─(마)   ② (가)─(마)─(라)─(다)─(나)
③ (나)─(다)─(가)─(마)─(라)   ④ (나)─(라)─(가)─(다)─(마)

04 다음 빈칸에 들어갈 내용으로 알맞은 것은?

> 만약 어떤 사람에게 다가온 신비적 경험이 그가 살아갈 수 있는 힘으로 밝혀진다면, 그가 다른 방식으로 살아야 한다고 다수인 우리가 주장할 근거는 어디에도 없다. 사실상 신비적 경험은 우리의 모든 노력을 조롱할 뿐 아니라, 논리라는 관점에서 볼 때 우리의 관할 구역을 절대적으로 벗어나 있다. 우리 자신의 더 합리적인 신념은 신비주의자가 자신의 신념을 위해서 제시하는 증거와 그 본성에 있어서 유사한 증거에 기초해 있다. 우리의 감각이 우리의 신념에 강력한 증거가 되는 것과 마찬가지로, 신비적 경험도 그것을 겪은 사람의 신념에 강력한 증거가 된다. 우리가 지닌 합리적 신념의 증거와 유사한 증거에 해당되는 경험은, 그러한 경험을 한 사람에게 살아갈 힘을 제공해줄 것이다. 신비적 경험은 신비주의자들에게는 살아갈 힘이 되는 것이다. 따라서 ⬚⬚⬚⬚⬚⬚⬚⬚

① 모든 합리적 신념의 증거는 사실상 신비적 경험에서 나오는 것이다.
② 신비주의자들의 삶의 방식이 수정되어야 할 불합리한 것이라고 주장할 수는 없다.
③ 논리적 사고와 신비주의적 사고를 상반된 개념으로 보는 견해는 수정되어야 한다.
④ 신비주의자들은 그렇지 않은 사람들보다 더 나은 삶을 살아간다고 할 수 있다.

05 다음 중 레드 와인의 효능으로 볼 수 없는 것은?

> 알코올이 포함된 술은 무조건 건강에 좋지 않다고 생각하는 사람들이 많다. 그러나 포도를 이용하여 담근 레드 와인은 의외로 건강에 도움이 되는 성분들을 다량으로 함유하고 있어 적당량을 섭취할 경우 건강에 효과적일 수 있다.
> 레드 와인은 심혈관 질환을 예방하는 데 특히 효과적이다. 와인에 함유된 식물성 색소인 플라보노이드 성분은 나쁜 콜레스테롤의 수치를 떨어트리고, 좋은 콜레스테롤의 수치를 상대적으로 향상시킨다. 이는 결국 혈액 순환 개선에 도움이 되어 협심증이나 뇌졸중 등의 심혈관 질환 발병률을 낮출 수 있다.
> 레드 와인은 노화 방지에도 효과적이다. 레드 와인은 항산화 물질인 폴리페놀 성분을 다량 함유하고 있는데, 활성산소를 제거하는 항산화 성분이 몸속에 쌓여 노화를 빠르게 촉진시키는 활성산소를 내보냄으로써 노화를 자연스럽게 늦출 수 있는 것이다.
> 또한 레드 와인을 꾸준히 섭취할 경우 섭취하기 이전보다 뇌의 활동량과 암기력이 높아지는 것으로 알려져 있다. 레드 와인에 함유된 레버라트롤이란 성분이 뇌의 노화를 막아주고 활동량을 높이는 데 도움을 주기 때문이다. 이를 통해 인지력과 기억력이 향상되고 나아가 노인성 치매와 편두통 등의 뇌와 관련된 질병을 예방할 수 있다.
> 레드 와인은 면역력을 상승시켜주기도 한다. 면역력이란 외부의 바이러스나 세균 등의 침입을 방어하는 능력을 말하는데, 레드 와인에 포함된 퀘르세틴과 갈산이 체온을 상승시켜 체내의 면역력을 높인다.
> 이외에도 레드 와인은 위액의 분비를 촉진하여 소화를 돕고 식욕을 촉진시키기도 한다. 그러나 와인을 마실 때 상대적으로 떫은맛이 강한 레드 와인부터 마시게 되면 탄닌 성분이 위벽에 부담을 주고 소화를 방해할 수 있다. 따라서 단맛이 적고 신맛이 강한 스파클링 와인이나 화이트 와인부터 마신 후 레드 와인을 마시는 것이 좋다.

① 위벽 보호   ② 식욕 촉진
③ 노화 방지   ④ 기억력 향상
⑤ 면역력 강화

06 다음 중 (가)와 (나)에 대한 추론으로 옳은 것은?

> 최근 경제신문에는 기업의 사회적 책임을 반영한 마케팅 용어들이 등장하고 있다. 그중 하나인 코즈 마케팅 (Cause Marketing)은 기업이 환경, 보건, 빈곤 등과 같은 사회적 이슈, 즉 코즈(Cause)를 기업의 이익 추구를 위해 활용하는 마케팅 기법으로, 기업이 추구하는 사익과 사회가 추구하는 공익을 동시에 얻는 것을 목표로 한다. 소비자는 사회적인 문제들을 해결하려는 기업의 노력에 호의적인 반응을 보이게 되고, 결국 기업의 선한 이미지가 제품 구매에 영향을 미치는 것이다.
>
> 미국의 카드 회사인 (가) <u>아메리칸 익스프레스</u>는 1850년 설립 이후 전 세계에 걸쳐 개인 및 기업에 대한 여행이나 금융 서비스를 제공하고 있다. 1983년 아메리칸 익스프레스사는 기존 고객이 자사의 신용카드로 소비할 때마다 1센트씩, 신규 고객이 가입할 때마다 1달러씩 '자유의 여신상' 보수 공사를 위해 기부하기로 하였다. 해당 기간 동안 기존 고객의 카드 사용률은 전년 동기 대비 28% 증가하였고, 신규 카드의 발급 규모는 45% 증가하였다.
>
> 현재 코즈 마케팅을 활발하게 펼치고 있는 대표적인 사회적 기업으로는 미국의 신발 회사인 (나) <u>탐스(TOMS)</u>가 있다. 탐스의 창업자는 여행을 하던 중 가난한 아이들이 신발을 신지도 못한 채로 거친 땅을 밟으면서 각종 감염에 노출되는 것을 보고 그들을 돕기 위해 신발을 만들었고, 신발 하나를 구매하면 아프리카 아이들에게도 신발 하나를 선물한다는 'One for One' 마케팅을 시도했다. 이를 통해 백만 켤레가 넘는 신발이 기부되었고, 소비자는 만족감을 얻는 동시에 어려운 아이들을 도왔다는 충족감을 얻게 되었다. 전 세계의 많은 소비자들이 동참하면서 탐스는 3년 만에 4,000%의 매출을 올렸다.

① (가)는 기업의 사익보다 공익을 우위에 둔 마케팅을 펼침으로써 신규 고객을 확보할 수 있었다.

② (가)가 큰 이익을 얻을 수 있었던 이유는 소비자의 니즈(Needs)를 정확히 파악했기 때문이다.

③ (나)는 기업의 설립 목적과 어울리는 코즈(Cause)를 연계시킴으로써 높은 매출을 올릴 수 있었다.

④ (나)는 높은 매출을 올렸으나, 기업의 일방적인 기부 활동으로 인해 소비자의 공감을 이끌어 내는 데 실패하였다.

⑤ (나)는 기업의 사회적 책임을 강조하기 위해 기업의 실익을 포기하였지만, 오히려 반대의 효과를 얻을 수 있었다.

07 다음 제시문에서 추론할 수 있는 것은?

> 미국 사회에서 동양계 미국인 학생들은 '모범적 소수 인종(Model Minority)'으로, 즉 미국의 교육체계 속에서 뚜렷하게 성공한 소수 인종의 전형으로 간주되어 왔다. 그리고 그들은 성공적인 학교생활을 통해 주류 사회에 동화되고 이것에 의해 사회적 삶에서 인종주의의 영향을 약화시킨다는 주장으로 이어졌다. 하지만 동양계 미국인 학생들이 이렇게 정형화된 이미지처럼 인종주의의 장벽을 넘어 미국 사회의 구성원으로 참여하고 있는가는 의문이다. 미국 사회에서 동양계 미국인 학생들의 인종적 정체성은 다수자인 '백인'의 특성이 장점이라고 생각하는 것과 소수자인 동양인의 특성이 단점이라고 생각하는 것의 사이에서 구성된다. 그리고 이것은 그들에게 두 가지 보이지 않는 결과를 제공한다. 하나는 대부분의 동양계 미국인 학생들이 인종적인 차이에 대한 그들의 불만을 해소하고 인종 차이에서 발생하는 차별을 피하고자 백인이 되기를 원하는 것이다. 다른 하나는 다른 사람들이 자신을 동양인으로 연상하지 않도록 자신 스스로 동양인들의 전형적인 모습에서 벗어나려고 하는 것이다. 그러므로 모범적 소수 인종으로서의 동양계 미국인 학생은 백인에 가까운 또는 동양인에서 먼 '미국인'으로 성장할 위험 속에 있다.

① '모범적 소수 인종'은 특유의 인종적 정체성을 내면화하고 있다.
② '동양계 미국인 학생들'의 성공은 일시적이고 허구적인 것이다.
③ 모든 소수 인종 집단은 인종 차이가 초래할 부정적인 효과에 대해 의식하고 있다.
④ 여러 집단의 인종은 사회에서 한정된 자원의 배분을 놓고 갈등하고 있다.

08 다음 중 그래프의 (a)~(d)에 대한 설명으로 옳지 않은 것은?

1970년, 일본의 로봇공학자인 모리 마사히로 교수는 로봇이나 인간이 아닌 존재가 인간과 닮을수록 오히려 인간은 불쾌함을 느낀다는 '불쾌한 골짜기(Uncanny Valley)' 이론을 소개했다. 모리에 따르면 인간은 로봇이 인간과 비슷한 모양을 하고 있을수록 호감을 느낀다. 인간이 아닌 존재로부터 인간성을 발견하기 때문이다. 하지만 그 정도가 특정 수준에 다다르게 되면 사람들은 오히려 갑작스러운 불쾌감을 느낀다. 인간 같은 로봇에서 실제의 인간과는 다른 불완전성이 부각되어 이상하다고 느끼기 때문이다. 그러나 그 수준을 넘어 로봇의 외모와 행동이 인간과 구별하기 어려울 만큼 많이 닮는다면 호감도는 다시 상승하여 인간에게 느끼는 감정과 같아진다. 이렇게 인간의 호감도를 그래프로 그렸을 때 호감도가 계속해서 상승하다가 급격하게 하강하는 지점, 다시 말해 불쾌감으로 변화하는 지점이 마치 골짜기 모양과 같아 '불쾌한 골짜기'라는 이름이 붙여졌다.

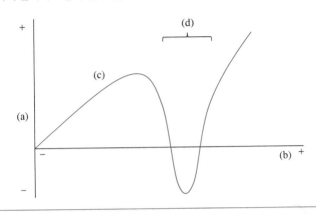

① (a) – 로봇이나 인간이 아닌 존재에 대해 느끼는 인간의 호감도를 의미한다.
② (b) – 인간의 신체와 유사한 형태를 지닌 휴머노이드 로봇보다 산업용 로봇에서 더 높게 나타난다.
③ (c) – 로봇이나 인간이 아닌 존재로부터 인간성을 발견한다.
④ (d) – '불쾌한 골짜기' 구간에 해당한다.

02 수리

┃삼성

01 5% 소금물에 소금 40g을 넣었더니 25%의 소금물이 됐다. 이때 처음 5% 소금물의 양은?

① 130g   ② 140g

③ 150g   ④ 160g

⑤ 170g

┃SK

02 S사 필기시험에 합격한 9명의 신입사원 중 7명의 점수는 78점, 86점, 61점, 74점, 62점, 67점, 76점이었다. 50점 이상만이 합격하였고 9명의 평균 점수는 72점이었으며 모두 자연수였다. 9명 중 최고점과 중앙값의 차이가 가장 클 때의 값은?

① 18   ② 20

③ 22   ④ 24

⑤ 26

┃삼성

03 욕조에 A탱크로 물을 채웠을 때 18분에 75%를 채울 수 있다. 욕조의 물을 전부 뺀 후, 15분간 A탱크로 물을 채우다 B탱크로 채울 때 B탱크로만 물을 채우는 데 걸리는 시간은?(B탱크는 A보다 1.5배 빠르게 채운다)

① 2분   ② 3분

③ 4분   ④ 5분

⑤ 6분

┃삼성

04 S사의 작년 직원 수는 총 45명이었다. 올해는 작년보다 안경을 쓴 사람은 20%, 안경을 쓰지 않은 사람은 40% 증가하여 총 58명이 되었다. 퇴사한 직원은 없다고 할 때 올해 입사한 사람 중 안경을 쓴 사람의 수는?

① 5명   ② 10명

③ 15명   ④ 20명

⑤ 25명

05 A는 0.8km의 거리를 12분 만에 걸어간 후 36km/h의 속력의 버스에 탑승해 8분 동안 이동하여 목적지에 도착했다. 다음날 A가 자전거를 이용해 같은 시간 동안 같은 경로로 이동할 때 평균 속력은?

① 1.80km/분
② 1.00km/분
③ 0.50km/분
④ 0.28km/분
⑤ 0.15km/분

06 서울 지사에 근무하는 A와 B는 X와 Y경로를 이용하여 부산 지사로 외근을 갈 예정이다. X경로를 이용하여 이동을 하면 A가 B보다 1시간 늦게 도착한다. A는 X경로로 이동하고 B는 X경로보다 160km 긴 Y경로로 이동하면 A가 B보다 1시간 빨리 도착한다. 이때 B의 속력은?

① 40km/h
② 50km/h
③ 60km/h
④ 70km/h
⑤ 80km/h

07 1~9까지의 수가 적힌 카드를 철수와 영희가 한 장씩 뽑았을 때 영희가 철수보다 큰 수가 적힌 카드를 뽑는 경우의 수는?

① 16가지
② 32가지
③ 36가지
④ 38가지
⑤ 64가지

08 S사 직원은 각자 하나의 프로젝트를 선택하여 진행해야 하며 X, Y, Z프로젝트 중 선택되지 않은 프로젝트는 진행하지 않아도 상관없다. X, Y, Z프로젝트 중 X프로젝트는 대리만, Y프로젝트는 사원만, Z프로젝트는 누구나 진행할 수 있다. 대리 2명, 사원 3명이 프로젝트를 선택하여 진행하는 경우의 수는?

① 16가지
② 32가지
③ 36가지
④ 48가지
⑤ 72가지

09 S팀의 A, B, C, D, E, F는 모여서 회의를 하기로 했다. 회의실에 있는 여섯 자리에는 A, B, C, D, E, F의 순서로 자리가 지정되어 있었는데 이 사실을 모두 모른 채 각자 앉고 싶은 곳에 앉았다. 이때 E를 포함한 4명은 지정석에 앉지 않았고 나머지 2명은 지정석에 앉았을 확률은?

① $\frac{1}{2}$

② $\frac{1}{3}$

③ $\frac{1}{4}$

④ $\frac{1}{8}$

⑤ $\frac{1}{9}$

10 S회사에 있는 에스컬레이터는 일정한 속력으로 올라간다. A사원과 B사원은 동시에 에스컬레이터를 타고 올라가면서 서로 일정한 속력으로 한 걸음에 한 계단씩 걸어 올라간다. A사원의 걷는 속력이 B사원의 속력보다 2배 빠르고, A사원은 30걸음으로 B사원은 20걸음으로 에스컬레이터를 올라갔을 때, 이 에스컬레이터의 항상 일정하게 보이는 계단의 수는?(단, 1걸음당 1계단을 움직인다)

① 38개

② 40개

③ 56개

④ 60개

⑤ 52개

11 다음과 같은 〈조건〉을 만족하는 100 이하의 자연수를 7로 나눴을 때 나머지로 옳은 것은?

조건
- 3으로 나누면 1이 남는다.
- 4로 나누면 2가 남는다.
- 5로 나누면 3이 남는다.
- 6으로 나누면 4가 남는다.

① 1

② 2

③ 3

④ 4

⑤ 5

12 서울에 사는 L씨는 휴일에 가족들과 경기도 맛집에 가기 위해 오후 3시에 집 앞으로 중형 콜택시를 불렀다. 집에서 맛집까지 거리는 12.56km이며, 집에서 맛집으로 출발하여 4.64km 이동하면 경기도에 진입한다. 맛집에 도착할 때까지 신호로 인해 택시가 멈췄던 시간은 8분이며, 택시의 속력은 이동 시 항상 60km/h 이상이었다. 다음 자료를 참고할 때, L씨가 지불하게 될 택시요금은 얼마인가?(단, 콜택시의 예약비용은 없으며, 신호로 인한 멈춘 시간은 모두 경기도 진입 후이다)

〈서울시 택시요금 계산표〉

구분			신고요금
중형택시	주간	기본요금	2km까지 3,800원
		거리요금	100원당 132m
		시간요금	100원당 30초
	심야	기본요금	2km까지 4,600원
		거리요금	120원당 132m
		시간요금	120원당 30초
	공통사항		− 시간·거리 부분 동시병산(15.33km/h 미만 시) − 시계외 할증 20% − 심야(00:00~04:00) 할증 20% − 심야·시계외 중복 할증 40%

※ '시간요금'이란 속력이 15.33km/h 미만이거나 멈춰 있을 때 적용된다.

※ 서울시에서 다른 지역으로 진입 후 시계외 할증(심야 거리 및 시간요금)이 적용된다.

① 13,800원 　② 14,000원
③ 14,220원 　④ 14,500원
⑤ 14,920원

13 6개의 문자 A, B, C, 1, 2, 3로 여섯 자리 조합을 만들려고 한다. 다음 〈조건〉에 따라 여섯 자리의 문자조합을 만든다고 할 때, 가능한 여섯 자리 조합의 경우의 수는?

> **조건**
> • 1~3번째 자리에는 알파벳, 4~6번째 자리에는 숫자가 와야 한다.
> • 각 문자는 중복 사용이 가능하지만 동일한 알파벳은 연속으로 배치할 수 없다.
>   예 11A(○), 1AA(×), ABA(○)

① 225가지 　② 256가지
③ 300가지 　④ 324가지
⑤ 365가지

안심Touch

14 다음은 해외국가별 3월에 1주간 발생한 코로나19 확진자 수와 4월 15일을 기준으로 100만 명당 확진자 수를 정리한 그래프이다. 이에 대한 설명으로 옳은 것은?(단, 비율은 소수점 이하 둘째 자리에서 반올림한다)

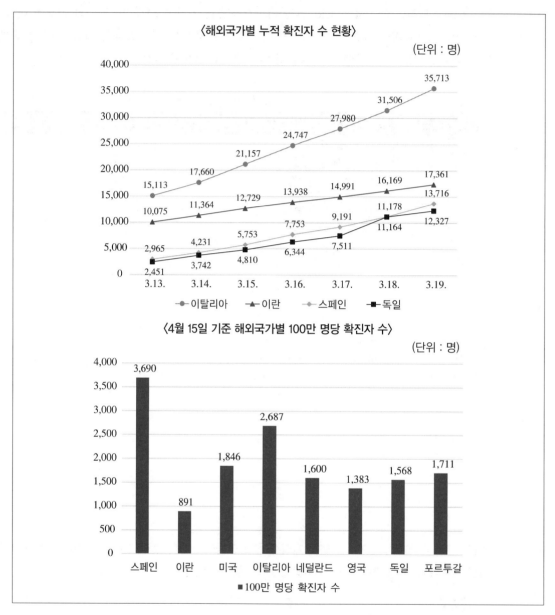

① 3월 14일부터 18일까지 새로 양성판정을 받은 확진자 수의 평균은 이탈리아가 독일의 2배 이상 이다.

② 4월 15일 기준 스페인의 100만 명당 확진자 수의 40%보다 적은 국가는 이란, 영국, 독일이다.

③ 이란에서 3월 16일부터 19일까지 발생한 확진자 수가 두 번째로 많은 날은 19일이다.

④ 4월 15일 기준 100만 명당 확진자 수가 세 번째로 적은 국가의 3월 17일에 발생한 확진자 수는 1,534명이다.

15 다음은 국민연금 자산별 수익률과 연말에 계획하는 다음 연도 자산별 투자 비중에 관한 그래프이다. 그래프에 대한 해석으로 옳지 않은 것은?

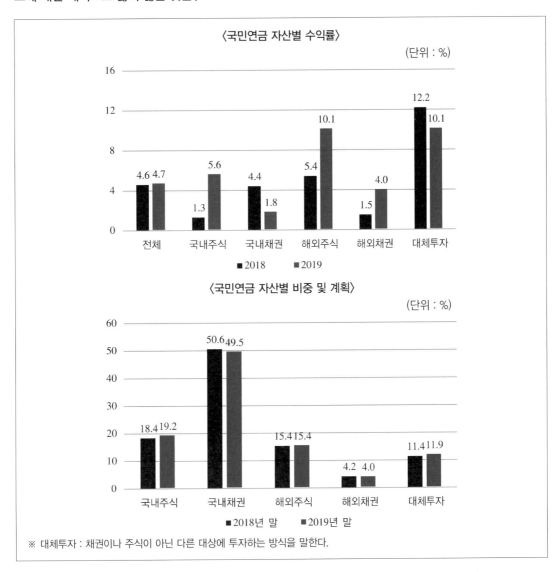

〈국민연금 자산별 수익률〉

(단위 : %)

〈국민연금 자산별 비중 및 계획〉

(단위 : %)

※ 대체투자 : 채권이나 주식이 아닌 다른 대상에 투자하는 방식을 말한다.

① 2018~2019년 동안 주식 및 채권 수익률의 합은 국내보다 해외가 항상 높다.
② 자산별 수익률 결과에 비례하여 다음 연도 자산별 투자 비중을 높이지 않았다.
③ 2019년과 2020년을 대비하여 계획한 자산별 투자 비중이 높은 순서는 동일하다.
④ 2018년도에 해외주식 수익률보다 낮은 자산들의 2019년 말 비중의 합은 68.9%이다.

16 다음은 2020년 지역별 전기차 보급대수 및 한 대당 지급되는 보조금을 정리한 자료이다. 이에 대한 설명으로 옳은 것은?

〈지역별 전기차 보급대수 및 지원금〉			
구분	보급대수(대)	지자체 부서명	지방보조금(만 원)
서울	11,254	기후대기과	450
부산	2,000	기후대기과	500
대구	6,500	미래형자동차과	500
인천	2,200	에너지정책과	500
광주	1,200	기후대기과	600
대전	1,500	미세먼지대응과	700
울산	645	환경보전과	600
세종	530	환경정책과	400
경기	6,000	미세먼지대책과	550
강원	1,819	에너지과	650
충북	908	기후대기과	800
충남	2,820	미세먼지대책과	800
전북	921	자연생태과	900
전남	1,832	기후생태과	700
경북	2,481	환경정책과	800
경남	2,390	기후대기과	700
제주	20,000	탄소없는제주정책과	500
합계	65,000	–	–

① 서울지역의 지자체 부서명과 같은 곳은 5개 지역이다.

② 지방보조금이 700만 원 이상인 곳은 전체 지역에서 40% 미만이다.

③ 전기차 보급대수가 두 번째로 많은 지역과 다섯 번째로 적은 지역의 차이는 9,054대이다.

④ 지자체 부서명이 미세먼지대책과인 지역의 총 보급대수는 8,820대이다.

※ 다음은 2019년도 국가별 교통서비스 수입 현황을 나타낸 자료이다. 이어지는 질문에 답하시오. [17~18]

〈국가별 교통서비스 수입 현황〉

(단위 : 백만 달러)

구분	합계	해상	항공	기타
한국	31,571	25,160	5,635	776
인도	77,256	63,835	13,163	258
터키	10,157	5,632	4,003	522
멕시코	14,686	8,550	6,136	–
미국	94,344	36,246	53,830	4,268
브라질	14,904	9,633	4,966	305
이탈리아	26,574	7,598	10,295	8,681

17 해상 교통서비스 수입액이 많은 국가부터 차례대로 나열한 것은?

① 인도 － 미국 － 한국 － 브라질 － 멕시코 － 이탈리아 － 터키
② 인도 － 미국 － 한국 － 멕시코 － 브라질 － 터키 － 이탈리아
③ 인도 － 한국 － 미국 － 브라질 － 멕시코 － 이탈리아 － 터키
④ 인도 － 미국 － 한국 － 브라질 － 이탈리아 － 터키 － 멕시코

18 다음 중 자료에 대한 설명으로 옳지 않은 것은?

① 터키의 교통서비스 수입에서 항공 수입이 차지하는 비중은 45% 미만이다.
② 전체 교통서비스 수입 금액이 첫 번째와 두 번째로 높은 국가의 차이는 17,088백만 달러이다.
③ 해상 교통서비스 수입보다 항공 교통서비스 수입이 더 높은 국가는 미국과 터키이다.
④ 멕시코는 해상과 항공 교통서비스만 수입하였다.

안심Touch

03 추리

※ 제시된 낱말과 동일한 관계가 되도록 빈칸에 들어갈 가장 적절한 단어를 고르시오. [1~3]

┃롯데

01

세균 : 소독 = ( ) : 탈취

① 향수 ② 냄새
③ 먼지 ④ 멸균

┃삼성

02

뇌까리다 : 지껄이다 = ( ) : 상서롭다

① 망하다 ② 성하다
③ 길하다 ④ 실하다
⑤ 달하다

┃삼성

03

초췌하다 : 수척하다 = 함양 : ( )

① 집합 ② 활용
③ 결실 ④ 도출
⑤ 육성

04 다음 명제를 통해 얻을 수 있는 결론으로 타당한 것은?

> • 액션영화를 보면 팝콘을 먹는다.
> • 커피를 마시지 않으면 콜라를 마시지 않는다.
> • 콜라를 마시지 않으면 액션영화를 본다.
> • 팝콘을 먹으면 나쵸를 먹지 않는다.
> • 애니메이션을 보면 커피를 마시지 않는다.

① 커피를 마시면 액션영화를 본다.
② 액션영화를 보면 애니메이션을 본다.
③ 나쵸를 먹으면 액션영화를 본다.
④ 애니메이션을 보면 팝콘을 먹는다.

※ 주어진 명제가 참일 때, 다음 빈칸에 들어갈 명제로 가장 적절한 것을 고르시오. [5~6]

05

> • 피자를 좋아하는 사람은 치킨을 좋아한다.
> • 치킨을 좋아하는 사람은 감자튀김을 좋아한다.
> • 나는 피자를 좋아한다.
> • 따라서 _____

① 나는 피자를 좋아하지만 감자튀김은 좋아하지 않는다.
② 치킨을 좋아하는 사람은 피자를 좋아한다.
③ 감자튀김을 좋아하는 사람은 치킨을 좋아한다.
④ 나는 감자튀김을 좋아한다.
⑤ 감자튀김을 좋아하는 사람은 피자를 좋아한다.

06

- 갈매기는 육식을 하는 새이다.
- _____
- 바닷가에 사는 새는 갈매기이다.
- 따라서 헤엄을 치는 새는 육식을 한다.

① 바닷가에 살지 않는 새는 헤엄을 치지 않는다.

② 갈매기는 헤엄을 친다.

③ 육식을 하는 새는 바닷가에 살지 않는다.

④ 헤엄을 치는 새는 육식을 하지 않는다.

⑤ 갈매기가 아니어도 육식을 하는 새는 있다.

07 원형 탁자에 번호 순서대로 앉아 있는 다섯 명의 여자 1, 2, 3, 4, 5가 있다. 이 사이에 다섯 명의 남자 A, B, C, D, E가 한 명씩 앉아야 한다. 다음 〈조건〉을 따르면서 자리를 배치할 때 적절하지 않은 것은?

> **조건**
> - A는 짝수번호의 여자 옆에 앉아야 하고, 5 옆에는 앉을 수 없다.
> - B는 짝수번호의 여자 옆에 앉을 수 없다.
> - C가 3 옆에 앉으면 D는 1 옆에 앉는다.
> - E는 3 옆에 앉을 수 없다.

① A는 1과 2 사이에 앉을 수 없다.

② D는 4와 5 사이에 앉을 수 없다.

③ C가 2와 3 사이에 앉으면 A는 반드시 3과 4 사이에 앉는다.

④ E가 4와 5 사이에 앉으면 A는 반드시 2와 3 사이에 앉는다.

08 고등학교 동창인 A, B, C, D, E, F는 중국음식점에서 식사를 하기 위해 원형 테이블에 앉았다. 〈조건〉이 다음과 같을 때, 항상 옳은 것은?

> **조건**
> • E와 F는 서로 마주보고 앉아 있다.
> • C와 B는 붙어 있다.
> • A는 F와 한 칸 떨어져 앉아 있다.
> • D는 F의 바로 오른쪽에 앉아 있다.

① A와 B는 마주보고 있다.
② A와 D는 붙어 있다.
③ B는 F와 붙어 있다.
④ C는 F와 붙어 있다.
⑤ D는 C와 마주보고 있다.

09 A, B, C, D, E 다섯 사람은 마스크를 사기 위해 차례대로 줄을 서고 있다. 네 사람이 진실을 말한다고 할 때, 다음 중 거짓말을 하는 사람은?

> A : B 다음에 E가 바로 도착해서 줄을 섰어.
> B : D는 내 바로 뒤에 줄을 섰지만 마지막은 아니었어.
> C : 내 앞에 줄을 선 사람은 한 명뿐이야.
> D : 내 뒤에는 두 명이 줄을 서고 있어.
> E : A는 가장 먼저 마스크를 구입할 거야.

① A   ② B
③ C   ④ D
⑤ E

10 친구 갑, 을, 병, 정은 휴일을 맞아 백화점에서 옷을 고르기로 했다. 〈조건〉이 다음과 같을 때 갑, 을, 병, 정이 고른 옷으로 옳은 것은?

> **조건**
> • 네 사람은 각각 셔츠, 바지, 원피스, 치마를 구입했다.
> • 병은 원피스와 치마 중 하나를 구입했다.
> • 갑은 셔츠와 치마를 입지 않는다.
> • 정은 셔츠를 구입하기로 했다.
> • 을은 치마와 원피스를 입지 않는다.

	갑	을	병	정
①	치마	바지	원피스	셔츠
②	바지	치마	원피스	셔츠
③	치마	셔츠	원피스	바지
④	원피스	바지	치마	셔츠
⑤	바지	원피스	치마	셔츠

PART

1

적성검사

CHAPTER 01
언어능력

합격 Cheat Key

| 영역 소개 |

LSIT의 언어능력은 언어추리와 논리구조, 독해 세 유형이 출제되는데 이 중 독해의 출제 비중이 절대적으로 높은 것이 특징이다. 언어추리는 전제를 근거로 결론을 유도하는 연역 추론과 개별적 사실로부터 일반적 결론을 이끌어 내는 귀납 추론, 기존에 주지된 사실에서 다른 유사점을 찾아내는 유비추론으로 나뉘며 논리구조 유형은 단락과 문장 간의 관계나 논리적 구조를 파악하는 문장구조, 독해 유형은 글의 주제 및 일치 여부 등을 파악하는 논리적 이해로 세분화된다. 언어능력은 전체 30문항을 35분 동안 해결해야 한다.

| 유형 소개 |

01 언어추리

3~4개의 주어진 명제로부터 이끌어낼 수 있는 결론을 고르는 유형으로 주로 삼단논법과 상황판단 문제가 출제된다. 삼단논법 유형의 경우, 적게는 2개, 많게는 5개의 명제가 주어진다. 대부분의 문제는 명제의 대우와 삼단논법을 연결해서 유추하면 해결할 수 있다. 상황판단 유형의 경우, 거짓말 문제와 조건에 맞는 추리의 두 가지 패턴으로 나눌 수 있다. 3~5개의 조건이 주어지고 그 조건에 충족할 때를 가정한 다음 문제가 출제되거나 제시된 조건에 타당한 추리를 유추하는 문제가 출제된다.

> **학습포인트**
> - 삼단논법 문제에서는 참인 명제는 대우 명제도 반드시 참이라는 점을 가장 먼저 활용한다.
> - 배열하기 · 묶기 · 연결하기 문제에서는 주어진 규칙과 조건을 파악한 후 이를 도식화(표, 기호 등으로 정리)하여 문제에 접근해야 한다.

02   논리구조

문단과 문단, 문장과 문장 간의 관계나 글 전체의 논리적 구조를 정확히 파악했는가, 또한 접속부사의 쓰임에 대하여 정확히 알고 있는지 등을 평가하는 유형으로, 주로 글의 순서를 바르게 배열하는 문제, 글의 논리적 구조를 도식화하는 문제, 해당 글의 구조를 분석하는 문제 등이 출제된다.

학습포인트

- 논리구조는 언어이해 영역 중에서도 난이도가 높은 편에 속한다. 따라서 고득점을 목표로 한다면 절대 놓쳐서는 안 되는 유형이다.
- 문장과 문장을 연결하는 접속어의 쓰임에 대해 알고 있어야 빠른 시간 내에 문제를 풀 수 있다.
- 문장 속에 나타나는 지시어는 해당 문장의 앞에 어떤 내용이 오는지에 대한 힌트가 되므로 이에 집중한다.
- 문단의 구조를 파악하는 문제는 자신만의 도식화 방법을 찾고, 연습한다.

03   독해

글에 대한 이해력과 분석력을 평가하는 유형으로, 긴 지문에 문제가 하나인 경우가 많기 때문에 시간 관리가 매우 중요하다. 글의 내용을 분석적으로 파악하여 이를 바탕으로 중심 내용을 이해하는 분석적 이해, 글의 정보들의 관계를 파악하거나 글에서 생략된 내용을 상상하여 글을 읽고 내용을 파악하는 추론적 이해, 글의 내용으로부터 객관적인 거리를 두고 판단하거나 평가하는 비판적 이해 등이 출제된다. 평상시 비판적이고 논리적인 관점으로 속독하는 연습을 충분히 해두어야 한다.

학습포인트

- 경제 · 경영 · 철학 · 역사 · 예술 · 과학 등 다양한 분야와 관련된 글이 제시된다.
- 독해의 경우 단기간의 공부로 성적을 올릴 수 있는 부분이 아니므로 평소에 독서를 통해 꾸준히 연습해야 한다. 그리고 특정 분야에 한정된 독서보다는 여러 분야를 넘나드는 폭넓은 독서를 해야 한다.
- 사실적 독해와 장문 독해의 경우 무작정 지문을 읽고 문제를 풀기보다는, 문제와 선택지를 먼저 읽고, 찾아야 할 내용이 무엇인지를 먼저 파악한 후 글을 읽는다면 시간을 절약할 수 있다.

이론점검

01 연역 추론

이미 알고 있는 판단(전제)을 근거로 새로운 판단(결론)을 유도하는 추론이다. 연역 추론은 진리일 가능성을 따지는 귀납 추론과는 달리, 명제 간의 관계와 논리적 타당성을 따진다. 즉, 연역 추론은 전제들로부터 절대적인 필연성을 가진 결론을 이끌어 내는 추론이다.

(1) 직접 추론 : 한 개의 전제로부터 중간적 매개 없이 새로운 결론을 이끌어내는 추론이며, 대우 명제가 그 대표적인 예이다.

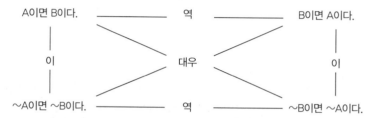

• 한국인은 모두 황인종이다.	(전제)
• 그러므로 황인종이 아닌 사람은 모두 한국인이 아니다.	(결론 1)
• 그러므로 황인종 중에는 한국인이 아닌 사람도 있다.	(결론 2)

(2) 간접 추론 : 둘 이상의 전제로부터 새로운 결론을 이끌어내는 추론이다. 삼단논법이 가장 대표적인 예이다.

① **정언 삼단논법** : 세 개의 정언명제로 구성된 간접추론 방식이다. 세 개의 명제 가운데 두 개의 명제는 전제이고, 나머지 한 개의 명제는 결론이다. 세 명제의 주어와 술어는 세 개의 서로 다른 개념을 표현한다. (P는 대개념, S는 소개념, M은 매개념이다)

• 모든 곤충은 다리가 여섯이다.	M은 P이다. (대전제)
• 모든 개미는 곤충이다.	S는 M이다. (소전제)
• 그러므로 모든 개미는 다리가 여섯이다.	S는 P이다. (결론)

② **가언 삼단논법** : 가언명제로 이루어진 삼단논법을 말한다. 가언명제란 두 개의 정언명제가 '만일 ~이라면'이라는 접속사에 의해 결합된 복합명제이다. 여기서 '만일'에 의해 이끌리는 명제를 전건이라고 하고, 그 뒤의 명제를 후건

이라고 한다. 가언 삼단논법의 종류로는 혼합가언 삼단논법과 순수가언 삼단논법이 있다.

ㄱ 혼합가언 삼단논법 : 대전제만 가언명제로 구성된 삼단논법이다. 긍정식과 부정식 두 가지가 있으며, 긍정식은 'A면 B다. A다. 그러므로 B다.'이고, 부정식은 'A면 B다. B가 아니다. 그러므로 A가 아니다.'이다.

> • 만약 A라면 B다.
> • B가 아니다.
> • 그러므로 A가 아니다.

ㄴ 순수가언 삼단논법 : 대전제와 소전제 및 결론까지 모두 가언명제들로 구성된 삼단논법이다.

> • 만약 A라면 B다.
> • 만약 B라면 C다.
> • 그러므로 만약 A라면 C다.

③ 선언 삼단논법 : '~이거나 ~이다'의 형식으로 표현되며 전제 속에 선언명제를 포함하고 있는 삼단논법이다.

> • 내일은 비가 오거나 눈이 온다.　　　　　　　　　A 또는 B이다.
> • 내일은 비가 오지 않는다.　　　　　　　　　　　A가 아니다.
> • 그러므로 내일은 눈이 온다.　　　　　　　　　　그러므로 B다.

④ 딜레마 논법 : 대전제는 두 개의 가언명제로, 소전제는 하나의 선언명제로 이루어진 삼단논법으로, 양도추론이라고도 한다.

> • 만일 네가 거짓말을 하면, 신이 미워할 것이다.　　　　(대전제)
> • 만일 네가 거짓말을 하지 않으면, 사람들이 미워할 것이다.　(대전제)
> • 너는 거짓말을 하거나, 거짓말을 하지 않을 것이다.　　　(소전제)
> • 그러므로 너는 미움을 받게 될 것이다.　　　　　　　　(결론)

CHECK POINT

➕ **명제의 역, 이, 대우**

• 채식주의자라면 고기를 먹지 않을 것이다.
  → (역) 고기를 먹지 않으면 채식주의자이다.
  → (이) 채식주의자가 아니라면 고기를 먹을 것이다.
  → (대우) 고기를 먹는다면 채식주의자가 아닐 것이다.

CHECK POINT

귀납 추론
소크라테스는 죽었다.
공자는 죽었다.
석가모니는 죽었다.
→ 모든 사람은 죽는다.

02 귀납 추론

특수한 또는 개별적인 사실로부터 일반적인 결론을 이끌어 내는 추론을 말한다. 귀납 추론은 구체적 사실들을 기반으로 하여 결론을 이끌어 내기 때문에 필연성을 따지기보다는 개연성과 유관성, 표본성 등을 중시하게 된다. 여기서 개연성이란, 관찰된 어떤 사실이 같은 조건 하에서 앞으로도 관찰될 수 있는가 하는 가능성을 말하고, 유관성은 추론에 사용된 자료가 관찰하려는 사실과 관련되어야 하는 것을 일컬으며, 표본성은 추론을 위한 자료의 표본 추출이 공정하게 이루어져야 하는 것을 가리킨다. 이러한 귀납 추론은 일상생활 속에서 많이 사용하고, 우리가 알고 있는 과학적 사실도 이와 같은 방법으로 밝혀졌다.

> • 히틀러도 사람이고 죽었다.
> • 스탈린도 사람이고 죽었다.
> • 그러므로 모든 사람은 죽는다.

그러나 전제들이 참이어도 결론이 항상 참인 것은 아니다. 단 하나의 예외로 인하여 결론이 거짓이 될 수 있다.

> • 성냥불은 뜨겁다.
> • 연탄불도 뜨겁다.
> • 그러므로 모든 불은 뜨겁다.

위 예문에서 '성냥불이나 연탄불이 뜨거우므로 모든 불은 뜨겁다.'라는 결론이 나왔는데, 반딧불은 뜨겁지 않으므로 '모든 불이 뜨겁다.'라는 결론은 거짓이 된다.

(1) 완전 귀납 추론

관찰하고자 하는 집합의 전체를 다 검증함으로써 대상의 공통 특질을 밝혀내는 방법이다. 이는 예외 없는 진실을 발견할 수 있다는 장점은 있으나, 집합의 규모가 크고 속성의 변화가 다양할 경우에는 적용하기 어려운 단점이 있다.
예 1부터 10까지의 수를 다 더하여 그 합이 55임을 밝혀내는 방법

(2) 통계적 귀납 추론

통계적 귀납 추론은 관찰하고자 하는 집합의 일부에서 발견한 몇 가지 사실을 열거함으로써 그 공통점을 결론으로 이끌어 내려는 방식을 가리킨다. 관찰하려는 집합의 규모가 클 때 그 일부를 표본으로 추출하여 조사하는 방식이 이에 해당하며, 표본 추출의 기준이 얼마나 적합하고 공정한가에 따라 그 결과에 대한 신뢰도가 달라진다는 단점이 있다.
예 여론조사에서 일부의 국민에 대한 설문 내용을 바탕으로, 이를 전체 국민의 여론으로 제시하는 것

(3) 인과적 귀납 추론

관찰하고자 하는 집합의 일부 원소들이 지닌 인과 관계를 인식하여 그 원인이나 결과를 이끌어 내려는 방식을 말한다.

① **일치법** : 공통적인 현상을 지닌 몇 가지 사실 중에서 각기 지닌 요소 중 어느 한 가지만 일치한다면 이 요소가 공통 현상의 원인이라고 판단

　예 마을 잔칫집에서 돼지고기를 먹은 사람들이 집단 식중독을 일으켰다. 따라서 식중독의 원인은 상한 돼지고기가 아닌가 생각한다.

② **차이법** : 어떤 현상이 나타나는 경우와 나타나지 않은 경우를 놓고 보았을 때, 각 경우의 여러 조건 중 단 하나만이 차이를 보인다면 그 차이를 보이는 조건이 원인이 된다고 판단

　예 현수와 승재는 둘 다 지능이나 학습 시간, 학습 환경 등이 비슷한데 공부하는 태도에는 약간의 차이가 있다. 따라서 둘의 성적이 차이를 보이는 것은 학습 태도의 차이 때문으로 생각된다.

③ **일치 · 차이 병용법** : 몇 개의 공통 현상이 나타나는 경우와 몇 개의 그렇지 않은 경우를 놓고 일치법과 차이법을 병용하여 적용함으로써 그 원인을 판단

　예 학업 능력 정도가 비슷한 두 아동 집단에 대해 처음에는 같은 분량의 과제를 부여하고 나중에는 각기 다른 분량의 과제를 부여한 결과, 많이 부여한 집단의 성적이 훨씬 높게 나타났다. 이로 보아, 과제를 많이 부여하는 것이 적게 부여하는 것보다 학생의 학업 성적 향상에 도움이 된다고 판단할 수 있다.

④ **공변법** : 관찰하는 어떤 사실의 변화에 따라 현상의 변화가 일어날 때 그 변화의 원인이 무엇인지 판단

　예 담배를 피우는 양이 각기 다른 사람들의 집단을 조사한 결과, 담배를 많이 피울수록 폐암에 걸릴 확률이 높다는 사실이 발견되었다.

⑤ **잉여법** : 앞의 몇 가지 현상이 뒤의 몇 가지 현상의 원인이며, 선행 현상의 일부분이 후행 현상의 일부분이라면, 선행 현상의 나머지 부분이 후행 현상의 나머지 부분의 원인임을 판단

　예 어젯밤 일어난 사건의 혐의자는 정은이와 규민이 두 사람인데, 정은이는 알리바이가 성립되어 혐의 사실이 없는 것으로 밝혀졌다. 따라서 그 사건의 범인은 규민이일 가능성이 높다.

CHECK POINT

귀납과 연역

한 가지의 구체적인 사실에서 일반적인 원리를 도출해 내는 것이 귀납이면, 반대로 일반적인 원리를 최초의 전제로 하고 거기에서 개별적인 경우를 추론하는 것이 연역이다. 즉, 귀납은 경험주의적인 방법이며 연역은 합리주의적인 방법이라 할 수 있다.

PART 1

적성검사

03 유비 추론

두 개의 대상 사이에 일련의 속성이 동일하다는 사실에 근거하여 그것들의 나머지 속성도 동일하리라는 결론을 이끌어내는 추론, 즉 이미 알고 있는 것에서 다른 유사한 점을 찾아내는 추론을 말한다. 그렇기 때문에 유비 추론은 잣대(기준)가 되는 사물이나 현상이 있어야 한다. 유비 추론은 가설을 세우는 데 유용하다. 이미 알고 있는 사례로부터 아직 알지 못하는 것을 생각해 봄으로써 쉽게 가설을 세울 수 있다. 이때 유의할 점은 이미 알고 있는 사례와 이제 알고자 하는 사례가 매우 유사하다는 확신과 증거가 있어야 한다. 그렇지 않은 상태에서 유비 추론에 의해 결론을 이끌어내면, 그것은 개연성이 거의 없고 잘못된 결론이 될 수도 있다.

> • 지구에는 공기, 물, 흙, 햇빛이 있다.
>   A는 a, b, c, d의 속성을 가지고 있다.
> • 화성에는 공기, 물, 흙, 햇빛이 있다.
>   B는 a, b, c, d의 속성을 가지고 있다.
> • 지구에 생물이 살고 있다.
>   A는 e의 속성을 가지고 있다.
> • 그러므로 화성에도 생물이 살고 있을 것이다.
>   그러므로 B도 e의 속성을 가지고 있을 것이다.

CHECK POINT

문장배열 Tip
접속어 및 지시대명사 확인 → 핵심어 찾기 → 문단별 중심 문장 찾기 → 전체 주제 찾기

문장삽입 Tip
주어진 보기를 분석 → 각 문단의 요지 파악 후 들어갈 자리 파악

빈칸추론 Tip
빈칸이 있는 앞뒤 문단 내용 파악 → 선택지 중 확실한 오답 제거 → 남은 선택지 중 자연스러운 내용 선택

04 논리구조

논리구조에서는 주로 단락과 문장 간의 관계나 글 전체의 논리적 구조를 정확히 파악했는지를 묻는다. 글의 순서를 바르게 배열하는 유형이 출제되고 있다. 제시문의 전체적인 흐름을 바탕으로 각 문단의 특징, 단락 간의 역할 등을 논리적으로 구조화할 수 있는 능력을 길러야 한다.

(1) 문장의 관계와 원리

① 문장과 문장 간의 관계

㉠ 상세화 관계 : 주지 → 구체적 설명(비교, 대조, 유추, 분류, 분석, 인용, 예시, 비유, 부연, 상술 등)

㉡ 문제(제기)와 해결 관계 : 한 문장이 문제를 제기하고, 다른 문장이 그 해결책을 제시하는 관계(과제 제시 → 해결 방안, 문제 제기 → 해답 제시)

㉢ 선후 관계 : 한 문장이 먼저 발생한 내용을 담고, 다음 문장이 나중에 발생한 내용을 담고 있는 관계

㉣ 원인과 결과 관계 : 한 문장이 원인이 되고, 다른 문장이 그 결과가 되는 관계(원인 제시 → 결과 제시, 결과 제시 → 원인 제시)

ⓜ 주장과 근거 관계 : 한 문장이 필자가 말하고자 하는 바(주지)가 되고, 다른 문장이 그 문장의 증거(근거)가 되는 관계(주장 제시 → 근거 제시, 의견 제안 → 의견 설명)

ⓗ 전제와 결론 관계 : 앞 문장에서 조건이나 가정을 제시하고, 뒤 문장에서 이에 따른 결론을 제시하는 관계

② 문장의 연결 방식

　ㄱ 순접 : 원인과 결과, 부연 설명 등의 문장 연결에 쓰임

　　예 그래서, 그리고, 그러므로 등

　ㄴ 역접 : 앞글의 내용을 전면적 또는 부분적으로 부정

　　예 그러나, 그렇지만, 그래도, 하지만 등

　ㄷ 대등·병렬 : 앞뒤 문장의 대비와 반복에 의한 접속

　　예 및, 혹은, 또는, 이에 반하여 등

　ㄹ 보충·첨가 : 앞글의 내용을 보다 강조하거나 부족한 부분을 보충하기 위해 다른 말을 덧붙이는 문맥

　　예 단, 곧, 즉, 더욱이, 게다가, 왜냐하면 등

　ㅁ 화제 전환 : 앞글과는 다른 새로운 내용을 이야기하기 위한 문맥

　　예 그런데, 그러면, 다음에는, 이제, 각설하고 등

　ㅂ 비유·예시 : 앞글에 대해 비유적으로 다시 말하거나 구체적인 예를 보임

　　예 예를 들면, 예컨대, 마치 등

CHECK POINT

✚ 문단의 종류

(1) 주지 문단 : 필자가 말하고자 하는 중심 내용이 담긴 문단

(2) 보조 문단(뒷받침 문단) : 중심 문단의 내용을 뒷받침해 주는 문단
　① 도입 단락
　② 전제 문단
　③ 예증·예시 문단
　④ 부연·상술 문단
　⑤ 첨가·보충 문단
　⑥ 강조 문단
　⑦ 연결 문단

(2) 원리 접근법

앞뒤 문장의 중심 의미 파악		**앞뒤 문장의 중심 내용이 어떤 관계인지 파악**		**문장 간의 접속어, 지시어의 의미와 기능**		**문장의 의미와 관계성 파악**
각 문장의 의미를 어떤 관계로 연결해서 글을 전개하는지 파악해야 한다.	⇨	지문 안의 모든 문장은 서로 논리적 관계성이 있다.	⇨	접속어와 지시어를 음미하는 것은 독해의 길잡이 역할을 한다.	⇨	문단의 중심 내용을 알기 위한 기본 분석 과정이다.

05 논리적 이해

(1) 전제의 추론

전제의 추론은 원칙적으로 주어진 내용의 이면에 내포되어 있는 이미 옳다고 인정된 사실을 유추하는 유형이다.

① 먼저 주장이 무엇인지 명확하게 파악해야 한다.

② 주장이 성립하기 위해서 논리적으로 필요한 요건이 무엇인지 생각해 본다.

③ 선택지 중 주장과 논리적으로 인과 관계를 형성할 수 있는 조건을 찾아낸다.

(2) 결론의 추론

주어진 내용을 명확히 이해한 다음, 이를 근거로 이끌어 낼 수 있는 올바른 결론이나 관련 사항을 논리적인 관점에서 찾는 문제 유형이다. 이와 같은 문제는 평상시 비판적이고 논리적인 관점으로 글을 읽는 연습을 충분히 해두어야 유리하다고 볼 수 있다.

이와 같은 유형의 문제를 풀 때는 먼저 제시문을 읽고, 그 글을 통해 타당성 여부를 검증해 가는 방법을 취하는 것이 좋다. 물론 통독(通讀)을 통해 각 문단에서 다루고 있는 내용이 무엇인지 미리 확인해 두어야만 선택지와 관련된 내용을 이끌어 낼 근거가 언급된 부분을 쉽게 찾을 수 있다.

명제

PART 1

적성검사

유형 분석

- '$p \rightarrow q$, $q \rightarrow r$이면 $p \rightarrow r$이다.' 형식의 삼단논법과 명제의 대우를 활용하여 푸는 유형이다.
- 명제에서 일부를 나타내는 표현이 나온다면 삼단논법을 활용하기보다 벤다이어그램 등을 활용하여 풀이해야 한다.

다음 문장을 읽고, 올바르게 유추한 것은?

- 석천이와 동현이는 키가 같다.
- 진희와 현숙이도 키가 같다.

① 석천이는 현숙이보다 키가 크다.
② 네 사람의 키가 모두 다르다.
③ 동현이는 진희보다 키가 크다.
④ 현숙이는 동현이보다 키가 작다.
⑤ 네 사람의 키가 같은지 알 수 없다.

출제의도 주어진 전제를 근거로 새로운 판단을 유추할 수 있는지를 평가한다.

문제풀이 ⑤
석천이와 동현이의 키가 같고, 진희와 현숙이의 키가 같지만 A(석천, 동현)와 B(진희, 현숙)의 키가 같은지는 알 수 없다.

한끝 Tip 주어진 명제를 도식화하여 관계를 파악하고, 합당한 판단을 찾아낼 수 있도록 한다.

참 · 거짓

- 일반적으로 4~5명의 진술이 제시되며, 각 진술의 진실 및 거짓 여부를 확인하여 범인을 찾는 유형이다.
- 추리영역 중에서도 체감난이도가 상대적으로 높은 유형으로 알려져 있다.
- 각 진술 사이의 모순을 찾아 성립하지 않는 경우의 수를 제거하거나, 경우의 수를 나누어 모든 조건이 성립하는지를 확인해야 한다.

5명의 학생 A, B, C, D, E가 K대학교에 지원하여 그 중 1명이 합격하였다. 학생들은 다음과 같이 이야기하였고, 그중 1명이 거짓말을 하였다. 합격한 학생은?

A : B는 합격하지 않았다.
B : 합격한 사람은 D이다.
C : 내가 합격하였다.
D : B의 말은 거짓말이다.
E : 나는 합격하지 않았다.

① A   ② B
③ C   ④ D
⑤ E

출제의도 여러 사람의 발언 중 숨어있는 거짓을 구별하는 가정, 추론능력을 판단한다.

문제풀이 ③

B와 D는 서로 상반된 이야기를 하고 있다. 만일, B가 참이고 D가 거짓이라면 C, D가 둘 다 합격자인데, 합격자는 1명이어야 하므로 모순이다. 따라서 B는 거짓이고, 합격자는 C이다.

이거 알면 30초 컷!

진실게임 유형 중 90% 이상은 다음 두 가지 방법으로 풀 수 있다. 주어진 진술을 빠르게 훑으며 다음 두 가지 중 어떤 경우에 해당되는지 확인한 후 문제를 풀어나간다.

두 명 이상의 발언 중 한쪽이 진실이면 다른 한쪽이 거짓인 경우
1) A가 진실이고 B가 거짓인 경우, B가 진실이고 A가 거짓인 경우 두 가지로 나눌 수 있다.
2) 두 가지 경우에서 각 발언의 진위 여부를 판단한다.
3) 주어진 조건과 비교한다(범인의 숫자가 맞는지, 진실 또는 거짓을 말한 인원수가 조건과 맞는지 등).

두 명 이상의 발언 중 한쪽이 진실이면 다른 한쪽도 진실인 경우
1) A와 B가 모두 진실인 경우, A와 B가 모두 거짓인 경우 두 가지로 나눌 수 있다.
2) 두 가지 경우에서 각 발언의 진위 여부를 판단하여 범인을 찾는다.
3) 주어진 조건과 비교한다(범인의 숫자가 맞는지, 진실 또는 거짓을 말한 인원수가 조건과 맞는지 등).

배열하기 · 묶기 · 연결하기

유형 분석

• 제시된 여러 조건/상황/규칙들을 정리하여 경우의 수를 구한 후 문제를 해결해야 한다.
• 고정 조건을 중심으로 표나 도식으로 정리하여 확실한 조건과 배제해야 할 조건들을 정리한다.

A, B, C, D, E 5명이 줄을 서 있다. 다음 조건을 만족한다고 할 때, 바르게 짝지어진 것은?(단, 맨 앞을 1번으로 하여 차례대로 번호를 부여한다)

• A와 C는 이웃해서 서고, C, D는 이웃해서 서 있지 않다.
• A와 B 사이에는 두 명이 서 있다.
• B는 3번이나 4번에는 서 있지 않다.
• E는 2번이나 3번에, D는 5번에 서 있다.

① 1 — A
② 2 — B
③ 3 — C
④ 4 — D
⑤ 5 — E

출제의도 주어진 명제를 도식화하여 올바른 결론을 도출해낼 수 있는지 평가한다.

문제풀이 ③
마지막 조건에 따라 E가 2번에 서 있는 경우와 3번에 서 있는 경우를 따져 보면 다음과 같다.
• E가 2번에 서 있는 경우 : 첫 번째 조건에 따라 A와 C는 3번과 4번에 서 있어야 하지만 C는 D와 이웃해서 서지 않으므로 C가 3번, A가 4번에 서 있으며, B는 남은 1번에 서 있다.
• E가 3번에 서 있는 경우 : A와 C는 1번과 2번에, B는 4번에 서 있으며, 두 번째 조건에 따라 A가 2번에 서 있어야 하는데, 이는 두 번째 조건에 어긋난다.
따라서 1번부터 5번까지 B—E—C—A—D의 순서로 서 있다.

이거 알면 30초 컷!

1. 문제 혹은 선택지를 먼저 읽은 후 문제에서 요구하는 규칙과 조건을 파악한다.
2. 서로 관련 있는 조건을 연결하여 나올 수 있는 경우의 수를 정리한다.

언어추리 유형점검

정답 및 해설 p.012

※ 다음 문장을 읽고 유추할 수 있는 것을 고르시오. [1~3]

Easy
01

☑ 오답 Check! ○ ✕

- 도자기는 흙으로 만든다.
- 흙은 모두 색깔을 갖고 있다.
- 어떤 흙은 검은색이다.

① 도자기는 모두 색깔을 갖고 있고 검은색이다.
② 도자기는 모두 색깔을 갖고 있다.
③ 도자기는 모두 검은색이다.
④ 모든 도자기는 검은색 흙으로 만든다.
⑤ 검은색 흙으로 만든 것은 모두 도자기이다.

02

☑ 오답 Check! ○ ✕

- 스포츠를 좋아하는 사람은 음악을 좋아한다.
- 그림을 좋아하는 사람은 독서를 좋아한다.
- 음악을 좋아하지 않는 사람은 독서를 좋아하지 않는다.

① 스포츠를 좋아하지 않는 사람은 독서를 좋아한다.
② 음악을 좋아하는 사람은 독서를 좋아하지 않는다.
③ 독서를 좋아하는 사람은 스포츠를 좋아하지 않는다.
④ 그림을 좋아하는 사람은 음악을 좋아한다.
⑤ 그림을 좋아하는 사람은 스포츠를 좋아하지 않는다.

안심Touch

03

> - 축구를 잘하는 사람은 배구도 잘한다.
> - 농구를 못하는 사람은 야구도 못한다.
> - 배구를 못하는 사람은 농구도 못한다.

① 배구를 못하는 사람은 야구도 못한다.
② 축구를 잘하는 사람은 야구를 못한다.
③ 야구를 잘하는 사람은 축구를 못한다.
④ 농구를 못하는 사람은 축구를 잘한다.
⑤ 야구를 못하는 사람은 배구를 잘한다.

Hard

04 기말고사를 치르고 난 후 A, B, C, D, E 5명의 친구가 다음과 같이 성적에 대해 이야기를 나누었다고 가정할 때, 이 중 1명의 진술은 거짓이다. 다음 중 올바른 결론은?(단, 거짓을 진술한 사람은 거짓만 말한다)

> A : E는 1등이고, D는 C보다 성적이 높다.
> B : B는 E보다 성적이 낮고, C는 A보다 성적이 높다.
> C : A는 B보다 성적이 낮다.
> D : B는 C보다 성적이 높다.
> E : B는 D보다, A는 C보다 성적이 높다.

① B가 1등이다.
② A가 1등이다.
③ E가 1등이다.
④ B는 3등이다.
⑤ D가 2등이다.

05 A, B, C, D, E 다섯 명이 100m 달리기를 했다. 기록 측정 결과가 나오기 전에 그들끼리의 대화를 통해 순위를 예측해 보려고 한다. 그들의 대화는 다음과 같고, 이 중 한 사람이 거짓말을 하고 있다. 다음 중 A, B, C, D, E의 순위로 알맞은 것은?(단, 거짓을 진술한 사람은 거짓말만 한다)

> A : 나는 1등이 아니고, 3등도 아니야.
> B : 나는 1등이 아니고, 2등도 아니야.
> C : 나는 3등이 아니고, 4등도 아니야.
> D : 나는 A와 B보다 늦게 들어왔어.
> E : 나는 C보다는 빠르게 들어왔지만, A보다는 늦게 들어왔어.

① E － C － B － A － D
② E － A － B － C － D
③ C － E － B － A － D
④ C － A － E － B － D
⑤ A － C － E － B － D

06 여섯 가지 색상의 유리구슬 18개를 3개씩 6개의 봉지에 담았다. 각 봉지에는 같은 색깔의 구슬은 없다. 아래 조건을 만족해야 한다고 할 때, 다음 중 옳은 것은?

> • 적, 흑, 청의 합계는 백, 황, 녹의 합계와 같다.
> • 황색의 수는 흑색의 3배이다.
> • 백색은 녹색보다 많고, 녹색은 흑색보다 많다.
> • 적색은 백색과 녹색의 합계와 같다.

① 적색 유리구슬의 개수는 5개이다.
② 황색 유리구슬의 개수는 2개이다.
③ 녹색 유리구슬의 개수는 4개이다.
④ 흑색 유리구슬의 개수는 1개이다.
⑤ 백색 유리구슬의 개수는 3개이다.

07 아프리카의 어느 나라에 A, B, C, D, E 다섯 부족이 있다. A부족은 매우 호전적이어서 기회만 있으면 다른 부족을 침공하려고 한다. 다음 제시된 전제를 근거로 A부족이 침공할 부족을 모두 고르면?

- A부족은 E부족을 침공하지 않는다.
- A부족이 D부족을 침공하지 않는다면 B부족을 침공한다.
- A부족은 C부족을 침공하거나 E부족을 침공한다.
- A부족이 C부족을 침공한다면 D부족을 침공하지 않는다.

① B부족
② C부족
③ D부족
④ B부족과 C부족
⑤ B부족과 D부족

08 다음 제시된 명제들로부터 내릴 수 있는 추론으로 옳은 것은?

- 연차를 쓸 수 있으면 제주도 여행을 한다.
- 회를 좋아하면 배낚시를 한다.
- 다른 계획이 있으면 배낚시를 하지 않는다.
- 다른 계획이 없으면 연차를 쓸 수 있다.

① 제주도 여행을 하면 다른 계획이 없다.
② 제주도 여행을 하지 않으면 배낚시를 하지 않는다.
③ 다른 계획이 있으면 연차를 쓸 수 없다.
④ 배낚시를 하지 않으면 제주도 여행을 하지 않는다.
⑤ 연차를 쓸 수 있으면 배낚시를 한다.

| 논리구조 | 대표유형 1

문장배열

유 형 분석

- 글의 내용과 흐름을 잘 파악할 수 있는지를 평가하는 유형이다.
- 문단순서 배열에서 가장 중요한 것은 지시어와 접속어이므로, 접속어의 쓰임에 대해 정확히 알고 있어야 하며, 지시어가 가리키는 것이 무엇인지 잘 파악해야 한다.

다음 문장을 논리적 순서대로 알맞게 배열한 것은?

(A) 기술 혁신의 과정은 과다한 비용 지출이나 실패의 위험이 도사리고 있는 험난한 길이다.
(B) 그리고 이것이 우리가 기술 혁신의 역사를 돌아보고 그 의미를 되짚는 이유이다.
(C) 그렇지만 그러한 위험을 감수하면서 기술 혁신에 도전했던 기업가와 기술자의 노력 덕분에 산업의 생산성은 지속적으로 향상되었다.
(D) 여러 위험 요인들을 예측하고 적절히 통제할 수 있는 능력을 갖춘 자만이 앞으로 다가올 기술 혁신을 주도할 수 있는 것이다.
(E) 지금 우리가 누리고 있는 것은 그들의 노력으로 인한 혜택이다.

① (E) − (A) − (C) − (B) − (D)
② (E) − (B) − (C) − (D) − (A)
③ (A) − (C) − (E) − (B) − (D)
④ (A) − (B) − (D) − (C) − (E)
⑤ (A) − (D) − (C) − (E) − (B)

문제풀이   ③

제시문은 기술 혁신의 어려움과 그것을 극복해서 기술 혁신을 해나갈 것이라는 믿음에 관한 글이다. 따라서 (A) 과다한 비용 지출이나 실패의 위험이 도사리고 있는 기술 혁신의 과정 → (C) 그렇지만 그러한 위험을 감수하며 향상되는 기술 → (E) 지금 우리가 누리고 있는 것은 그들의 노력으로 인한 혜택 → (B) 그리고 이것이 우리가 기술 혁신의 역사를 돌아보고 그 의미를 되짚는 이유 → (D) 위험 요인들을 예측하고 적절히 통제할 수 있는 능력을 갖춘 자만이 앞으로 다가올 기술 혁신을 주도할 수 있음 순서로 연결되어야 한다.

이거 알면 30초 컷!

1. 우선 각 문장에 자리한 지시어와 접속어를 살펴본다. 문두에 접속어가 오거나 문장 중간에 지시어가 나오는 경우 글의 첫 번째 문장이 될 수 없다. 따라서 이러한 문장들을 하나씩 소거해 나가다 보면 첫 문장이 될 수 있는 것을 찾을 수 있다.
2. 시간이 상대적으로 부족하다고 느낄 때는 선택지를 참고하여 문장의 순서를 생각해보는 것이 시간을 단축하는 좋은 방법이 될 수 있다.

안심Touch

구조 분석

유형 분석

문장 간의 관계나 글 전체의 전체적인 흐름을 바탕으로 문장의 구조와 그 의도를 파악하는 능력을 평가하기 위한 문제이다.

다음 글의 구조를 잘못 분석한 것은?

> ㉠ 사람들은 돈을 매우 좋아한다.
> ㉡ 그러나 돈 자체가 본래 어떤 목적으로서 소중한 것은 아니다.
> ㉢ 돈은 본래 다른 무엇을 위한 수단이며, 돈의 가치는 그것으로써 얻을 수 있는 다른 무엇에 달려 있다.
> ㉣ 바꾸어 말하면, 어떤 사람의 수중에 들어간 돈의 가치는 그것이 무엇을 위해서 쓰이느냐에 따라서 크게 달라진다.
> ㉤ 그러므로 우리가 돈 그 자체를 좋아하고 맹목적으로 돈에 애착하는 것은 옳지 못한 짓이다.

① ㉠은 이 글에서 문제 삼고자 하는 현상을 제시한 것이다.
② ㉡은 ㉠에 대한 비판으로서 글의 논점을 한정한다.
③ ㉢은 ㉡의 부연으로서 돈의 중요성을 강조하는 내용이다.
④ ㉣은 ㉢의 내용을 더욱 상세화한 것이다.
⑤ ㉤은 전체 글의 요지이다.

문제풀이 ③

㉢에서 글쓴이는 돈의 본질적인 역할과 가치에 대해 정의하고 있는데, 이는 돈의 중요성을 강조하는 것이 아니라 ㉡에서 제시된 주장에 대한 이유를 제시한 것이다.

한끝 Tip 글의 성격이나 주장하는 바를 인지하고 각 단락이 맡은 역할이나 기능을 파악한다. 위 글은 돈에 애착하지 말 것을 종용하는 글로 돈의 중요성을 강조하는 내용이라고는 볼 수 없다.

| 논리구조 | 대표유형 3

도식화

- 글을 도식화하거나 개요를 수정하는 문제로 출제된다.
- 각 문장의 지시어나 접속어에 주의하고, 키워드를 찾는다.

다음 글의 구조를 가장 바르게 분석한 것은?

ⓐ 과학 기술이 예술에 영향을 끼친 사례는 무수히 많다.

ⓑ 우선 과학의 신 이론이나 새로운 발견은 예술가의 이성과 감성에 영향을 준다.

ⓒ 물론 이 영향은 예술가의 작품에 반영되고 새로운 예술 풍조, 더 나아가서 새로운 예술사상이 창조되는 원동력으로서 작용되기도 한다.

ⓓ 그리고 과학 기술의 발전은 예술가로 하여금 변화하기를 강요한다.

ⓔ 예를 들어, 수 세기 동안 회화는 2차원의 캔버스에 3차원의 환영을 나타내는 것을 궁극적인 목표로 삼아 왔으나 사진 기술의 발달은 직접적·간접적으로 사실적인 회화 기법의 입지를 약화시키는 역할을 했다.

ⓕ 또 과학 기술의 발전은 예술가에게 새로운 연장, 그리고 재료를 제공함으로써 예술가는 자신의 표현 영역을 넓힐 수 있게 되고 한 걸음 더 나아가서 새로운 기법, 새로운 예술양식의 출현을 가져온다.

① ㄱ ─┬ ㄴ ─ ㄷ
      ├ ㄹ ─ ㅁ
      └ ㅂ

② ㄱ ─┬ ㄷ
      │ └ ㄹ
      └ ㄴ ─┬ ㅁ
              └ ㅂ

③ ┌ ㄱ ─ ㄹ ─ ㅁ
   ├ ㄴ
   └ ㄷ ─ ㅂ

④ ㄱ ─┬ ㄴ ─ ㄹ
      └ ㄷ ─ ㅁ ─ ㅂ

⑤ ㄱ ─┬ ㄴ
      ├ ㄷ ──── ㅁ
      ├ ㄹ
      └ ㅂ

글 전반의 구조를 정확히 인지하고 각 단락이 어떠한 역할을 하는지 파악했는가를 평가하기 위한 문제이다.

문제풀이 ①

㉠은 일반적 진술이며 ㉡·㉣·㉥은 앞서 전개된 ㉠의 상술이다. ㉢은 ㉡에서 이어지는 단락으로 보충의 역할을 하며 ㉤은 ㉣의 예시이다.

한끝 Tip 각 단락 앞에 있는 접속사의 종류를 살펴보면 해당 단락이 앞의 단락과 어떠한 관계인지 대략적으로 파악할 수 있다.

이거 알면 30초 컷!

제시문 위에 연결되는 내용을 화살표로 나타내며 독해한다. 독해를 마친 후에 내가 표시한 화살표의 방향과 같은 선택지를 고른다.

논리구조 유형점검

정답 및 해설 p.013

※ 다음 문장을 논리적 순서대로 알맞게 배열한 것을 고르시오. [1~4]

☑ 오답 Check! ○ ✕

01

(A) 또한 여백은 아무것도 그리지 않은 공간으로 표현하는 것이 보통이지만, 물이나 하늘, 안개나 구름과 같은 어떤 실체를 표현하기도 한다.
(B) 이처럼 여백은 다 그리고 난 나머지로서의 여백이 아니라, 저마다 역할이 있는 의도적인 표현이다. '동양화의 멋은 여백에서 찾을 수 있다.'고 할 정도로 여백은 동양화의 특징을 잘 드러내는 중요한 표현 방법이다.
(C) 이 여백은 다양하게 표현된다. 화면 한쪽을 넓게 비워 놓는 큰 여백이 있는가 하면, 화면의 형체 사이사이에 좁게 비워 놓는 작은 여백도 있다.
(D) 동양화의 특징은 여러 가지가 있겠지만 그중 여백의 미를 빼놓을 수 없다. 여백의 미를 살리지 않은 그림은 동양화라 할 수 없을 정도로 여백은 동양화에서 흔히 볼 수 있는 특징이다.

① (A) − (D) − (B) − (C) ② (D) − (A) − (C) − (B)
③ (B) − (D) − (A) − (C) ④ (D) − (C) − (A) − (B)
⑤ (B) − (A) − (D) − (C)

☑ 오답 Check! ○ ✕

Easy
02

(A) 여러 사람이 모여 사는 곳에서는 크고 작은 분쟁이 끊임없이 발생할 수밖에 없으므로 이를 해결하기 위해서는 미리 강제적인 규칙을 정해 놓아야 한다. 그래서 사회 구성원들의 합의에 의해 강제성을 갖도록 만들어진 것이 바로 '법'이다.
(B) 그렇기 때문에 법을 현실의 구체적인 사건에 적용하는 과정은 이른바 '법률적 삼단논법'에 의해 이루어진다.
(C) 하지만 복잡한 현실의 구체적인 상황을 모두 반영하여 법률을 만들려면 법은 무한정 길어질 수밖에 없다. 따라서 법은 추상적인 규정으로 만들어진다.
(D) 그런데 많은 훈련을 거친 법률가들이라 하더라도 어떤 사건에 적용할 수 있는 적당한 법 규정을 찾아내는 일은 결코 쉬운 일이 아니다. 현재 시행되고 있는 법 규정의 수가 엄청나게 많고, 새로운 법 규정도 계속 만들어지고 있기 때문이다.

① (A) − (B) − (D) − (C) ② (B) − (A) − (D) − (C)
③ (A) − (C) − (B) − (D) ④ (C) − (B) − (A) − (D)
⑤ (C) − (A) − (B) − (D)

안심Touch

03

(A) 석탄은 석유에 비해 지구상에 고르게 분포되어 있고, 가채 연수가 140년 이상 남아 있지만 환경오염의 주범이라는 굴레에서 벗어나지 못해 왔다.

(B) IGCC는 발전소에서 배출되는 이산화탄소의 90% 이상을 제거할 수 있어 차세대 석탄 발전 기술로 각광받고 있다. 설비가 복잡하여 기존 방식보다 초기투자비용이 크지만 이산화탄소를 분리하기 위해 추가되는 비용은 적으므로 총 비용 측면에서는 유리할 것이다.

(C) 그러나 최근 고유가 상황에서 청정 석탄 기술의 발전에 힘입어 석탄이 새롭게 주목받고 있다.

(D) 청정 석탄 기술이란 석탄 사용 시 유해 물질의 발생을 최소화하는 기술을 말한다. 이 중 석탄가스화 복합 발전(IGCC)은 석탄을 가스화한 뒤 가스 터빈과 증기 터빈으로 이루어지는 복합 사이클을 통해 전력을 생산하는 시스템이다.

① (A) − (B) − (C) − (D)
② (B) − (A) − (D) − (C)
③ (A) − (C) − (D) − (B)
④ (C) − (A) − (B) − (D)
⑤ (C) − (B) − (D) − (A)

04

(A) 그런데 음악이 대량으로 복제되는 현상에 대해 비판적인 시각도 생겨났다. 대량생산된 복제품은 예술 작품의 유일무이(唯一無二)한 가치를 상실케 하고 예술적 전통을 훼손한다는 것이다.

(B) MP3로 대표되는 복제 기술이 어떻게 발전할 것이며 그에 따라 음악은 어떤 변화를 겪을지, 우리가 누릴 수 있는 새로운 전통은 우리 삶을 어떻게 변화시킬지 생각해 보는 것은 매우 흥미로운 일이다.

(C) 근래에는 음악을 컴퓨터 파일의 형태로 바꾸는 기술이 개발되어 작품을 나누고 섞고 변화시키는 것이 훨씬 자유로워졌다. 이에 따라 낯선 곡은 계속적 반복을 통해 친숙한 음악으로, 친숙한 곡은 디지털 조작을 통해 낯선 음악으로 변모시킬 수 있게 되었다.

(D) 그러나 복제품은 자신이 생겨난 환경에 매어 있지 않기 때문에, 새로운 환경에서 새로운 예술적 전통을 만들어낸다. 최근의 음악 환경은 IT 기술의 발달과 보급에 따라 매우 빠르게 변화하고 있다.

① (C) − (A) − (D) − (B)
② (A) − (C) − (D) − (B)
③ (C) − (D) − (A) − (B)
④ (D) − (A) − (B) − (C)
⑤ (D) − (C) − (A) − (B)

※ 다음 글의 논지 전개 구조를 바르게 설명한 것을 고르시오. [5~6]

☑ 오답 Check! ○ ✕

05

ⓐ 중국에 생원이 있듯이 우리나라에는 양반이 있다. 중국의 고정림(顧亭林)이 온 천하 사람이 생원이 되는 것을 우려하였던 바, 나는 온 나라 사람이 양반이 되는 것을 우려한다.

ⓑ 그런데 양반의 폐단은 더욱 심한 바가 있다. 생원은 실제로 과거에 응시해서 생원 칭호를 얻는 것이지만, 양반은 문무관(文武官)도 아니면서 허명(虛名)만 무릅쓰는 것이다.

ⓒ 생원은 정원(定員)이 있으나 양반은 도대체 한절(限節)이 없으며, 생원은 세월이 지남에 따라 변천이 있으나 양반은 한번 얻으면 백세토록 버리지 않는다.

ⓓ 항차 생원의 폐는 양반이 모두 다 겸하여 지녔음에랴.

ⓔ 그러하니 내가 바라는 바는, 온 나라 사람이 양반이 되어 온 나라에 양반이 없는 것과 같이 되도록 하는 것이다.

① ⓐ・ⓑ・ⓒ・ⓓ은 ⓔ의 근거가 된다.

② ⓐ은 이 글의 중심 문단이다.

③ ⓑ은 ⓐ의 상술 문단이다.

④ ⓒ은 ⓐ의 상술 문단이다.

⑤ ⓓ은 ⓐ의 부연 문단이다.

☑ 오답 Check! ○ ✕

06

ⓐ 사회 계약론은 사회・경제적 불평등에 전혀 주의를 기울이지 않는다는 점에서 본질적인 한계가 있다.

ⓑ 계약은 형식상 당사자들 사이의 자유와 평등을 전제하지만, 실질적으로는 일정한 세력 관계와 불평등 구조를 배제하지 않는다.

ⓒ 총칼을 들이대는 통에 어쩔 수 없이 하는 계약이 있는가 하면, 먹고 살기 위해 울며 겨자 먹기로 하는 계약도 있다.

ⓓ 이를테면 자본주의 사회에서 가진 것이라고는 몸뚱이밖에 없는 사람도 물론 형식적으로는 특정 자본가에게 노동력을 팔수도 있고, 팔지 않을 수도 있다.

ⓔ 그러나 그는 굶어 죽지 않으려면 어떻게든 누군가에게 노동력을 팔지 않으면 안 될 것이고, 더구나 자기 말고도 일자리를 찾는 사람이 널려 있다면 불리한 조건으로라도 계약을 맺지 않을 수 없는 것이다.

① ⓐ은 이 글의 결론으로 필자의 주장을 담고 있다.

② ⓑ은 ⓒ의 근거로서 ⓒ의 주장을 강화하고 있다.

③ ⓒ은 ⓓ을 예로 삼아 또 하나의 결론을 내리고 있다.

④ ⓓ은 ⓔ의 예를 제시한 것으로 ⓔ의 설득력을 높이고 있다.

⑤ ⓔ은 ⓐ에 대한 결론이다.

PART 1
적성검사

안심Touch

※ 다음 구조를 가장 바르게 분석한 것을 고르시오. [7~8]

Hard
07

(가) 가장 보편적인 의미에서 볼 때, 법이란 사물의 본성에서 유래하는 필연적인 관계를 말한다. 이 의미에서는 모든 존재가 그 법을 가진다. 예컨대, 신은 신의 법을 가지고, 물질계는 물질계의 법을 가지며, 지적 존재, 이를테면 천사도 그 법을 가지고, 짐승 또한 그들의 법을 가지며, 인간은 인간의 법을 가진다.

(나) 우주에 대하여 신은 그 창조자 및 유지자로서의 관계를 유지한다. 그러므로 신이 우주를 창조한 법은, 그것에 따라서 신이 우주를 주관하게 되는 것이다. 신이 이 규칙에 따라 행동하는 이유는 그가 그것들을 만들었기 때문이고, 신이 그것을 알고 있는 이유는 그 규칙들이 신의 예지와 힘에 관계되기 때문이다. 우리가 보는 것처럼 세계는 물질의 운동에 의하여 형성되어, 지성을 갖지 않음에도 불구하고 항상 존재하고 있는 것을 보면, 그 운동은 불변의 규칙을 가지고 있음이 분명하다.

(다) 모든 지적 존재는 스스로 만들어 낸 법을 가지고 있으며, 동시에 만들지 않은 법도 가지고 있다. 지적 존재가 존재하기 전에도 그것들은 존재가 가능했으므로 그 존재들은 가능해질 수 있는 관계, 즉 자기의 법을 가질 수 있었다. 이것은 실정법(實定法)이 존재하기 전에 정의(正義) 가능한 관계가 존재했다는 데 기인한다. 실정법이 명령하거나 금하는 것 이외에는 정의도 부정(不定)도 존재하지 않는다고 말하는 것은, 원이 그려지기 전에는 모든 반경이 달랐다고 말하는 것과 다를 바가 없다. 따라서 그것을 확정하는 실정법에 앞서 형평(衡平)의 관계가 있다는 것을 인정해야 한다.

(라) 짐승이 운동의 일반 법칙에 의해 지배되고 있는지, 아니면 어떤 특수한 동작에 의해 지배되고 있는지 우리는 모른다. 쾌감의 매력에 의하여 그들은 자기의 존재를 유지하고 또한 같은 매력에 의하여 종(種)을 유지한다. 그들은 자연법을 가지고 있다. 그러나 그들은 항구적으로 그 자연법에 따르는 것은 아니다. 식물에게서는 오성도 감성도 인정할 수 없으나, 그 식물 쪽이 보다 더 완전하게 법칙에 따른다.

(마) 인간은 물질적 존재로서는 다른 물체처럼 불변의 법칙에 의하여 지배된다. 지적존재로서의 그는 신이 정한 이 법칙을 끊임없이 다스리고, 또 스스로 정한 법칙을 변경한다. 그는 스스로 길을 정해야만 한다. 그는 한정된 존재에서 모든 유한의 지성처럼 무지나 오류를 면할 수 있다. 그렇지만 역시 그가 갖는 빈약한 오성, 그것마저도 잃어버리고 만다.

① (가) ┬ (나)
　　　　└ (다) ┬ (라)
　　　　　　　　└ (마)

② (가) ┬ (나)
　　　　├ (다)
　　　　└ (라) ─ (마)

③ (가) ┬ (나)
　　　　└ (다) ─ (라) ─ (마)

④ (가) ┬ (나) ─ (다)
　　　　└ (라) ─ (마)

⑤ (가) ─ (나) ─ (다) ─ (라) ─ (마)

08

문학의 지속성과 변화는, 전통의 계승에는 긍정적 계승도 있고 부정적 계승도 있다는 각도에서 설명할 때 더욱 명확한 이해가 이루어진다. 전통은 앞 시대의 문학이 뒷시대의 문학에 미치는 작용이다. 일단 이루어진 앞 시대의 문학은 어떻게든지 뒷시대 문학에 작용을 미친다. 다만, 그 작용이 퇴화할 수도 있고 생동하는 모습을 지닐 수도 있지만, 퇴화가 전통의 단절이라고 할 수 있는 것은 아니다. 전통이 단절되면 다시 계승하는 것이 불가능하지만, 퇴화된 전통은 필요에 따라서 다시 계승할 수 있는 잠재적인 가능성이 있다. 앞 시대 문학이 뒷시대 문학에 미치는 작용에 있어 생동하는 모습을 지닐 때, 이것을 전통의 계승이라고 할 수 있다. 이때, 계승은 단절과 반대되는 것이 아니고, 퇴화와 반대되는 것이다. 그런데 전통의 계승은 반드시 긍정적인 계승만이 아니고, 부정적인 계승일 수도 있다. 긍정적인 계승에서는 변화보다는 지속성이 두드러지게 나타나고, 부정적인 계승에서는 지속성보다 변화가 두드러지게 나타난다. 앞 시대 문학의 작용이 뒷시대에도 계속 의의가 있다고 생각해서 이 작용을 그대로 받아들이고자 하면, 긍정적 계승이 이루어진다. 앞 시대 문학의 작용은 뒷시대에 이르러서 극복해야 할 장애라고 생각해서 이 작용을 극복하고자 하면 부정적 계승이 이루어진다. 부정적 계승은 앞 시대 문학의 작용을 논쟁과 극복의 대상으로 인식하는 점에서 전통의 퇴화를 초래하는 앞 시대 문학의 작용에 대한 무관심과는 구별된다. 부정적 계승은 전통 계승의 정상적인 방법의 하나이고 문학의 발전을 초래하지만, 전통의 퇴화는 문학의 발전에 장애가 생겼을 때 나타나는 현상이다.

① 전통 ┬ 지속 – 계승
　　　　└ 변화 – 단절

② 전통 ┬ 지속 ┬ 긍정적 계승
　　　　│　　　└ 부정적 계승
　　　　└ 변화

③ 전통 ┬ 계승 – 긍정적 계승
　　　　└ 퇴화 – 부정적 계승

④ 전통 ┬ 계승 ┬ 긍정적 계승
　　　　│　　　└ 부정적 계승
　　　　├ 퇴화
　　　　└ 단절

⑤ 전통 ┬ 계승 – 긍정적 계승
　　　　└ ┬ 퇴화 ┐ 부정적 계승
　　　　　└ 단절 ┘

분석적 이해

유 형 분석

- 글의 세부적인 내용을 이해할 수 있는지를 평가하는 유형이다.
- 경제 · 경영 · 철학 · 역사 · 예술 · 과학 등 다양한 분야에 관련된 지문이 제시되므로 폭 넓은 독서를 해야 한다.

다음 글의 내용을 토대로 알 수 있는 사실은?

우리나라의 전통 음악은 대체로 크게 정악과 속악으로 나뉜다. 정악은 왕실이나 귀족들이 즐기던 음악이고, 속악은 일반 민중들이 가까이 하던 음악이다.

개성을 중시하고 자유분방한 감정을 표출하는 한국인의 예술 정신은 정악보다는 속악에 잘 드러나 있다. 우리 속악의 특징은 한 마디로 즉흥성이라는 개념으로 집약될 수 있다. 판소리나 산조에 '유파(流派)'가 자꾸 형성되는 것은 모두 즉흥성이 강하기 때문이다. 즉흥으로 나왔던 것이 정형화되면 그 사람의 대표 가락이 되는 것이고, 그것이 독특한 것이면 새로운 유파가 형성되기도 하는 것이다.

물론 즉흥이라고 해서 음악가가 제멋대로 하는 것은 아니다. 곡의 일정한 틀은 유지하면서 그 안에서 변화를 주는 것이 즉흥 음악의 특색이다. 가령 판소리 명창이 무대에 나가기 전에 "오늘 공연은 몇 분으로 할까요?"하고 묻는 것이 그런 예다. 이때 창자는 상황에 맞추어 얼마든지 곡의 길이를 조절할 수 있는 것이다. 이것은 서양 음악에서는 어림없는 일이다. 그나마 서양 음악에서 융통성을 발휘할 수 있다면 가령 4악장 가운데 한 악장만 연주하는 것 정도이지 각 악장에서 조금씩 뽑아 한 곡을 만들어 연주할 수는 없다. 그러나 한국 음악에서는, 특히 속악에서는 연주 장소나 주문자의 요구 혹은 연주자의 상태에 따라 악기도 하나면 하나로만, 둘이면 둘로 연주해도 별문제가 없다. 거문고나 대금 하나만으로도 얼마든지 연주할 수 있다. 전혀 이상하지도 않다. 그렇지만 베토벤의 운명 교향곡을 바이올린이나 피아노만으로 연주하는 경우는 거의 없을 뿐만 아니라, 설령 연주를 하더라도 어색하게 들릴 수밖에 없다.

즉흥과 개성을 중시하는 한국의 속악 가운데 대표적인 것이 시나위다. 현재의 시나위는 19세기 말에 완성되었으나 원형은 19세기 훨씬 이전부터 연주되었을 것으로 추정된다. 시나위의 가장 큰 특징은 악보 없는 즉흥곡이라는 것이다. 연주자들이 모여 아무 사전 약속도 없이 "시작해 볼까"하고 연주하기 시작한다. 그러니 처음에는 서로가 맞지 않는다. 불협음 일색이다. 그렇게 진행되다가 중간에 호흡이 맞아 떨어지면 협음을 낸다. 그러다가 또 각각 제 갈 길로 가서 혼자인 것처럼 연주한다. 이게 시나위의 묘미다. 불협음과 협음이 오묘하게 서로 들어맞는 것이다.

그런데 이런 음악은 아무나 하는 게 아니다. 즉흥곡이라고 하지만 '초보자(初步者)'들은 꿈도 못 꾸는 음악이다. 기량이 뛰어난 경지에 이르러야 가능한 음악이다. 그래서 요즈음은 시나위를 잘할 수 있는 사람들이 별로 없다고 한다. 요즘에는 악보로 정리된 시나위를 연주하는 경우가 대부분인데, 이것은 시나위 본래의 취지에 어긋난다. 악보로 연주하면 박제된 음악이 되기 때문이다.

요즘 음악인들은 시나위 가락을 보통 '허튼 가락'이라고 한다. 이 말은 그대로 '즉흥 음악'으로 이해된다. 미리 짜 놓은 일정한 형식이 없이 주어진 장단과 연주 분위기에 몰입해 그때그때의 감흥을 자신의 음악성과 기량을 발휘해 연주하는 것이다. 이럴 때 즉흥이 튀어 나온다. 시나위는 이렇듯 즉흥적으로 흐드러져야 맛이 난다. 능청거림, 이것이 시나위의 음악적 모습이다.

① 판소리나 산조는 유파를 형성하기 위하여 즉흥적인 감정을 표출하기도 한다.

② 오늘날 시나위를 잘 계승·보존하기 위해서는 악보를 체계적으로 정리해야 한다.

③ 속악과 마찬가지로 정악도 악보대로 연주하는 것보다 자연발생적인 변주를 중시한다.

④ 불협음과 협음이 조화를 이루는 시나위를 연주하기 위해서는 연주자의 기량이 출중해야 한다.

⑤ 서양 음악에서의 즉흥성은 한 악장만 연주하거나 각 악장에서 조금씩 추려내 한 곡을 만드는 방식이 주를 이룬다.

문제풀이 〉 ④

다섯째 문단에서 시나위는 즉흥곡이라고 하지만, 초보자는 감히 엄두를 내기 어려울 정도로 기량이 뛰어난 경지에 이르러야 가능하다고 하였으므로, 시나위를 연주하기 위해서는 연주자의 기량이 출중해야 한다고 한 ④가 정답이다.

이거 알면 30초 컷!

주어진 글의 내용과 일치하는 것 또는 일치하지 않는 것을 고르는 문제의 경우, 지문을 읽기 전에 문제와 선택지를 먼저 읽어보는 것이 좋다. 이를 통해 지문 속에서 알아내야 할 정보가 무엇인지를 먼저 인지한 후 글을 읽어야 문제 푸는 시간을 단축할 수 있다.

추론적 이해

- 글에 드러나지 않은 부분을 추론하여 답을 도출해야 하는 유형이다.
- 자신의 주관적인 판단보다는 글의 세부적 내용에 대한 이해를 기반으로 문제를 풀어야 한다.

다음 글의 제목으로 가장 적절한 것은?

시장경제는 국민 모두가 잘살기 위한 목적을 달성하기 위한 수단으로서 선택한 나라살림의 운영 방식이다. 그러나 최근에 재계, 정계, 그리고 경제관료 사이에 벌어지고 있는 시장경제에 대한 논쟁은 마치 시장경제 그 자체가 목적인 것처럼 왜곡되고 있다. 국민들이 잘살기 위해서는 경제가 성장해야 한다. 그러나 경제가 성장했는데도 다수의 국민들이 잘사는 결과를 가져오지 못하고 경제적 강자들의 기득권을 확대 생산하는 결과만을 가져온다면 국민들은 시장경제를 버리고 대안적 경제체제를 찾을 것이다. 그렇기 때문에 시장경제를 유지하기 위해서는 성장과 분배의 균형이 중요하다.

시장경제는 경쟁을 통해서 효율성을 높이고 성장을 달성한다. 경쟁의 동기는 사적인 이익을 추구하는 인간의 이기적 속성에 기인한다. 국민 각자는 모두가 함께 잘살기 위해서가 아니라 내가 잘살기 위해서 경쟁을 한다. 모두가 함께 잘살기 위한 공동의 목적을 달성하기 위한 수단으로 시장경제를 선택한 것이지만 개개인은 이기적인 동기로 시장에 참여하는 것이다. 이와 같이 시장경제는 개인과 공동의 목적이 서로 상반되는 모순을 갖는 것이 그 본질이다. 그래서 시장경제가 제대로 운영되기 위해서는 국가의 소임이 중요하다.

시장경제에서 국가가 할 일을 크게 세 가지로 나누어 볼 수 있다. 첫째는 경쟁을 유도하는 시장체제를 만드는 것이고, 둘째는 공정한 경쟁이 이루어지도록 시장 질서를 세우는 것이며, 셋째는 경쟁의 결과로 얻어진 성과가 모두에게 공평하게 분배되도록 조정하는 것이다. 최근에 벌어지고 있는 시장경제의 논쟁은 세 가지 국가의 역할 중에서 논쟁의 주체들이 자신의 이해관계에 따라서 선택적으로 시장경제를 왜곡하고 있다. 경쟁에서 강자의 위치를 확보한 재벌들은 경쟁촉진을 주장하면서 공정경쟁이나 분배를 말하는 것은 반시장적이라고 매도한다. 정치권은 인기 영합의 수단으로, 그리고 일부 노동계는 이기적 동기에서 분배를 주장하면서 분배의 전제가 되는 성장을 위해서 필요한 경쟁을 훼손하는 모순된 주장을 한다. 경제 관료들은 자신의 권력을 강화하기 위한 부처의 이기적인 관점에서 경쟁촉진과 공정경쟁 사이에서 줄타기 곡예를 하며 분배에 대해서 말하는 것은 금기시한다. 모두가 자신들의 기득권을 위해서 선택적으로 왜곡하고 있다.

경쟁은 원천적으로 공정성을 보장하지 못한다. 서로 다른 능력이 주어진 천부적인 차이는 물론이고, 물려받는 재산과 환경의 차이로 인하여 출발선에서부터 불공정한 경쟁이 시작된다. 그럼에도 불구하고 경쟁은 창의력을 가지고 노력하는 사람에게 성공을 가져다주는 체제이다. 그래서 출발점이 다를지라도 노력과 능력에 따라서 성공의 기회가 제공되도록 보장하기 위해서 공정경쟁이 중요하다.

경쟁은 또한 분배의 공평성을 보장하지 못한다. 경쟁의 결과는 경쟁에 참여한 모든 사람들의 노력의 결과로 이루어진 것이지, 승자만의 노력으로 이루어진 것은 아니다. 경쟁의 결과가 승자에 의해서 독점된다면 국민들은 경쟁의 참여를 거부할 수밖에 없다. 그래서 경쟁에 참여한 모두에게 공평한 분배가 이루어지는 것이 중요하다.

① 시장경제에서의 개인과 경쟁의 상호 관계
② 시장경제에서의 국가의 역할
③ 시장경제에서의 개인 상호 간의 경쟁
④ 시장경제에서의 경쟁의 양면성과 그 한계
⑤ 시장경제에서의 경쟁을 통한 개개인의 관계

출제의도 ▶ 글을 읽고 단순히 제시된 내용만을 이해하는 것이 아니라, 더 나아가 글쓴이의 숨은 의도를 파악하고 그 이상의 내용을 추론할 수 있는지 평가한다.

문제풀이 ▷ ②

두 번째 문단의 '시장경제가 제대로 운영되기 위해서는 국가의 소임이 중요하다.'라고 한 부분과 세 번째 문단의 '시장경제에서 국가가 할 일은 크게 세 가지로 나누어 볼 수 있다.'라고 한 부분에서 '시장경제에서의 국가의 역할'이라는 제목을 유추할 수 있다.

이거 알면 30초 컷!

문제에서 제시하는 추론 유형이 어떤 형태인지 파악한다.
• 글쓴이의 주장/의도를 추론하는 유형 : 글에 나타난 주장, 근거, 논증 방식을 파악하는 유형으로, 주장의 타당성을 평가하여 글쓴이의 관점을 이해하며 읽는다.
• 세부적인 내용을 추론하는 유형 : 주어진 선택지를 먼저 읽고 지문을 읽으면서 답이 아닌 선택지를 지워나가는 방법이 효율적이다.

안심Touch

| 독해 | 대표유형 3

비판적 이해

분석

- 글을 읽고 비판적 의견이나 반박을 생각할 수 있는지를 평가하는 유형이다.
- 제시문의 '주장'에 대한 반박을 찾는 것이므로, '근거'에 대한 반박이나 논점에서 벗어난 것을 찾지 않도록 주의해야 한다.

다음 글에 대한 비판적 이해로 가장 적절한 것은?

현대 사회에서 스타는 대중문화의 성격을 규정짓는 가장 중요한 열쇠이다. 스타가 생산, 관리, 활용, 거래, 소비되는 전체적인 순환 메커니즘이 바로 스타 시스템이다. 이것이 자본주의 대중문화의 가장 핵심적인 작동 원리로 자리 잡게 되면서 사람들은 스타 되기를 열망하고, 또 스타 만들기에 진력하게 되었다.

스크린과 TV 화면에 보이는 스타는 화려하고 강하고 영웅적이며, 누구보다 매력적인 인간형으로 비춰진다. 사람들은 스타에 열광하는 순간 스타와 자신을 무의식적으로 동일시하며 그 환상적 이미지에 빠진다. 스타를 자신들이 스스로 결여되어 있다고 느끼는 부분을 대리 충족시켜 주는 대상으로 생각하기 때문이다. 그런 과정이 가장 전형적으로 드러나는 장르가 영화이다. 영화는 어떤 환상도 쉽게 먹혀들어 갈 수 있는 조건에서 상영되며 기술적으로 완벽한 이미지를 구현하여 압도적인 이미지로 관객을 끌어들인다. 컴컴한 극장 안에서 관객은 부동자세로 숨죽인 채 영화에 집중하게 되며 자연스럽게 영화가 제공하는 이미지에 매료된다. 그리고 그 순간 무의식적으로 자신을 영화 속의 주인공과 동일시하게 된다. 관객은 매력적인 대상과 자신을 동일시하면서 자신의 진짜 모습을 잊고 이상적인 인간형을 간접 체험하게 되는 것이다.

스크린과 TV 화면에 비친 대중이 선망하는 스타의 모습은 현실적인 이미지가 아니라 허구적인 이미지에 불과하다. 사람들은 스타 역시 어쩔 수 없는 약점과 한계를 안고 사는 한 인간일 수밖에 없다는 사실을 아주 쉽게 망각해 버리곤 한다. 이렇게 스타에 대한 열광의 성립은 대중과 스타의 관계가 기본적으로 익명적일 수밖에 없다는 데서 가능해진다.

자본주의의 특징 가운데 하나는 필요 이상의 물건을 생산하고 그것을 팔기 위해 갖은 방법으로 소비자들의 욕망을 부추긴다는 것이다. 스타는 그 과정에서 소비자들의 구매 욕구를 불러일으키는 가장 중요한 연결고리 역할을 함과 동시에 그들도 상품처럼 취급되어 소비되는 경향이 있다.

스타 시스템은 대중문화의 안과 밖에서 스타의 화려하고 소비적인 생활 패턴의 소개를 통해 사람들의 욕망을 자극하게 된다. 또한 스타들을 상품의 생산과 판매를 위한 도구로 이용하며, 끊임없이 오락과 소비의 영역을 확장하고 거기서 이윤을 발생시킨다. 이 모든 것이 가능한 것은 많은 대중이 스타를 닮고자 하는 욕구를 가지고 있어 스타의 패션과 스타일, 소비 패턴을 모방하기 때문이다.

스타 시스템을 건전한 대중문화의 작동 원리로 발전시키기 위해서는 우선 대중문화 산업에 종사하고 싶어 하는 사람들을 위한 활동 공간과 유통 구조를 확보하여 실험적이고 독창적인 활동을 다양하게 벌일 수 있는 토양을 마련해 주어야 한다. 나아가 이러한 예술 인력을 스타 시스템과 연결하는 중간 메커니즘도 육성해야 할 것이다.

① 대중과 스타의 관계가 익명적 관계임을 근거로 대중과 스타의 관계를 무의미한 것으로 치부하고 있어.

② 스타 시스템이 대중문화를 대변하고 있다는 데 치중하여 스타 시스템의 부정적인 측면을 간과하고 있어.

③ 스타 시스템과 스타가 소비 대중에게 가져다 줄 전망만을 주로 다룸으로써 대책 없는 낙관주의에 빠져 있어.

④ 스타를 스타 시스템에 의해 조종되는 수동적인 존재로만 보고, 그들도 주체성을 지니고 행동한다는 사실을 간과하고 있어.

⑤ 스타 시스템을 건전한 대중문화의 작동 원리로 발전시키기 위해서 먼저 다양한 시도가 가능한 중간 메커니즘이 필요하다는 것을 외면하고 있어.

문제풀이 〉 ④

제시된 글에서 스타는 스타 시스템에 의해서 소비자들의 욕망을 부추기고 상품처럼 취급되어 소비되는 존재로서, 자신의 의지에 따라서 행동하는 것이 아니라 단지 스타 시스템에 의해 조종된다고 묘사되고 있다.

이거 말면 30초 컷!

1. 주장, 관점, 의도, 근거 등 문제를 풀기 위한 글의 핵심을 파악한다. 이후 글의 주장 및 근거의 어색한 부분을 찾아 반박할 주장과 근거를 생각해본다.

2. 제시된 지문이 지나치게 긴 경우 선택지를 먼저 파악하여 홀로 글의 주장이 어색하거나 상반된 의견을 제시하고 있는 답은 없는지 확인한다.

☑ 오답 Check! ○ ✕

01 (가)~(마)의 서술 방식에 대한 설명으로 가장 적절하지 않은 것은?

> (가) 탁월함은 어떻게 습득되는가? 그것을 가르칠 수 있는가? 이 물음에 대하여 아리스토텔레스는 지성의 탁월함은 가르칠 수 있지만, 성품의 탁월함은 비이성적인 것이어서 가르칠 수 없고, 훈련을 통해서 얻을 수 있다고 대답한다.
>
> (나) 그는 좋은 성품을 얻는 것을 기술을 습득하는 것에 비유한다. 그에 따르면, 리라(Lyra)를 켬으로써 리라를 켜는 법을 배우며 말을 탐으로써 말을 타는 법을 배운다. 어떤 기술을 얻고자할 때 처음에는 교사의 지시대로 행동한다. 그리고 반복 연습을 통하여 그 행동이 점점 더하기 쉽게 되고 마침내 제2의 천성이 된다. 이와 마찬가지로 어린아이는 어떤 상황에서 어떻게 행동해야 진실 되고 관대하며 예의를 차리게 되는지 일일이 배워야 한다. 훈련과 반복을 통하여 그런 행위들을 연마하다 보면 그것들을 점점 더 쉽게 하게 되고, 결국에는 스스로 판단할 수 있게 된다.
>
> (다) 그는 올바른 훈련이란 강제가 아니고 그 자체가 즐거움이 되어야 한다고 지적한다. 또한 그렇게 훈련받은 사람은 일을 바르게 처리하는 것을 즐기게 되고, 일을 바르게 처리하고 싶어 하게 되며, 올바른 일을 하는 것을 어려워하지 않게 된다. 이처럼 성품의 탁월함이란 사람들이 '하는 것'만이 아니라 사람들이 '하고 싶어 하는 것'과도 관련된다. 그리고 한두 번 관대한 행동을 한 것으로 충분하지 않으며, 늘 관대한 행동을 하고 그런 행동에 감정적으로 끌리는 성향을 갖고 있어야 비로소 관대함에 관하여 성품의 탁월함을 갖고 있다고 할 수 있다.
>
> (라) 다음과 같은 예를 통해 아리스토텔레스의 견해를 생각해 보자. 갑돌이는 성품이 곧고 자신감이 충만하다. 그가 한 모임에 참석하였는데, 거기서 다수의 사람들이 옳지 않은 행동을 한다고 생각했을 때, 그는 다수의 행동에 대하여 비판의 목소리를 낼 것이며 그렇게 하는 데에 별 어려움을 느끼지 않을 것이다. 한편, 수줍어하고 우유부단한 병식이도 한 모임에 참석하였는데, 그 역시 다수의 행동이 잘못되었다는 판단을 했다고 하자. 이런 경우에 병식이는 일어나서 다수의 행동이 잘못되었다고 말할 수 있겠지만, 그렇게 하려면 엄청난 의지를 발휘해야 할 것이고 자신과 힘든 싸움도 해야 할 것이다. 그런데도 병식이가 그렇게 행동했다면 우리는 병식이가 용기 있게 행동하였다고 칭찬할 것이다. 그러나 아리스토텔레스가 보기에 성품의 탁월함을 가진 사람은 갑돌이다. 왜냐하면 그는 내적인 갈등이 없이 옳은 일을 하기 때문이다.
>
> (마) 우리가 어떠한 사람을 존경할 것인가가 아니라, 우리 아이를 어떤 사람으로 키우고 싶은가라는 질문을 받는다면 우리는 아리스토텔레스의 견해에 가까워질 것이다. 왜냐하면 우리는 우리 아이들을 갑돌이와 같은 사람으로 키우고 싶어 할 것이기 때문이다.

① (가)는 논제를 설정하기 위해 개념을 구분하고 있다.
② (나)는 함축된 의미를 분명히 하기 위해 개념을 정의하고 있다.
③ (다)는 논점을 명료하게 하기 위해 개념의 차이를 부각시키고 있다.
④ (라)는 논점에 대한 이해를 돕기 위해 구체적인 예화를 사용하고 있다.
⑤ (마)는 (라)의 예시를 비유로 들어 자신의 견해를 강화하고 있다.

02 다음 글의 내용과 일치하지 않는 것은?

현재 전해지는 조선시대의 목가구는 대부분 조선 후기의 것들로 단단한 소나무, 느티나무, 은행나무 등의 곧은결을 기둥이나 쇠목으로 이용하고, 오동나무, 느티나무, 먹감나무 등의 늘결을 판재로 사용하여 자연스런 나뭇결의 재질을 살렸다. 또한 대나무 혹은 엇갈리거나 소용돌이 무늬를 이룬 뿌리 부근의 목재 등을 활용하여 자연스러운 장식이 되도록 하였다.

조선시대의 목가구는 대부분 한옥의 온돌에서 사용되었기에 온도와 습도 변화에 따른 변형을 최대한 방지할 수 있는 방법이 필요하였다. 그래서 단단하고 가느다란 기둥재로 면을 나누고, 기둥재에 홈을 파서 판재를 끼워 넣는 특수한 짜임과 이음의 방법을 사용하였으며, 꼭 필요한 부위에만 접착제와 대나무 못을 사용하여 목재가 수축·팽창하더라도 뒤틀림과 휘어짐이 최소화될 수 있도록 하였다. 조선시대 목가구의 대표적 특징으로 언급되는 '간결한 선'과 '명확한 면 분할'은 이러한 짜임과 이음의 방법에 기초한 것이다. 짜임과 이음은 조선시대 목가구 제작에 필수적인 방법으로, 겉으로 드러나는 아름다움은 물론 보이지 않는 내부의 구조까지 고려한 격조 높은 기법이었다.

한편 물건을 편리하게 사용할 수 있게 해주며, 목재의 결합부위나 모서리에 힘을 보강하는 금속 장석은 장식의 역할도 했지만 기능상 반드시 필요하거나 나무의 질감을 강조하려는 의도에서 사용되어, 조선 시대 목가구의 절제되고 간결한 특징을 잘 살리고 있다.

① 조선시대 목가구는 온도와 습도 변화에 따른 변형을 방지할 방법이 필요했다.
② 금속 장석은 장식의 역할도 했지만, 기능상 필요에 의해서도 사용되었다.
③ 나무의 곧은결을 기둥이나 쇠목으로 이용하고, 늘결을 판재로 사용하였다.
④ 접착제와 대나무 못을 사용하면 목재의 수축과 팽창이 발생하지 않게 된다.
⑤ 목재의 결합부위나 모서리에 힘을 보강하기 위해 금속 장석을 사용하였다.

03 다음 글에서 언급되지 않은 것은?

지상으로 귀환하는 우주선이 빠른 속도로 대기권에 재돌입*할 때 선체(船體)는 고온이 된다. 우주선의 선체가 고온이 되는 이유는 무엇이며, 이러한 문제를 어떻게 해결할 수 있을까?

우주선이 초고속으로 대기 속을 날면, 우주선 앞면의 공기가 급격히 압축된다. 공기는 급격한 압축을 받으면 온도가 상승하므로, 그 열이 선체에 전해져 선체를 고온으로 만드는 것이다. 이것을 '공력 가열'이라고 한다. 실제로 소형 우주선의 경우 공력 가열에 의해 공기 자체의 온도가 1만~2만℃ 정도가 된다. 이런 고온으로 인해, 산소나 질소 같은 분자가 원자로 분해된다. 분해된 원자는 다시 원자핵과 전자로 갈라져 이온화되면서 플라스마* 상태가 되어 빛난다. 대기권으로 재돌입 중인 우주선은 이렇게 빛나는 플라스마에 둘러싸여 강하하는 것이다.

그러면 우주선의 선체는 이러한 공력 가열을 어떻게 견딜 수 있을까? S자로 선회하며 대기권으로 재돌입하여 비교적 약한 공력 가열을 장시간 받게 되는 우주 왕복선에는 복사 냉각을 이용해 선체에서 열이 달아나게 하는 방법이 사용된다. 철을 높은 온도까지 가열하면 붉게 빛나는 것처럼 물체는 고온이 되면 빛이나 적외선을 강하게 내보낸다. 이를 열복사라 하며, 이때 이 빛이나 적외선에 의해 물체의 열이 밖으로 달아난다. 즉, 열복사는 물체의 온도를 내리는 작용을 하는 것이다. 이것이 복사 냉각이다. 우주 왕복선의 표면에는 무수한 내열 타일이 붙어 있다. 이 타일은 우주 왕복선이 대기권에 재돌입할 때 공력 가열을 받아 1,500℃의 고온이 된다. 그러면 타일 자체가 빛이나 적외선을 내면서 열을 밖으로 내보낸다.

그런데 내열 타일이 녹을 정도의 높은 공력 가열을 받는 경우에는 복사 냉각의 방법을 쓸 수 없다. 이 경우에는 어블레이션(Ablation)이라 불리는 방법이 쓰인다. 어블레이션은 공력 가열에 의해 내열재*가 열분해되는 현상을 이용한 방법이다. 즉, 내열재가 분해될 때 열을 흡수함으로써 선체에서 열을 달아나게 하는 것이다. 내열재에는 탄소섬유 등을 섞은 강화 플라스틱을 사용한다. 가열을 받은 강화 플라스틱의 표면은 탄화되어 단단한 층을 만든다. 이 탄화층의 안쪽에서는 플라스틱의 열분해가 진행되어 가스가 발생한다. 탄화층은 내부에 많은 구멍을 가지므로, 발생된 가스는 그 구멍을 지나 표면으로 분출된다. 이처럼 어블레이션은 내열재 자체가 분해되어 증발함으로써 열을 달아나게 하는 방식이다. 또한 표면으로 분출된 가스는 선체가 직접 가열되는 것을 완화시키는 효과도 있다. 내열재는 가열을 받고 있는 동안 서서히 안쪽으로 열분해가 진행되는데, 최종적으로 열이 선체의 본체에 도달하지 못할 정도의 두께로 설계되어 있다.

이러한 방법들에도 불구하고 여전히 대기권 재돌입은 위험한 일이다. 어떤 문제가 발생해도 확실하게 지상에 되돌아올 수 있는 시스템을 만드는 일은 여전히 우리가 풀어야 할 숙제이다.

*재돌입 : 지구 대기에서 벗어났던 우주선이 다시 지구 대기 안으로 되돌아오는 것
*플라스마 : 초고온에서 음전하를 가진 전자와 양전하를 띤 이온으로 분리된 기체 상태
*내열재 : 고온에 견디는 소재

① 우주 왕복선의 대기권 재돌입 방법
② 복사 냉각에 필요한 내열 타일의 두께
③ 어블레이션의 과정에서 내열재의 역할
④ 어블레이션에서 사용하는 내열재의 소재
⑤ 대기권 재돌입 시 우주 왕복선 내열 타일의 온도

04 다음 글의 제목과 부제로 가장 적절한 것은?

돌이든 나무든 무슨 재료든 조각은 일단 깎아내는 행위에서 출발한다. 무심한 덩이를 깎아 마치 피가 도는 듯한 인물 형상 등을 창조하는 것이 조각의 경이로운 연금술이다. 영국의 추상조각가 헵워스(Hepworth)는 자연의 이런 저런 형상들을 단순히 모방하거나 재현하는 조각이 아닌, 인간의 저 깊은 정신을 특정한 꼴로 깎아내는 것이 어떻게 가능한지를 자신의 친구인 문예비평가 허버트 리드(Herbert Read)에게 물었다. 요약하자면 '정신을 재료에 일치시키는 조각(彫刻)'에 대한 질문이었다. 그런데 리드는 뜻밖에도 『장자(莊子)』를 인용해 대답했다. 그것은 『장자』의 「달생(達生)」편에 나오는 재경이란 인물의 우화였다. 이 사람은 요샛말로 목(木)공예가에 해당하는 뛰어난 기술을 지니고 있었다.

그는 자신의 조각에 대해 이렇게 설명한다. 우선 나무를 찾아 깎기 이전에 며칠간 마음을 차분한 상태로 가라앉힌다. 한 사흘 기(氣)를 모으면 남들이 잘 한다 칭찬하거나 상(賞)을 준다는 말에 현혹되지 않는다. 닷새가 지나면 또 남이 형편없다고 헐뜯거나 욕하는 소리에도 무감해진다.

이레가 되는 날은 내 손발이나 모습까지 완전히 잊게 된다. 바로 이때 내가 쓸 나무를 찾아 산으로 간다. 손도 발도 몸뚱이도 다 잊었으니 그저 내 마음만 남아 나무의 마음과 서로 통할 수밖에 없다.

이 정도가 되면 그가 깎는 나무는 벌써 자아와 분리된 대상이 아니다. 제 마음을 술술 빚어내는 무아(無我)의 유희로 몰입한 셈이다. 그러면서 허버트 리드는 "자연 속의 천명(天命)이 인간의 천명과 합일하는 행위"라는 다소 고답적(高踏的)인 말로 조각과 정신의 조화를 설명했다. 조각가가 모자(母子)상을 빚어냈으되 그것이 단순히 어머니와 자식의 형상만이 아니라 사랑이 넘치는 조각이 되거나, 도통 어떤 모양인지 말로 잘 표현되지 않는 추상 조각이 그 작가의 속 깊은 내면을 대변하게 되는 것 역시 그런 과정을 겪고 탄생하는 것이다.

그러고 보니 『장자』에는 조각의 기술과 도를 깨닫게 하는 대목이 더 있다. 바로 '포정해우(庖丁解牛)'라는 잘 알려진 얘기도 깎고 쪼고 잘라내는 조각의 기본 행위를 연상시킨다. 포정(庖丁)은 소 잘 잡는 백정으로 워낙 유명해 국내에서도 개봉된 한 영화에서는 그가 모델이 된 '식도(食刀) 잡이'마저 소개될 정도였다. 포정이 하도 기막힌 솜씨를 보인지라, 누군가가 그런 기술이 어디서 나왔냐고 캐물었다. 그는 대답했다.

"이것은 기술이 아니라 도(道)다. 괜한 힘으론 안 된다. 소의 가죽과 살, 살과 뼈 사이의 틈이 내겐 보인다. 그 사이를 내 칼이 헤집고 들어가 고기를 발라내니 9년 쓴 칼이든 어제 같지 않으랴. 그게 소를 잡는 정신이다."

현대 조각은 재료 자체가 고유하게 지닌 물성(物性)을 드러내는 경향이 강하다. 재료의 성질이 조각의 인간화를 앞질러가는 것이라면 결국 '정신의 물화(物化)'로 치닫게 되지나 않을지 염려된다.

① 현대 조각의 특징 — 인간의 깊은 내면을 조각하는 사람들
② 조각 기술의 선구자 — 재경과 포정에게서 배워야 할 점들
③ 조각이 나아갈 길 — 기교에서 시작되는 마음공부
④ 현대 조각과 동양 사상 — 추상 조각과의 연관성을 살피며
⑤ 조각과 인간의 정신 — 자기 마음을 빚어낼 수 있는 조각

05　다음 글의 주제로 알맞은 것은?

우리 사회의 급격한 고령화에 따라 치매 · 중풍 · 파킨슨 등 노인성질병으로 일상생활을 혼자서 수행하기 어려운 노인들이 급속히 증가하고 있다. 요양이 필요한 노인은 증가하고 있지만 우리 사회의 핵가족화와 여성의 사회참여 증가로 가정에 의한 돌봄은 이미 한계에 도달하였고, 치매 · 중풍 등의 노인을 돌보는 가정에서는 비용부담, 부양문제로 인한 가족 간의 갈등이 빈번하게 발생하고 있는 실정이다.

따라서 급속하게 증가하는 고령화로 인한 국민의 노후에 대한 불안을 해소하고 치매 · 중풍 등으로 거동이 불편한 노인의 '삶의 질' 향상과 그 가족의 부양부담을 경감하기 위한 사회안전망으로써 사회보장이 필요하다.

사람이라면 누구든지 치매 · 중풍 등의 노화 현상과 노인성질환 등으로 인한 장기요양의 필요성으로부터 자유로울 수 없으며, 노인 장기요양보험제도는 이러한 장기요양의 문제를 사회적으로 공동 해결하기 위하여 노인 및 그 가족뿐만 아니라 국민 전체에 의한 사회적 부양이라는 측면에서 사회적 연대원리로 운영되는 사회보험제도이다.

결국 노인 장기요양보험은 노인 요양문제에 따르는 젊은 층의 노인 부양비용을 사회적 연대원리에 의해 충당하는 제도로서, 젊은 층의 안정적 생활을 위해 반드시 마련되어야 하는 사회보험제도라는 인식 개선이 필요하다.

① 사회보험의 현재와 미래
② 고령화의 원인과 해결방안
③ 고령화와 사회보장의 필요성
④ 우리나라의 사회보험제도
⑤ 장기요양의 필요성

06 다음 글의 표제와 부제로 가장 적절한 것은?

> 검무는 칼을 들고 춘다고 해서 '칼춤'이라고 부르기도 하며, '황창랑무(黃倡郎舞)'라고도 한다. 검무의 역사적 기록은 『동경잡기(東京雜記)』의 「풍속조(風俗條)」에 나타난다. 신라의 소년 황창랑은 나라를 위하여 백제 왕궁에 들어가 왕 앞에서 칼춤을 추다 왕을 죽이고 자신도 잡혀서 죽는다. 신라 사람들이 이러한 그의 충절을 추모하여, 그의 모습을 본뜬 가면을 만들어 쓰고 그가 추던 춤을 따라 춘 것에서 검무가 시작되었다고 한다. 이처럼 민간에서 시작된 검무는 고려 시대를 거쳐 조선 시대로 이어지며, 궁중으로까지 전해진다. 이때 가면이 사라지는 형식적 변화가 함께 일어난다.
>
> 조선 시대 민간의 검무는 기생을 중심으로 전승되었으며, 재인들과 광대들의 판놀이로까지 이어졌다. 조선 후기에는 각 지방까지 전파되었는데, 진주검무와 통영검무가 그 대표적인 예이다. 한편 궁중의 검무는 주로 궁중의 연희 행사 때에 추는 춤으로 전해졌으며, 후기에 정착된 순조 때의 형식이 중요무형문화재로 지정되어 현재까지 보존되고 있다.
>
> 궁중에서 추어지던 검무의 구성은 다음과 같다. 전립을 쓰고 전복을 입은 4명의 무희가 쌍을 이루어, 바닥에 놓인 단검(短劍)을 어르는 동작부터 시작한다. 그 후 칼을 주우면서 춤이 이어지고, 화려한 춤사위로 검을 빠르게 돌리는 연풍대(筵風擡)로 마무리한다.
>
> 검무의 절정인 연풍대는 조선 시대 풍속화가 신윤복의 〈쌍검대무(雙劍對舞)〉에서 잘 드러난다. 그림 속의 두 무용수를 통해 춤의 회전 동작을 예상할 수 있다. 즉, 이 장면에는 오른쪽에 선 무희의 자세에서 시작해 왼쪽 무희의 자세로 회전하는 동작이 나타나 있다. 이렇게 무희들이 쌍을 이루어 좌우로 이동하면서 원을 그리며 팽이처럼 빙빙 도는 동작을 연풍대라 한다. 이 명칭은 대자리를 걷어 내는 바람처럼 날렵하게 움직이는 모습에서 비롯한 것이다.
>
> 오늘날의 검무는 검술의 정밀한 무예 동작보다 부드러운 곡선을 그리는 춤 형태로만 남아 있다. 칼을 쓰는 살벌함은 사라졌지만, 민첩하면서도 유연한 동작으로 그 아름다움을 표출하고 있는 것이다. 검무는 신라 시대부터 면면히 이어지는 고유한 문화이자 예술미가 살아 있는 몇 안 되는 소중한 우리의 전통 유산이다.

① 신라 황창랑의 의기와 춤 ─ 검무의 유래와 발생을 중심으로
② 역사 속에 흐르는 검빛·춤빛 ─ 검무의 변천과 구성을 중심으로
③ 무예 동작과 아름다움의 조화 ─ 연풍대의 의미를 중심으로
④ 무희의 칼끝에서 펼쳐지는 바람 ─ 검무의 예술적 가치를 중심으로
⑤ 검과 춤의 혼합, 우리의 문화유산 ─ 쌍검대무의 감상을 중심으로

07 다음 글에서 '혜자'가 '장자'를 비판할 수 있는 말로 가장 적절한 것은?

우리의 일상사에 '대기만성(大器晚成)'이라는 말도 있지만 '될성부른 나무는 떡잎부터 알아본다.'는 말도 있고 '돌다리도 두드려 보고 건너라'라는 말과 함께 '쇠뿔도 단김에 빼라.'는 말도 있다. 또한, '신은 우주를 가지고 주사위 놀이를 하지 않는다.'는 아인슈타인의 결정론적 입장과 함께 '신은 우주를 가지고 주사위 놀이를 할 뿐이다.'라는 우연을 강조하는 양자역학들의 비결정론적 입장도 있다. 이처럼 인간사 자체가 양면적 요소를 갖고 있으므로 사물이나 대상을 판단하면서 우리는 신중한 자세를 가질 필요가 있다.

인간이 삶을 영위하는 가운데 갖게 되는 가치관의 형태는 무수히 많다. 이러한 가치관은 인간의 삶을 인간답게 함에서 미적 판단, 지적 판단, 기능적 판단 등의 기능을 갖게 된다. 우리는 판단을 할 때 하나의 시점에서 판단을 고정하는 속성이 있다. 그런데 바로 이런 속성으로 인하여 우리가 우(愚)를 범하는 것은 아닐까?

장자가 명가(名家, 논리학의 발달에 많은 영향을 끼친 제자백가의 하나)로 분류되는 친구 혜자와 한참 이야기를 하고 있는데, 혜자가 장자에게 "자네의 말은 다 쓸데없는 말이야."라면서 반박하였다. 이에 장자는 그에게 "자네가 쓸데없음을 알기에 내 얘기는 '쓸 데 있는' 것이네. 예를 들어, 이 큰 대지 위에 자네가 서 있는 자리, 즉 설 수 있는 것은 겨우 발바닥 밑부분뿐이지. 그렇다고 나머지는 필요 없는 것이라 하여 발바닥 이외의 땅을 다 파 버리면 자네가 선 땅덩어리는 존재 가치가 있다고 여기는가?"라고 말하였다. 자신이 서 있는 자리의 땅을 제외하고 모두 파내면, 자신은 오도 가도 못함은 물론이려니와 땅이 밑으로 무너지는 것은 당연한 일일 것이다. 결국, 쓸모 있음(有用)은 쓸모없음(無用)의 기초 위에 세워지는 것이다.

무용과 유용, 유용과 무용은 인간관계에도 적용할 수 있을 것이다. 자신과의 관계에서 무용이라고 생각되었던 사람이 어느 시점에서는 유용의 관점에 있는 경우를 경험해 보았을 것이다. 하나의 예로 우리가 만남이란 관계를 유지하고 있을 때는 서로 상대에 대한 필요성이나 절대성을 인식하지 못하다가도 만남의 관계가 단절된 시점에서부터 상대의 필요성과 절대적 가치에 대한 인식이 달라지는 것은 아닐까? 가까이 있던 사람의 부재(不在), 그것은 우리에게 유용의 가치에 대해 새로운 자각을 하게 하기도 한다. 우리는 장자의 예화에서 세속의 가치관을 초월하여 한 차원 높은 가치관에 대해 인식을 할 수 있다. 즉, 타인의 존재 가치를 한 방향의 관점에서만 바라보고 있는 것은 아닌지, 또한 자기중심적 사고방식만을 고집하여 아집에 빠져들고 있는 것은 아닌지를 우리는 늘 자문해 보아야 할 것이다.

① 사물의 본질을 상대적으로 바라보는 태도가 필요하겠네.
② 사물의 핵심을 이해하기 위해서는 다양한 관점이 필요하겠네.
③ 인위적인 요소를 배제하고 자연의 법칙에서 진리를 찾아야 하네.
④ 불필요한 영역까지 진리의 밑바탕이 될 수 있다는 생각은 잘못이네.
⑤ 체험과 사색을 통해 진리의 본질에 접근할 수 있다는 것을 알기 바라네.

08 다음 글의 글쓴이가 환경 단체를 비판하는 말로 적절한 것은?

지난 2, 3년 동안 우리나라의 환경 보전 시민운동 단체들은 쓰레기 줄이기 운동을 역점 사업으로 추진해 오고 있으며, 이 운동의 일환으로 '일회용품 쓰지 않기' 운동을 벌이고 있다. 왜냐하면 일회용품은 지구 자원을 낭비하고, 쓰레기를 많이 배출하는 원인으로 인식되고 있기 때문이다.

그러나 시민운동 단체들이 이구동성으로 '일회용품 쓰지 않기' 운동에 집착하는 것을 결코 바람직한 현상으로만 볼 수 있는 것은 아니다. 어떤 일회용품들은 오히려 환경보전에 이바지하는 바가 클 수도 있으며, 또 일회용품 사용 금지가 시민 생활에 너무 큰 불편을 초래할 가능성도 있기 때문이다.

환경 보전 단체들이 추방하기를 원하는 가장 대표적인 일회용품의 예로 일회용 비닐봉지가 있다. 비닐봉지는 쓰레기통에 제대로 버려졌다고 해도 쓰레기 매립장에서 완전히 분해되는 데에는 수백 년의 세월이 걸리기 때문에 그동안 토양을 오염시키고, 매립장의 규모를 크게 하는 것이 사실이다. 따라서 이러한 논리를 바탕으로 비닐봉지를 절대로 사용해서는 안 된다는 환경 보호 단체들의 주장은 한편으로는 설득력이 있다고 할 수 있다.

한때는 비닐봉지 대신 종이봉투를 쓰자는 주장이 있기도 했고, 또 한때는 장바구니나 다회용 비닐 주머니를 나누어 주는 시민 단체들도 있었다. 그러나 이러한 비닐봉지 사용의 억제를 위한 갖가지 노력이 결국 무위로 돌아간 데에는 그 운동을 펼친 사람들이 문제의 본질을 제대로 파악하지 못했거나, 아니면 우리 사회의 실정을 너무 몰랐기 때문이 아닌가 한다.

사실상 현대 생활에서 비닐봉지만큼 유용한 발명품을 찾기도 힘들다. 비닐봉지는 가볍고 질기며 값이 싸다. 그리고 종이봉투보다 생산에 천연자원을 이용하는 비율이 훨씬 낮다. 무엇보다도 중요한 점은 비닐봉지는 환경 단체들의 주장과는 달리, 진정한 일회용품이 아니라는 것이다. 우리가 상점에서 무심코 얻어 오는 비닐봉지를 가정에서 몇 번이고 재사용할 수 있다. 따라서 비닐봉지의 사용은 억제할 수도 없고 또 억제되어서도 안 된다.

① 하나만 알고 둘은 모르는군요.

② 소 잃고 외양간 고치는 일을 하고 있군요.

③ 종로에서 뺨 맞고 한강에서 눈 흘기는군요.

④ 하룻강아지 범 무서운 줄 모르는 꼴이군요.

⑤ 떡 줄 사람은 생각도 않는데 김칫국부터 마시는군요.

CHAPTER 02
수리능력

| 영역 소개 |

LSIT 수리능력에는 응용계산과 자료해석 유형이 출제된다. 응용계산 유형은 수의 관계에 대해 알고 그것을 응용하여 계산할 수 있는지, 그리고 미지수를 구하기 위해 필요한 계산법을 세울 수 있는지 등을 평가하며, 자료해석 유형은 제시된 자료를 바탕으로 빈칸에 들어갈 수치를 계산하거나 자료의 해석을 바르게 할 수 있는지, 제시된 자료를 바탕으로 앞으로의 흐름을 예측하거나 다른 자료로 변환할 수 있는지 등을 평가한다. LSIT 수리능력은 전체 25문항을 35분 동안 해결해야 한다.

| 유형 소개 |

01 응용계산

주로 수의 관계(약수와 배수, 소수, 합성수, 인수분해, 최대공약수/최소공배수 등)를 이용하는 기초적인 계산 문제, 방정식과 부등식을 수립(날짜/요일/시간, 시간/거리/속도, 나이/수량, 원가/정가, 일/일률, 농도, 비율 등)하여 미지수를 계산해야 하는 문제, 경우의 수와 확률을 구하는 문제 등이 출제된다.

학습포인트
- 정형화된 유형을 풀어보고 숙지하여 기본을 튼튼히 해야 한다.
- 경우의 수나 확률과 같은 유형은 고등학교 수준의 문제를 풀어보는 것이 도움이 될 수 있다.
---

02   자료해석

도표, 그래프 등 문제마다 실생활에서 접할 수 있는 수치자료가 주어지고 이를 해석 또는 계산하는 유형의 문제를 통해 필요한 정보를 선별적으로 판단·분석하는 능력을 평가한다. 어려운 수학 공식을 이용하는 문제는 출제되지 않지만 실제 업무에서는 표나 그래프 등의 통계자료를 해석하고 활용할 줄 아는 능력이 필수적이기 때문에 다른 기업의 수리 영역에서도 중요시되는 영역이다.

> **◆ 학습포인트 ◆**
>
> • 표, 꺾은선 그래프, 막대 그래프, 원 그래프 등 다양한 형태의 자료를 눈에 익힌다. 그래야 실제 시험에서 자료가 제시되었을 때 중점을 두고 파악해야 할 부분이 빠르게 보일 것이다.
> • 자료해석 유형은 한 문제당 제시되는 정보의 양이 매우 많으므로 시간을 절약하기 위해서는 문제를 읽고 바로 풀이에 들어가는 것보다는, 선택지를 먼저 읽고 필요한 정보만 추출하여 답을 찾는 것이 좋다.

이론점검

CHECK POINT

소수
예 10 이하의 소수는 2, 3, 5, 7이다.

서로소
예 (3, 7)=1이므로, 3과 7은 서로소이다.

소인수분해
예 $12=2^2 \times 3$

01 응용계산

1. 수의 관계

(1) **약수와 배수** : a가 b로 나누어떨어질 때, a는 b의 배수, b는 a의 약수라고 한다.

(2) **소수** : 1과 자기 자신만을 약수로 갖는 수. 즉, 약수의 개수가 2개인 수

(3) **합성수** : 1과 자신 이외의 수를 약수로 갖는 수. 즉, 소수가 아닌 수 또는 약수의 개수가 3개 이상인 수

(4) **최대공약수** : 2개 이상의 자연수의 공통된 약수 중에서 가장 큰 수

(5) **최소공배수** : 2개 이상의 자연수의 공통된 배수 중에서 가장 작은 수

(6) **서로소** : 1 이외에 공약수를 갖지 않는 두 자연수. 즉, 최대공약수가 1인 두 자연수

(7) **소인수분해** : 주어진 합성수를 소수의 거듭제곱의 형태로 나타내는 것

(8) **약수의 개수** : 자연수 $N=a^m \times b^n$에 대하여, N의 약수의 개수는 $(m+1) \times (n+1)$개

(9) **최대공약수와 최소공배수의 관계** : 두 자연수 A, B에 대하여, 최소공배수와 최대공약수를 각각 L, G라고 하면 $A \times B = L \times G$가 성립한다.

2. 방정식의 활용

(1) **날짜 · 요일 · 시계**

① 날짜 · 요일

㉠ 1일=24시간=1,440분=86,400초

㉡ 날짜 · 요일 관련 문제는 대부분 나머지를 이용해 계산한다.

② 시계

㉠ 시침이 1시간 동안 이동하는 각도 : 30°

㉡ 시침이 1분 동안 이동하는 각도 : 0.5°

㉢ 분침이 1분 동안 이동하는 각도 : 6°

(2) 시간 · 속력 · 거리

① $(시간) = \dfrac{(거리)}{(속력)}$

② $(속력) = \dfrac{(거리)}{(시간)}$

  ㉠ 흐르는 물에서 배를 타는 경우

    • (하류로 내려갈 때의 속력)=(배 자체의 속력)+(물의 속력)

    • (상류로 올라갈 때의 속력)=(배 자체의 속력)−(물의 속력)

③ (거리)=(속력)×(시간)

  ㉠ 기차가 터널을 통과하거나 다리를 지나가는 경우

    • (기차가 움직인 거리)=(기차의 길이)+(터널 또는 다리의 길이)

  ㉡ 두 사람이 반대 방향 또는 같은 방향으로 움직이는 경우

    • (두 사람 사이의 거리)=(두 사람이 움직인 거리의 합 또는 차)

(3) 나이 · 인원 · 개수

구하고자 하는 것을 미지수로 놓고 식을 세운다. 동물의 경우 다리의 개수에 유의해야 한다.

(4) 원가 · 정가

① (정가)=(원가)+(이익), (이익)=(정가)−(원가)

② a원에서 $b\%$ 할인한 가격 $= a \times \left(1 - \dfrac{b}{100}\right)$

(5) 일률 · 톱니바퀴

① 일률

전체 일의 양을 1로 놓고, 시간 동안 한 일의 양을 미지수로 놓고 식을 세운다.

  • $(일률) = \dfrac{(작업량)}{(작업기간)}$

  • $(작업기간) = \dfrac{(작업량)}{(일률)}$

  • (작업량)=(일률)×(작업기간)

② 톱니바퀴

(톱니 수)×(회전수)=(총 맞물린 톱니 수)

즉, A, B 두 톱니에 대하여, (A의 톱니 수)×(A의 회전수)=(B의 톱니 수)×(B의 회전수)가 성립한다.

CHECK POINT

✚ 시간 · 속력 · 거리

Q 시간 · 속력 · 거리 전체거리가 12km인 거리를 가는 데 3시간이 걸렸다면 속력은?

A $(속력) = \dfrac{(거리)}{(시간)} = \dfrac{12}{3}$
$= 4\text{km/h}$

CHECK POINT

✚ 일률

Q 하나의 일을 끝마치는 데 5일이 걸리는 A가 3일 동안 한 일의 양은?

A A가 하루에 할 수 있는 일의 양은 $\dfrac{1}{5}$이다.

따라서 A가 3일 동안 끝낸 일의 양은 $\dfrac{1}{5} \times 3 = \dfrac{3}{5}$이다.

CHECK POINT

소금의 양

Q 농도 30%인 소금물 150g
이 있을 때, 이 소금물에
들어있는 소금의 양은?

A $150 \times \dfrac{30}{100} = 45g$

(6) 농도

① $(농도) = \dfrac{(용질의 \; 양)}{(용액의 \; 양)} \times 100$

② $(용질의 \; 양) = \dfrac{(농도)}{100} \times (용액의 \; 양)$

(7) 수 I

① 연속하는 세 자연수 : $x-1,\; x,\; x+1$

② 연속하는 세 짝수(홀수) : $x-2,\; x,\; x+2$

(8) 수 II

① 십의 자릿수가 x, 일의 자릿수가 y인 두 자리 자연수 : $10x+y$

이 수에 대해, 십의 자리와 일의 자리를 바꾼 수 : $10y+x$

② 백의 자릿수가 x, 십의 자릿수가 y, 일의 자릿수가 z인 세 자리 자연수 :

$100x+10y+z$

(9) 증가 · 감소에 관한 문제

① x가 $a\%$ 증가 : $\left(1+\dfrac{a}{100}\right)x$

② y가 $b\%$ 감소 : $\left(1-\dfrac{b}{100}\right)y$

CHECK POINT

$n!$

Q 5명을 한 줄로 세우는 경
우의 수는?

A $5! = 5 \times 4 \times 3 \times 2 \times 1$
$= 120가지$

$_nP_m$

Q 5명 중 3명을 뽑아 한 줄
로 세우는 경우의 수는?

A $_5P_3 = 5 \times 4 \times 3 = 60가지$

$_nC_m$

Q 5명 중 무작위로 3명을
뽑는 경우의 수는?

A $_5C_3 = \dfrac{5 \times 4 \times 3}{3 \times 2 \times 1}$

$= {_5C_2} = \dfrac{5 \times 4}{2 \times 1} = 10가지$

3. 경우의 수 · 확률

(1) 경우의 수

① 경우의 수 : 어떤 사건이 일어날 수 있는 모든 가짓수

② 합의 법칙

㉠ 두 사건 A, B가 동시에 일어나지 않을 때, A가 일어나는 경우의 수를 m, B가 일어나는 경우의 수를 n이라고 하면, 사건 A 또는 B가 일어나는 경우의 수는 $m+n$이다.

㉡ '또는', '~이거나'라는 말이 나오면 합의 법칙을 사용한다.

③ 곱의 법칙

㉠ A가 일어나는 경우의 수를 m, B가 일어나는 경우의 수를 n이라고 하면, 사건 A와 B가 동시에 일어나는 경우의 수는 $m \times n$이다.

㉡ '그리고', '동시에'라는 말이 나오면 곱의 법칙을 사용한다.

④ 여러 가지 경우의 수

㉠ 동전 n개를 던졌을 때, 경우의 수 : 2^n

㉡ 주사위 m개를 던졌을 때, 경우의 수 : 6^m

㉢ 동전 n개와 주사위 m개를 던졌을 때, 경우의 수 : $2^n \times 6^m$

㉣ n명을 한 줄로 세우는 경우의 수 : $n! = n \times (n-1) \times (n-2) \times \cdots \times 2 \times 1$

ⓜ n명 중, m명을 뽑아 한 줄로 세우는 경우의 수 : $_n\mathrm{P}_m = n \times (n-1) \times \cdots \times (n-m+1)$

ⓑ n명을 한 줄로 세울 때, m명을 이웃하여 세우는 경우의 수 : $(n-m+1)! \times m!$

ⓢ 0이 아닌 서로 다른 한 자리 숫자가 적힌 n장의 카드에서, m장을 뽑아 만들 수 있는 m자리 정수의 개수 : $_n\mathrm{P}_m$

ⓞ 0을 포함한 서로 다른 한 자리 숫자가 적힌 n장의 카드에서, m장을 뽑아 만들 수 있는 m자리 정수의 개수 : $(n-1) \times {}_{n-1}\mathrm{P}_{m-1}$

ⓩ n명 중, 자격이 다른 m명을 뽑는 경우의 수 : $_n\mathrm{P}_m$

ⓒ n명 중, 자격이 같은 m명을 뽑는 경우의 수 : $_n\mathrm{C}_m = \dfrac{_n\mathrm{P}_m}{m!}$

ⓚ 원형 모양의 탁자에 n명을 앉히는 경우의 수 : $(n-1)!$

⑤ 최단거리 문제 : A에서 B 사이에 P가 주어져 있다면, A와 P의 최단거리, B와 P의 최단거리를 각각 구하여 곱한다.

(2) 확률

① (사건 A가 일어날 확률) $= \dfrac{(\text{사건 A가 일어나는 경우의 수})}{(\text{모든 경우의 수})}$

② 여사건의 확률

　㉠ 사건 A가 일어날 확률이 p일 때, 사건 A가 일어나지 않을 확률은 $(1-p)$이다.

　㉡ '적어도'라는 말이 나오면 주로 사용한다.

③ 확률의 계산

　㉠ 확률의 덧셈

　　두 사건 A, B가 동시에 일어나지 않을 때, A가 일어날 확률을 p, B가 일어날 확률을 q라고 하면, 사건 A 또는 B가 일어날 확률은 $p+q$이다.

　㉡ 확률의 곱셈

　　A가 일어날 확률을 p, B가 일어날 확률을 q라고 하면, 사건 A와 B가 동시에 일어날 확률은 $p \times q$이다.

④ 여러 가지 확률

　㉠ 연속하여 뽑을 때, 꺼낸 것을 다시 넣고 뽑는 경우 : 처음과 나중의 모든 경우의 수는 같다.

　㉡ 연속하여 뽑을 때, 꺼낸 것을 다시 넣지 않고 뽑는 경우 : 나중의 모든 경우의 수는 처음의 모든 경우의 수보다 1만큼 작다.

　㉢ (도형에서의 확률) $= \dfrac{(\text{해당하는 부분의 넓이})}{(\text{전체 넓이})}$

비율
기준량에 대한 비교하는 양
의 비율

$$= \frac{(비교하는 양)}{(기준량)}$$

백분율(%)
기준량을 100으로 할 때의
비교하는 양의 비율

$$= \frac{(비교하는 양)}{(기준량)} \times 100$$

02 자료해석

(1) 꺾은선(절선)그래프

① 시간적 추이(시계열 변화)를 표시하는 데 적합하다.
　例 연도별 매출액 추이 변화 등
② 경과 · 비교 · 분포를 비롯하여 상관관계 등을 나타날 때 사용한다.

〈중학교 장학금, 학비감면 수혜현황〉

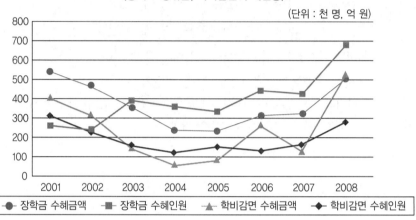

(2) 막대그래프

① 비교하고자 하는 수량을 막대 길이로 표시하고, 그 길이를 비교하여 각 수량
간의 대소 관계를 나타내는 데 적합하다.
　例 영업소별 매출액, 성적별 인원분포 등
② 가장 간단한 형태로 내역 · 비교 · 경과 · 도수 등을 표시하는 용도로 사용한다.

〈연도별 암 발생 추이〉

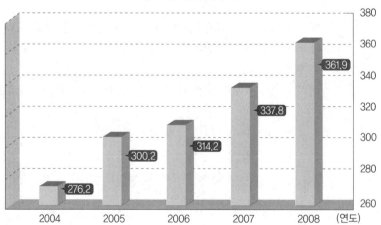

(3) 원그래프

① 내역이나 내용의 구성비를 분할하여 나타내는 데 적합하다.

　　예 제품별 매출액 구성비 등

② 원그래프를 정교하게 작성할 때는 수치를 각도로 환산해야 한다.

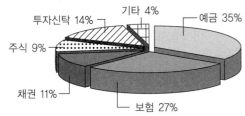

〈C국의 가계 금융자산 구성비〉

(4) 점그래프

① 지역분포를 비롯하여 도시, 지방, 기업, 상품 등의 평가나 위치, 성격을 표시하는 데 적합하다.

　　예 광고비율과 이익률의 관계 등

② 종축과 횡축에 두 요소를 두고, 보고자 하는 것이 어떤 위치에 있는가를 알고자 할 때 사용한다.

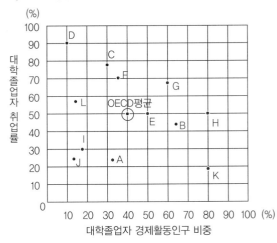

〈OECD 국가의 대학졸업자 취업률 및 경제활동인구 비중〉

(5) 층별그래프

① 합계와 각 부분의 크기를 백분율로 나타내고 시간적 변화를 보는 데 적합하다.

② 합계와 각 부분의 크기를 실수로 나타내고 시간적 변화를 보는 데 적합하다.

　예 상품별 매출액 추이 등

③ 선의 움직임보다는 선과 선 사이의 크기로써 데이터 변화를 나타내는 그래프이다.

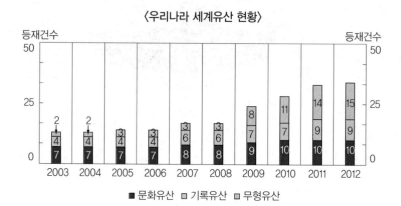

〈우리나라 세계유산 현황〉

(6) 레이더 차트(거미줄그래프)

① 다양한 요소를 비교할 때, 경과를 나타내는 데 적합하다.

　예 매출액의 계절변동 등

② 비교하는 수량을 직경, 또는 반경으로 나누어 원의 중심에서의 거리에 따라 각 수량의 관계를 나타내는 그래프이다.

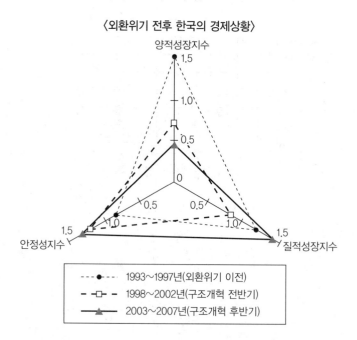

〈외환위기 전후 한국의 경제상황〉

나이 · 개수

유 형 분석

주어진 조건에 따라 방정식을 세우고 올바른 방식으로 풀어낼 수 있는지 평가한다.

현재 아버지의 나이는 35세, 아들은 10세이다. 아버지 나이가 아들 나이의 2배가 되는 것은 몇 년 후인가?

① 5년 후
② 10년 후
③ 15년 후
④ 20년 후
⑤ 25년 후

문제풀이 ③

x년 후의 아버지, 아들의 나이는 각각 $35+x$, $10+x$세이다.

→ $35+x=2(10+x)$

∴ $x=15$

한끝 Tip 제시된 조건의 나이가 현재인지, 과거인지를 확인한 후 구해야 하는 사람의 나이를 미지수로 잡고 식을 세운다.

이거 알면 30초 컷!

연립방정식이 나오는 경우 중복이 많은 문자를 소거할 수 있는 방법을 찾거나 가장 짧은 식을 만든다.

수

유 형 분석

문제를 읽고 핵심을 파악하여 방정식을 세울 수 있는지, 그리고 이를 올바른 방식으로 풀어낼 수 있는지 평가한다.

연속하는 세 홀수가 있는데, 가장 큰 수는 나머지 두 수의 합보다 11만큼 작다. 이때 가장 작은 수는?

① 9
② 13
③ 17
④ 21
⑤ 25

문제풀이 ②
연속하는 세 홀수를 $x-2$, x, $x+2$라고 하면,
$x+2=(x-2+x)-11$
$\therefore x=15$
따라서 연속하는 세 홀수는 13, 15, 17이다.

미거 말면 30초 컷!

미지수를 추리해야 하는 경우 계수가 큰 미지수를 먼저 추리하면 계산 과정을 줄일 수 있다.

농도

유형 분석

- (소금물의 농도) = $\dfrac{(소금의\ 양)}{(소금물의\ 양)}$

- (소금물의 양) = (소금의 양) + (물의 양)

설탕물 500g이 있다. 이 설탕물에 농도가 3%인 설탕물 200g을 온전히 섞었더니 설탕물의 농도는 7%가 되었다. 500g의 설탕물에 녹아 있던 설탕은 몇 g인가?

① 31g

② 37g

③ 43g

④ 49g

⑤ 55g

출제의도 ▶ 농도와 비율을 이용하여 식을 세우고 답을 도출할 수 있는지를 평가한다.

문제풀이 ③

500g 설탕물의 농도를 x%이라 하면, 들어 있는 설탕의 양은 $\dfrac{x}{100} \times 500 = 5x$g이다.

$\dfrac{x}{100} \times 500 + \dfrac{3}{100} \times 200 = \dfrac{7}{100} \times (500 + 200)$

→ $5x + 6 = 49$

∴ $5x = 43$

이거 알면 30초 컷!

1. 숫자의 크기를 최대한 간소화해야 한다. 특히, 농도의 경우 분수와 정수가 같이 제시되고, 최근에는 비율을 활용한 문제가 많이 출제되고 있으므로 통분이나 약분을 통해 수를 간소화시켜 계산 실수를 줄일 수 있도록 한다.

2. 소금물이 증발하는 경우 소금의 양은 유지되지만, 물의 양이 감소한다. 따라서 농도는 증가한다.

3. 농도가 다른 소금물 두 가지를 섞는 문제의 경우 보통 두 소금물을 합했을 때의 전체 소금물의 양을 제시해주는 경우가 많다. 때문에 각각의 미지수를 x, y로 정하는 것보다 하나를 x로 두고 다른 하나를 (전체)$-x$로 식을 세우면 계산을 간소화할 수 있다.

안심Touch

| 응용계산 | 대표유형 4

시간 · 속력 · 거리

유형 분석

- 기차와 터널의 길이, 물과 같이 속력이 있는 공간 등 추가적인 시간 · 속력 · 거리에 관한 정보가 있는 경우 난이도가 높은 편에 속하는 문제로 출제되지만, 기본적인 공식에 더하거나 빼는 것이므로 기본에 집중한다.

- $(시간) = \dfrac{(거리)}{(속력)}$
- $(속력) = \dfrac{(거리)}{(시간)}$
- $(거리) = (시간) \times (속력)$

수현이와 해영이는 새로 산 무전기의 성능을 시험하려고 한다. 두 사람은 같은 곳에서 출발하여 수현이는 북쪽으로 10m/s, 해영이는 동쪽으로 25m/s의 일정한 속력으로 이동한다. 해영이가 수현이보다 20초 늦게 출발했는데, 해영이가 출발한 지 1분이 되자 더는 통신이 불가능했다고 한다. 무전 통신이 끊겼을 때, 수현이와 해영이 사이의 거리는?

① 1.5km

② 1.6km

③ 1.7km

④ 1.8km

⑤ 1.9km

출제의도 수리에 대한 개념이 정확히 잡혀 있는지, 기본적인 수학 지식을 갖추고 있으며 이를 적절히 활용할 수 있는지 평가한다.

문제풀이 ③

해영이가 이동한 거리는 $25 \times 60 = 1,500$m이고, 수현이가 이동한 거리는 $10 \times 80 = 800$m이다. 해영이와 수현이 사이의 거리를 xm라 하면, 피타고라스의 원리를 이용하여

$x^2 = 800^2 + 1,500^2 = 1,700^2$

$\therefore x = 1,700$

따라서 해영이와 수현이 사이의 거리는 1.7km이다.

이거 알면 30초 컷!

1. 기차나 터널의 길이, 물과 같이 속력이 있는 장소 등 추가적인 조건을 반드시 확인한다.
2. 속력과 시간의 단위를 처음부터 정리하여 계산하면 계산 실수 없이 풀이할 수 있다.
   - 1시간 = 60분 = 3,600초
   - 1km = 1,000m = 100,000cm

날짜 · 요일 · 시계

유형 분석

시침과 분침의 규칙성을 파악하고 이를 응용하여 주어진 문제를 해결할 수 있는지 평가한다.

4시와 5시 사이에 시침과 분침이 일치하는 시각은 몇 시인가?

① 4시 20분

② 4시 $\dfrac{240}{11}$분

③ 4시 $\dfrac{260}{11}$분

④ 4시 30분

⑤ 4시 40분

문제풀이 ②

4시 x분에 일치한다고 하면,

시침이 움직인 각도 : $4 \times 30 + 0.5x$

분침이 움직인 각도 : $6x$

시침과 분침이 일치한다고 하였으므로, 움직인 각도는 서로 같다.

→ $4 \times 30 + 0.5x = 6x$

∴ $x = \dfrac{240}{11}$

이거 알면 30초 컷!

날짜 · 요일 · 시계에서 많이 활용되는 공식을 숙지한다.

- 1일=24시간=1,440분=86,400초
- 시침이 1시간 동안 이동하는 각도 : 30°
- 시침이 1분 동안 이동하는 각도 : 0.5°
- 분침이 1분 동안 이동하는 각도 : 6°

| 응용계산 | 대표유형 6

일

- 전체 작업량을 1로 놓고, 분ㆍ시간 등의 단위 시간 동안 한 일의 양을 기준으로 식을 세운다.
- $(일률) = \dfrac{(작업량)}{(작업시간)}$

A가 혼자 하면 4일, B가 혼자 하면 6일 걸리는 일이 있다. A가 먼저 2일 동안 일을 하고, 남은 양을 B가 끝마치려 한다. B는 며칠 동안 일을 해야 하는가?

① 2일

② 3일

③ 4일

④ 5일

⑤ 6일

출제의도 문제가 요구하는 방정식을 세워 올바른 답을 찾아낼 수 있는지 평가한다.

문제풀이 ②

A, B가 하루에 할 수 있는 일의 양은 각각 $\dfrac{1}{4}$, $\dfrac{1}{6}$이다. B가 x일 동안 일한다고 하면,

$\dfrac{1}{4} \times 2 + \dfrac{1}{6} \times x = 1$

$\therefore x = 3$

이거 알면 30초 컷!

1. 전체의 값을 모르는 상태에서 비율을 묻는 문제의 경우 전체를 1이라고 하면 쉽게 풀이할 수 있다. 이는 단순히 일률을 계산하는 경우뿐만 아니라 조건부 확률과 같이 비율이 나오는 문제에는 공통적으로 적용 가능하다.
2. 문제에서 제시하는 단위와 선택지의 단위가 같은지 확인한다.

| 응용계산 | 대표유형 7

금액

유형 분석

- 원가 · 정가 · 할인가 · 판매가의 개념을 명확히 한다.
- (정가)=(원가)+(이익)
- (할인가)=(정가)$\times\left\{1-\dfrac{(할인율)}{100}\right\}$

정가가 2,000원인 물건을 10% 할인하여 팔았더니, 300원의 이익이 생겼다. 이 물건의 원가는 얼마인가?

① 1,000원

② 1,300원

③ 1,500원

④ 1,800원

⑤ 2,000원

문제풀이 ③

판매가 : $2,000\times\left(1-\dfrac{10}{100}\right)=1,800$원이고, 원가를 x라고 하면,

(이익)=(판매가)−(원가)이므로

$300=1,800-x$

$\therefore x=1,500$

한끝 Tip 문제에서 할인율과 인상률을 혼동하지 않도록 조심해야 한다.

이거 알면 30초 컷!

1. 제시된 문제의 원가(x)처럼 기준이 동일하고, 이를 기준으로 모든 값을 계산하는 경우에 처음부터 x를 생략하고 식을 세우는 연습을 한다.
2. 정가가 반드시 판매가인 것은 아니다.
3. 금액을 계산하는 문제는 보통 비율과 함께 제시되기 때문에 풀이과정에서 실수하기 쉽다. 때문에 선택지의 값을 대입해서 풀이하는 것이 실수 없이 빠르게 풀 수 있는 방법이 될 수도 있다.

안심Touch

| 응용계산 | 대표유형 8

비율

유형분석

비율과 수치의 증감에 대해 제대로 이해하고 있는지 평가한다.

어느 중학교의 작년 학생 수는 500명이다. 올해는 남학생이 10% 증가하고, 여학생은 20% 감소하여, 작년보다 총 10명 감소하였다. 올해의 남학생 수는?

① 300명
② 315명
③ 330명
④ 350명
⑤ 370명

문제풀이 ③

작년 남학생 수를 x명, 작년 여학생 수를 y명이라고 하면,

$x+y=500$ ⋯ ㉠

$1.1x+0.8y=490$ ⋯ ㉡

㉠, ㉡을 연립하면

→ $x=300$, $y=200$

따라서 올해 남학생 수는 $1.1x=330$명이다.

이거 알면 30초 컷!

문제에서 '작년, 올해'와 같은 용어에 주의하여, 다 풀고도 틀리는 일이 없도록 한다.

CHAPTER 02

| 응용계산 | 대표유형 9

부등식의 활용

유형 분석

- 부등식의 양변에 같은 수를 더하거나 같은 수를 빼도 부등호의 방향은 바뀌지 않는다.
  - → $a<b$이면 $a+c<b+c$, $a-c<b-c$
- 부등식의 양변에 같은 양수를 곱하거나 양변을 같은 양수로 나누어도 부등호의 방향은 바뀌지 않는다.
  - → $a<b$, $c>0$이면 $a\times c<b\times c$, $\dfrac{a}{c}<\dfrac{b}{c}$
- 부등식의 양변에 같은 음수를 곱하거나 양변을 같은 음수로 나누면 부등호의 방향은 바뀐다.
  - → $a<b$, $c<0$이면 $a\times c>b\times c$, $\dfrac{a}{c}>\dfrac{b}{c}$

10,000원으로 사과와 배를 사려고 한다. 사과 한 개의 가격은 300원, 배 한 개의 가격은 500원이다. 배를 3개 사려고 할 때, 사과는 최대 몇 개까지 살 수 있는가?

① 27개   ② 28개

③ 29개   ④ 30개

⑤ 31개

출제의도 부등식의 개념을 이해하고 있으며, 이를 적절하게 활용할 수 있는지 평가한다.

문제풀이 ②

사과의 개수를 x개라고 하면,

$300x+500\times3\leq10,000$

$\rightarrow x\leq28\dfrac{1}{3}$

$\therefore$ 28개

이거 알면 30초 컷!

1. 미지수가 2개 이상 나오는 경우나 부등식이 2개 사용되는 경우 그래프를 활용하면 실수의 확률을 줄일 수 있다.
2. 최대를 묻는 경우의 부등호의 방향은 미지수가 작은 쪽($x\leq n$)으로 나타내고, 최소를 묻는 경우 부등호의 방향은 미지수가 큰 쪽($x\geq n$)으로 나타낸다.

유형 분석

- 두 사건 A, B가 동시에 일어나지 않을 때, A가 일어나는 경우의 수가 a가지, B가 일어나는 경우의 수를 b가지라고 하면 A 또는 B가 일어나는 경우의 수는 $(a+b)$가지이다.
- 두 사건 A, B가 동시에 일어날 때, A가 일어나는 경우의 수가 a가지, B가 일어나는 경우의 수를 b가지라고 하면 A와 B가 동시에 일어나는 경우의 수는 $a \times b$가지이다.
- n명 중 자격이 다른 m명을 뽑는 경우의 수 : $_nP_m$
- n명 중 자격이 같은 m명을 뽑는 경우의 수 : $_nC_m$

다음 그림과 같이 집에서 학교까지 가는 경우의 수는 3가지, 학교에서 도서관까지 가는 경우의 수는 5가지, 도서관에서 학교를 거치지 않고 집까지 가는 경우의 수는 1가지이다. 집에서 학교를 거쳐 도서관을 갔다가 다시 학교로 돌아오는 경우의 수는 몇 가지인가?

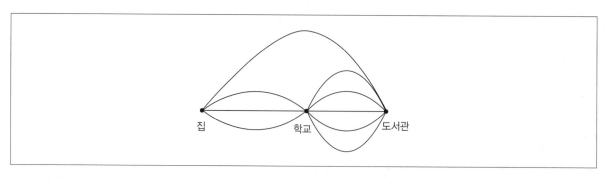

① 10가지
② 13가지
③ 30가지
④ 50가지
⑤ 75가지

출제의도 순열과 조합에 대해 바르게 이해하고 있는지 평가한다.

문제풀이 ⑤

집 → 학교 → 도서관 → 학교 순서이므로,

$3 \times 5 \times 5 = 75$

∴ 75가지

한끝 Tip 순열, 조합의 공식을 암기해 두며, 많은 문제를 통해 다양한 접근 방법을 익혀두어야 한다. 또한 합의 법칙과 곱의 법칙 중 어떤 법칙이 사용되는지 빠르게 구분하여 문제를 해결한다.

이거 알면 30초 컷!

1. 기본적으로 많이 활용되는 공식은 숙지한다.
   - 동전 n개를 던졌을 때의 경우의 수 : $2n$가지
   - 주사위 n개를 던졌을 때의 경우의 수 : $6n$가지
   - n명을 한 줄로 세우는 경우의 수 : $n!$
   - 원형 모양의 탁자에 n명이 앉는 경우의 수 : $(n-1)!$
2. 확률과 경우의 수 문제는 빠르게 계산할 수 있는 방법을 생각해야 한다. 특히 '이상'과 같은 표현이 사용됐다면 1(전체)에서 나머지 확률(경우의 수)를 빼는 방법(여사건 활용)이 편리하다.

정답 및 해설 p.015

☑ 오답 Check! ○ ✕

01 세 사람의 나이를 모두 곱하면 2,450이고, 모두 더하면 46이다. 최고령자의 나이는?

① 21세

② 25세

③ 28세

④ 35세

⑤ 37세

☑ 오답 Check! ○ ✕

Hard

02 어느 고등학교의 2학년과 3학년 학생 수의 합이 350명이다. 2학년이 아닌 학생 수가 250명이고, 3학년이 아닌 학생 수가 260명이다. 1학년 학생은 총 몇 명인가?

① 80명

② 90명

③ 100명

④ 110명

⑤ 120명

☑ 오답 Check! ○ ✕

03 A와 B는 가위바위보를 하여 이기면 2계단을 올라가고, 지면 1계단을 내려가는 게임을 하였다. 게임이 끝난 후, A는 11계단, B는 2계단을 올라가 있었다. A가 이긴 횟수는?(단, 비기는 경우는 생각하지 않는다)

① 5번

② 8번

③ 12번

④ 18번

⑤ 21번

☑ 오답 Check! ○ ✕

04 9%의 소금물 xg과 18%의 소금물 yg을 섞어 12%의 소금물을 만들려고 했으나, 잘못하여 9%의 소금물 yg과 18% 소금물 xg을 섞었다. 이렇게 만들어진 소금물의 농도는?

① 13%

② 14%

③ 15%

④ 16%

⑤ 17%

05 자동차로 두 지점 A에서 B까지 각각 시속 60km로 달릴 때와 시속 70km로 달릴 때, 5분이 차이가 났다. A와 B 사이의 거리는?

① 30km

② 35km

③ 40km

④ 45km

⑤ 50km

Easy

06 길이가 2km인 강이 있다. 배를 타고 강을 거슬러 오르는 데 40분, 다시 내려오는 데 20분이 걸린다면, 정지한 물에서 배의 속력은 분속 몇 m인가?

① 62m/분

② 70m/분

③ 75m/분

④ 80m/분

⑤ 84m/분

Hard

07 길이가 80m인 두 열차가 각각 시속 40km로 마주보며 달려오고 있다. 두 열차가 만나서 완전히 스치고 지나갈 때까지 걸리는 시간은?

① 4.5초

② 5.6초

③ 6초

④ 6.6초

⑤ 7.2초

08 7시와 8시 사이에 시침과 분침이 서로 반대 방향으로 일직선을 이룰 때의 시각은?

① 7시 $\dfrac{30}{11}$분

② 7시 $\dfrac{45}{11}$분

③ 7시 $\dfrac{60}{11}$분

④ 7시 $\dfrac{75}{11}$분

⑤ 7시 $\dfrac{80}{11}$분

09 어느 해의 3월 1일이 금요일이라면, 그 해의 5월 25일은 무슨 요일인가?

① 토요일 ② 일요일
③ 월요일 ④ 화요일
⑤ 수요일

10 한 공장에서는 기계 2대를 운용하고 있다. 이 공장의 전체 작업을 수행할 때 A기계로는 12시간이 걸리며, B기계로는 18시간이 걸린다. 이미 절반의 작업이 수행된 상태에서, A기계로 4시간 동안 작업하다가 이후로는 A, B 두 기계를 모두 동원해 작업을 수행했다면 남은 모든 작업을 완료하는 데 소요되는 시간은?

① 1시간 ② 1시간 12분
③ 1시간 20분 ④ 1시간 30분
⑤ 1시간 40분

11 어떤 물건을 원가의 50% 이익을 붙여 팔았는데, 잘 팔리지 않아서 다시 20% 할인해서 팔았더니, 물건 1개당 1,000원의 이익을 얻었다. 이 물건의 원가는 얼마인가?

① 4,000원 ② 4,500원
③ 5,000원 ④ 6,000원
⑤ 6,500원

Easy
12 A가 B의 80%이면, B는 A의 몇 %인가?

① 40% ② 100%
③ 125% ④ 150%
⑤ 175%

13 집에서 2km 떨어진 서점에 시속 6km로 가서 책을 사고, 같은 속력으로 집까지 2시간 이내에 돌아오려고 한다. 책은 최대한 몇 분 내에 골라야 하는가?

① 50분
② 1시간
③ 1시간 10분
④ 1시간 20분
⑤ 1시간 30분

Hard

14 세 변의 길이가 각각 $2x$, $3x$, 10인 삼각형을 만들려고 한다. x의 범위를 구하면?(단, 가장 긴 변의 길이는 10이다)

① $x>2$
② $x<\dfrac{10}{3}$
③ $2<x<\dfrac{10}{3}$
④ $2<x<3$
⑤ $x<3$

15 세 자연수 a, b, c가 있다. $a+b+c=5$일 때, 순서쌍 $(a,\ b,\ c)$의 값이 될 수 있는 경우는 몇 가지인가?

① 1가지
② 3가지
③ 4가지
④ 5가지
⑤ 6가지

16 0에서 5까지 적힌 6장의 카드 중, 2장을 뽑아 두 자리 자연수를 만들 때, 35 이상의 자연수의 개수는?

① 10가지
② 11가지
③ 12가지
④ 15가지
⑤ 17가지

17 빨강, 파랑, 노랑, 검정의 4가지 색으로, 다음 ㄱ, ㄴ, ㄷ, ㄹ에 칠하려고 한다. 같은 색을 여러 번 사용해도 상관없으나, 같은 색을 이웃하여 칠하면 안 된다. 칠하는 경우의 수는?

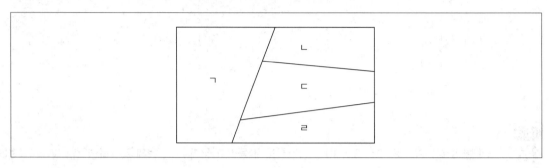

① 24가지   ② 48가지

③ 64가지   ④ 72가지

⑤ 80가지

분석

유형 분석

- (백분율)$=\dfrac{(비교하는\ 양)}{(기준량)}\times100$
- (증감률)$=\dfrac{(비교대상의\ 값)-(기준값)}{(기준값)}$
- (증감량)$=(비교대상\ 값\ A)-(또\ 다른\ 비교대상의\ 값\ B)$

P잡지에서는 인터넷 이용 실태를 조사할 목적으로 700명의 표본을 골라 조사를 실시했다. 다음은 조사 결과의 일부이다. 이를 분석한 것으로 옳은 것을 모두 고르면?

〈성별 인터넷 이용 실태〉

(단위 : 명)

구분	자주 이용	가끔 이용	이용하지 않음	계
남성	113	145	92	350
여성	99	175	76	350
계	212	320	168	700

〈연령별 인터넷 이용 실태〉

(단위 : 명)

구분	자주 이용	가끔 이용	이용하지 않음	계
30세 미만	135	159	56	350
30세 이상	77	161	112	350
계	212	320	168	700

가 : 인터넷을 자주 이용하는 사람은 30세 이상의 남성 층이 30세 미만의 남성 층보다 약간 많다.
나 : 인터넷을 이용하는 사람은 여성보다 남성이 더 많다.
다 : 인터넷을 이용하지 않는 사람은 여성보다 남성이 많으며, 30세 이상보다 30세 미만이 더 많다.

① 가
② 나
③ 다
④ 모두 틀림
⑤ 모두 맞음

문제풀이 ▶ ④

- 가 : 인터넷을 자주 이용하는 사람으로 30세 미만은 135명, 30세 이상은 77명이지만, 구체적인 남녀의 수는 나와 있지 않다.
- 나 : 인터넷을 이용하는 남성의 수는 113+145=258명, 여성의 수는 99+175=274명으로 여성의 수가 더 많다.
- 다 : 인터넷을 이용하지 않는 사람은 남성이 92명, 여성이 76명으로 남성이 더 많다. 또한 30세 미만은 56명, 30세 이상은 112명이므로 30세 이상이 더 많다.

이거 알면 30초 컷!

계산이 필요 없는 선택지를 먼저 해결한다.

정답 및 해설 p.019

☑ 오답 Check! ○ X

Hard

01 다음은 품목별 한우의 2019년 10월 평균가격, 전월, 전년 동월, 직전 3개년 동월 평균가격을 제시한 자료이다. 이에 대한 설명으로 옳은 것은?

〈2019년 10월 기준 품목별 한우 평균가격〉

(단위 : 원/kg)

품목		2019년 10월 평균가격	전월 평균가격	전년 동월 평균가격	직전 3개년 동월 평균가격
구분	등급				
거세우	1등급	17,895	18,922	14,683	14,199
	2등급	16,534	17,369	13,612	12,647
	3등급	14,166	14,205	12,034	10,350
비거세우	1등급	18,022	18,917	15,059	15,022
	2등급	16,957	16,990	13,222	12,879
	3등급	14,560	14,344	11,693	10,528

※ 거세우, 비거세우의 등급은 1등급, 2등급, 3등급만 있음

① 거세우 각 등급에서의 2019년 10월 평균가격이 비거세우 같은 등급의 2019년 10월 평균가격보다 모두 높다.
② 모든 품목에서 전월 평균가격은 2019년 10월 평균가격보다 높다.
③ 2019년 10월 평균가격, 전월 평균가격, 전년 동월 평균가격, 직전 3개년 동월 평균가격은 비거세우 1등급이 다른 모든 품목에 비해 높다.
④ 직전 3개년 동월 평균가격 대비 전년 동월 평균가격의 증가폭이 가장 큰 품목은 거세우 2등급이다.
⑤ 전년 동월 평균가격 대비 2019년 10월 평균가격 증감률이 가장 큰 품목은 비거세우 2등급이다.

02 다섯 가지 커피에 대한 소비자 선호도 조사를 정리한 자료이다. 조사는 541명의 동일한 소비자를 대상으로 1차와 2차 구매를 통해 이루어졌다. 자료에 대한 설명으로 옳은 것은?

(단위 : 명)

1차 구매	2차 구매					총계
	A	B	C	D	E	
A	93	17	44	7	10	171
B	9	46	11	0	9	75
C	17	11	155	9	12	204
D	6	4	9	15	2	36
E	10	4	12	2	27	55
총계	135	82	231	33	60	541

> **보기**
>
> ㉠ 대부분의 소비자들이 취향에 맞는 커피를 꾸준히 선택하고 있다.
> ㉡ 1차에서 A를 구매한 소비자가 2차 구매에서 C를 구입하는 경우가 그 반대의 경우보다 더 적다.
> ㉢ 전체적으로 C를 구입하는 소비자가 제일 많다.

① ㉠

② ㉢

③ ㉡, ㉢

④ ㉠, ㉢

⑤ ㉠, ㉡

03 다음은 A, B, C, D사의 남녀 직원비율을 나타낸 자료이다. 이에 대한 설명으로 옳지 않은 것은?

(단위 : %)

구분	A사	B사	C사	D사
남	54	48	42	40
여	46	52	58	60

① 여직원 대비 남직원 비율이 가장 높은 회사는 A이며, 가장 낮은 회사는 D이다.

② B, C, D사의 여직원 수의 합은 남직원 수의 합보다 크다.

③ A사의 남직원이 B사의 여직원보다 많다.

④ A, B사의 전체 직원 중 남직원이 차지하는 비율이 52%라면 A사의 전체 직원 수는 B사 전체 직원 수의 2배이다.

⑤ A, B, C사의 전체 직원 수가 같다면 A, C사 여직원 수의 합은 B사 여직원 수의 2배이다.

04 이탈리안 음식을 판매하는 B레스토랑에서는 두 가지 음식을 묶어 런치세트를 구성해 판매한다. 런치세트 메뉴와 금액이 다음과 같을 때, 아라비아따의 할인 전 가격은?

〈런치세트 메뉴〉

세트 메뉴	구성 음식	금액(원)
A세트	까르보나라, 알리오올리오	24,000
B세트	마르게리따피자, 아라비아따	31,000
C세트	까르보나라, 고르곤졸라피자	31,000
D세트	마르게리따피자, 알리오올리오	28,000
E세트	고르곤졸라피자, 아라비아따	32,000

※ 런치세트 메뉴의 가격은 파스타 종류는 500원, 피자 종류는 1,000원을 할인한 뒤 합하여 책정한다.

※ 파스타 : 까르보나라, 알리오올리오, 아라비아따

※ 피자 : 마르게리따피자, 고르곤졸라피자

① 13,000원

② 13,500원

③ 14,000원

④ 14,500원

⑤ 15,000원

05 다음 표는 우리나라의 혼인 및 이혼동향을 나타낸 것이다. 이에 대한 설명으로 옳지 않은 것을 모두 고르면?

(단위 : 천 건, %)

연도	혼인		이혼						
	혼인 건수	조혼인율	이혼 건수	조이혼율	동거기간별 이혼 건수				
					0~4년	5~9년	10~14년	15~19년	20년 이상
2003	399.3	9.3	45.7	1.1					
2004	416.9	9.6	49.2	1.1					
2005	419.8	9.6	53.5	1.2					
2006	402.6	9.0	59.3	1.3					
2007	393.1	8.7	65.0	1.4					
2008	398.5	8.7	68.3	1.5					
2009	434.9	9.4	79.9	1.7					
2010	388.6	8.4	91.2	2.0					
2011	375.6	8.0	116.7	x	36.8	28.0	22.7	18.2	10.8
2012	362.7	7.7	118.0	2.5	34.5	26.9	22.3	18.4	16.0
2013	334.0	7.0	120.0	2.5	35.2	26.7	22.4	18.4	17.2
2014	320.1	6.7	135.0	2.8	38.1	31.1	25.7	20.0	20.1
2015	306.6	6.4	145.3	3.0	39.1	33.8	28.2	21.4	22.8
2016	304.9	6.3	167.1	3.5	41.0	38.6	32.8	24.9	y

※ 조혼인(이혼)율＝연간 혼인(이혼)건수÷총인구×1,000

보기

㉠ 2011년 우리나라의 조이혼율은 약 2.5%이다.

㉡ 2016년에 결혼한 부부의 55% 정도가 이혼을 하였다.

㉢ 2006년 우리나라에서는 인구 100명당 9명이 혼인하였다.

㉣ 2011년과 2016년을 비교할 때, 이혼 건수의 증가비율을 동거기간별로 보면 20년 이상 집단에서 가장 큰 증가를 보이고 있다.

① ㉠, ㉡　　　　　　　　　　　　② ㉠, ㉢

③ ㉡, ㉢　　　　　　　　　　　　④ ㉡, ㉣

⑤ ㉢, ㉣

06 다음의 표로 얻어낼 수 없는 정보는?

〈청소년(15~24세)의 경제활동〉

(단위 : 천 명, %)

구분		청소년 취업자	청소년 경제활동 참가율	청소년 실업률
1990년	15~24세	2,805	45.1	11.4
2000년	15~24세	2,464	35	7.0
2010년	15~24세	2,049	32.8	10.2
2012년	15~24세	2,097	34.2	8.1
	15~19세	313	10.6	11.1
	20~24세	1,784	58.0	7.5
2013년	15~24세	2,007	34.1	9.6
	15~19세	272	9.8	12.0
	20~24세	1,735	57.1	9.2

※ 15세 이상 전체 인구＝경제활동 인구(취업자＋실업자)＋비경제활동 인구

※ 실업률＝경제활동 인구(취업자＋실업자) 중 실업자 비율

※ 전체 경제활동 참가율＝경제활동 인구 / 15세 이상 전체 인구

※ 청소년 경제활동 참가율＝청소년 경제활동 인구 / 청소년 전체 인구

① 청소년 경제활동 참가자 수

② 청소년 취업률

③ 연령대별 청소년 실업자 수

④ 청소년 취업자의 15세 이상 전체 인구 대비 비율

⑤ 2013년 청소년 취업자 중 20~24세 취업자 비율

07 다음은 2019년 A국의 공항 운항 현황을 나타낸 자료이다. 이에 대한 설명 중 옳은 것은?

〈운항 횟수 상위 5개 공항〉

(단위 : 회)

국내선			국제선		
순위	공항	운항 횟수	순위	공항	운항 횟수
1	AJ	65,838	1	IC	273,866
2	KP	56,309	2	KH	39,235
3	KH	20,062	3	KP	18,643
4	KJ	5,638	4	AJ	13,311
5	TG	5,321	5	CJ	3,567
A국 전체		167,040	A국 전체		353,272

※ 일부 공항은 국내선만 운항함

〈전년 대비 운항 횟수 증가율 상위 5개 공항〉

(단위 : %)

국내선			국제선		
순위	공항	증가율	순위	공항	증가율
1	MA	229.0	1	TG	55.8
2	CJ	23.0	2	AJ	25.3
3	IC	17.3	3	KH	15.1
4	TA	16.1	4	KP	5.6
5	AJ	11.2	5	IC	5.5

① 2019년 국제선 운항 공항 수는 7개 이상이다.

② 2019년 KP공항의 운항 횟수는 국제선이 국내선의 $\frac{1}{3}$ 이상이다.

③ 전년 대비 국내선 운항 횟수가 가장 많이 증가한 공항은 MA공항이다.

④ 국내선 운항 횟수 상위 5개 공항의 국내선 운항 횟수 합은 전체 국내선 운항 횟수의 90% 미만이다.

⑤ 국내선 운항 횟수와 전년 대비 국내선 운항 횟수 증가율 모두 상위 5개 안에 포함된 공항은 AJ공항이 유일하다.

CHAPTER 03
도형추리

| 영역 소개 |

LSIT 도형추리는 한 시험에 한 가지 유형으로 모든 문제가 출제되는 대신 매년 출제되는 유형이 달라진다. 대개 도형을 조건에 따라 변화시켰을 때 물음표에 들어갈 도형을 찾는 도형패턴 유형과 두 도형을 완전히 겹쳐지게 하여 새로운 도형을 만들 때 들어갈 도형을 찾는 형태지각 유형이 출제된다. 전체 25문항을 25분 안에 해결해야 한다.

| 유형 소개 |

도형추리 유형은 공간적 감각과 추리력은 물론, 회전되어 있는 2차원의 도형을 되돌려 상상하고 결합 또는 분리시킬 수 있는 인지능력을 평가하는 유형이다. 시험마다 한 가지 유형만 출제되는 대신 도형의 세부적인 형태에 변화를 줌으로써 난이도를 조절하고 있다. 일정한 규칙이 주어지고 도형을 주어진 조건에 따라 변화시키는 도형패턴 유형과 첫 번째 도형과 두 번째 도형을 결합했을 때 나타나는 세 번째 도형을 만들기 위하여 필요한 두 번째 도형을 찾는 형태지각 유형이 출제되었다.

▸ 학습포인트 ◂

- 조건이 여러 번 적용되어 한 번이라도 규칙을 잘못 적용하면 결과가 전혀 달라질 수 있다. 단계별로 정확히 흐름을 따라가며 실수하지 않도록 주의해야 한다.
- 색 반전, 회전, 대칭, 교환 등 모든 문제에 적용되는 규칙은 한정되어 있다. 따라서 최대한 기출 유형을 모두 풀어보면서 다양한 규칙을 익혀 두면 실제 시험에서 규칙을 빠르게 찾아내는 데 유리할 것이다.

| 도형추리 | 대표유형 1

도형패턴

유형 분석

주어진 조건을 규칙에 맞게 올바르게 이해하고 적용할 수 있는지 파악한다.

다음 제시된 도형을 〈조건〉에 따라 변화시켰을 때 물음표에 들어갈 알맞은 도형을 고르면?

	★			▽
⊙			♠	
		○		
⌐				
				♤
		♣		

규칙 1 : 각 도형은 1초마다 아래로 한 칸씩 이동한다.
규칙 2 : 바닥에 닿은 도형은 더 이상 내려가지 않는다.

조건

2초 후 → 시계 반대 방향 90° 회전 → 1초 후 → ?

①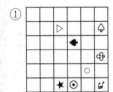

②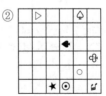

③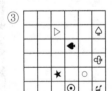

④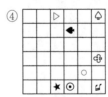

⑤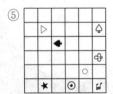

문제풀이 ①

제시된 규칙을 숙지하고 조건에 따라 도형의 이동을 파악한다.

2초 후 → (그리드) 시계 반대 방향 90° 회전 → (그리드) 1초 후 → (그리드)

형태지각

지각능력과 주의력을 함께 평가하는 유형이다.

다음은 두 도형을 완전히 겹쳐지게 하여 새로운 도형을 만드는 과정을 나타낸 것이다. 물음표에 들어갈 도형으로 알맞은 것을 고르면?(단, 각 보기의 도형은 회전이 가능하다)

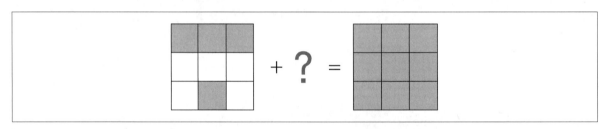

① 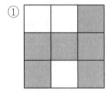　　　　　②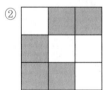

③ 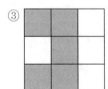　　　　　④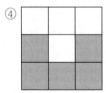

⑤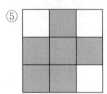

문제풀이 ③

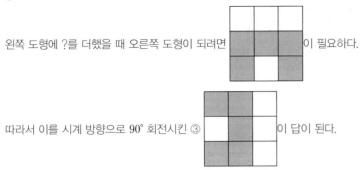

왼쪽 도형에 ?를 더했을 때 오른쪽 도형이 되려면   이 필요하다.

따라서 이를 시계 방향으로 90° 회전시킨 ③   이 답이 된다.

이거 알면 30초 컷!

먼저 물음표에 들어갈 회전하기 전의 도형을 찾는다.

도형추리 유형점검

정답 및 해설 p.021

※ 다음 제시된 도형을 〈조건〉에 따라 변화시켰을 때 물음표에 들어갈 알맞은 도형을 고르시오. **[1~4]**

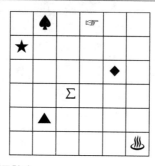

규칙 1 : 각 도형은 1초마다 아래로 한 칸씩 이동한다.
규칙 2 : 바닥에 닿은 도형은 더 이상 내려가지 않는다.

☑ 오답 Check! ○ ✕

01

조건

2초 후 → 시계 방향 90° 회전 → 2초 후 → 시계 방향 90° 회전 → ?

①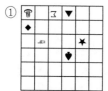

②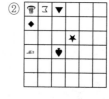

③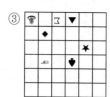

④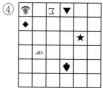

⑤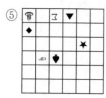

02

3초 후 → 시계 반대 방향 90° 회전 → 1초 후 → 180° 회전 → ?

①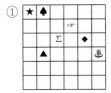

②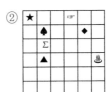

③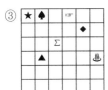

④

⑤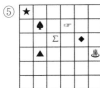

03

1초 후 → 180° 회전 → 2초 후 → 180° 회전 → ?

① ② ③ ④ ⑤

04

조건

2초 후 → 시계 방향 90° 회전 → 2초 후 → 180° 회전 → ?

①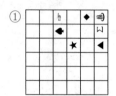

②

③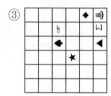

④

⑤

※ 다음은 두 도형을 완전히 겹쳐지게 하여 새로운 도형을 만드는 과정을 나타낸 것이다. 물음표에 들어갈 도형으로 알맞은 것을 고르시오. [5~8]

Easy
05

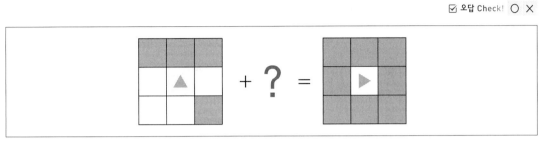

①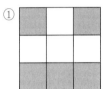

②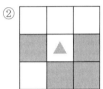

③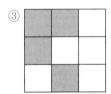

④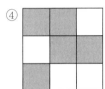

⑤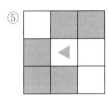

06

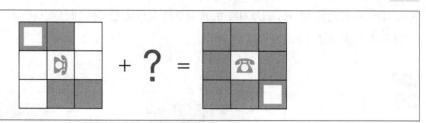

①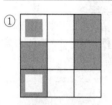

②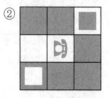

③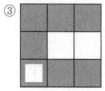

④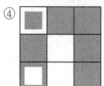

⑤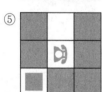

07

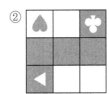

①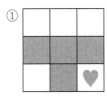

②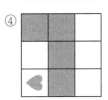

③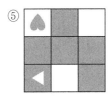

④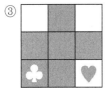

⑤

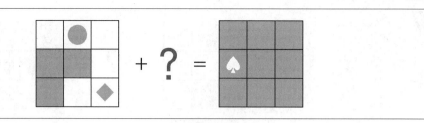

①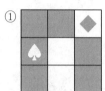

②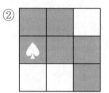

③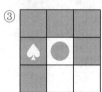

④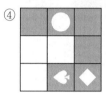

⑤

PART 2

최종점검 모의고사

LSIT 코오롱그룹 인적성검사		
영역	문항 수	제한시간
1교시(언어능력)	30문항	35분
2교시(수리능력)	25문항	35분
3교시(도형추리)	25문항	25분

※ 영역별 제한시간이 종료되고 OMR 답안지에 마킹하거나 이전 영역의 시험지를 넘기는 행동은 부정행위로 간주한다.

최종점검 모의고사

 모바일 OMR 답안분석 서비스

⏱ 응시시간 : 95분 📋 문항 수 : 80문항

정답 및 해설 p.024

01 언어능력

☑ 오답 Check! ○ ✕

01 A~D 4명은 각각 1명의 자녀를 두고 있는 아버지이다. 4명의 아이 중 2명은 아들이고, 2명은 딸인 것으로 알려져 있다. 사내아이의 아버지인 2명만이 사실대로 말하고 있다고 할 때, 다음 중 올바른 결론은?

> A : B와 C의 아이는 아들이다.
> B : C의 아이는 딸이다.
> C : D의 아이는 딸이다.
> D : A와 C의 아이는 딸이다.

① A의 아이는 아들이다. ② B의 아이는 딸이다.
③ C의 아이는 아들이다. ④ B의 아이는 아들, D의 아이는 딸이다.
⑤ D의 아이는 아들이다.

☑ 오답 Check! ○ ✕

02 경찰은 범행 현장에서 있었던 용의자 5명을 대상으로 수사를 벌이고 있다. 범인을 검거하기 위해 경찰은 용의자 5명을 심문하였다. 이들 5명은 아래와 같이 진술하였는데 이 중 2명의 진술은 모두 참이고, 3명의 진술은 모두 거짓이라고 할 때, 범인은?(단, 범행 현장에는 범죄자와 목격자가 있고, 목격자는 범죄자가 아니며, 모든 사람은 참이나 거짓만을 말한다)

> A : 나는 범인이 아니고, 나와 E만 범행 현장에 있었다.
> B : C와 D는 범인이 아니고, 목격자는 2명이다.
> C : 나는 B와 함께 있었고, 범행 현장에 있지 않았다.
> D : C의 말은 모두 참이고, B가 범인이다.
> E : 나는 범행 현장에 있었고, A가 범인이다.

① A ② B
③ C ④ D
⑤ E

03 K기업 가, 나, 다, 라 직원 4명은 동그란 탁자에 둘러앉아 인턴사원 교육 관련 회의를 진행하고 있다. 직원들은 각자 인턴 A, B, C, D를 한 명씩 맡아 교육하고 있다. 다음과 같이 앉아있다고 할 때, 직원과 인턴이 알맞게 짝지어진 한 쌍은?

- B인턴을 맡은 직원은 다 직원의 바로 왼편에 앉아 있다.
- A인턴을 맡은 직원 맞은편에는 B인턴을 맡은 직원이 앉아 있다.
- 라 직원은 다 직원 옆에 앉아 있지 않으나, A인턴을 맡은 직원 옆에 앉아 있다.
- 나 직원은 가 직원 맞은편에 앉아있으며, 나 직원의 바로 오른편에는 라 직원이 앉아 있다.
- 시계 6시 방향에는 다 직원이 앉아있으며, 맞은편에는 D인턴을 맡은 사원이 있다.

① 가 직원 − A인턴
② 나 직원 − D인턴
③ 다 직원 − C인턴
④ 라 직원 − A인턴
⑤ 라 직원 − B인턴

04 K기업의 하계 워크숍에 A~E 5개 부서가 참가하였다. 워크숍 진행 순서가 다음과 같을 때, 세 번째로 워크숍을 진행하는 부서는 어디인가?

- A부서는 C부서보다 먼저 진행한다.
- B부서는 A부서보다 늦게 D부서보다 빨리 진행한다.
- B부서와 D부서는 C부서보다 빨리 진행한다.
- D부서는 E부서보다 먼저 진행한다.
- E부서는 C부서보다 먼저 하지만 A부서보다 늦게 진행한다.

① A부서
② B부서
③ C부서
④ D부서
⑤ E부서

05 A, B, C, D, E 다섯 명을 포함한 여덟 명이 달리기 경기를 하였다. 다음 조건을 보고 항상 옳은 것은?

- A와 D는 연속으로 들어왔으나, C와 D는 연속으로 들어오지 않았다.
- A와 B 사이에 3명이 있다.
- B는 일등도, 꼴찌도 아니다.
- E는 4등 또는 5등이고, D는 7등이다.
- 5명을 제외한 3명 중에 꼴찌는 없다.

① C가 3등이다.
② A가 C보다 늦게 들어왔다.
③ E가 C보다 일찍 들어왔다.
④ B가 E보다 늦게 들어왔다.
⑤ D가 E보다 일찍 들어왔다.

06 A, B, C, D, E, F, G는 각각 차례대로 바이올린, 첼로, 콘트라베이스, 플루트, 클라리넷, 바순, 심벌즈를 연주하고 악기 연습을 위해 연습실 1, 2, 3을 빌렸다. 다음 조건을 만족할 때, 연습 장소와 시간을 확정하려면 필요한 조건은?

- 연습실은 오전 9시에서 오후 6시까지 운영하고 모든 시간에 연습이 이루어진다.
- 각각 적어도 3시간 이상, 하루에 한 번 연습을 한다.
- 연습실 1에서는 현악기를 연습할 수 없다.
- 연습실 2에서 D가 두 번째로 5시간 동안 연습을 한다.
- 연습실 3에서 처음 연습하는 사람이 연습하는 시간은 연습실 2에서 D가 연습하는 시간과 2시간이 겹친다.
- 연습실 3에서 두 번째로 연습하는 사람은 첼로를 켜고 타악기 연습시간과 겹치면 안 된다.

① E는 연습실 운영시간이 끝날 때까지 연습한다.
② C는 A보다 오래 연습한다.
③ E는 A와 연습시간이 함께 끝난다.
④ A와 F의 연습시간은 3시간이 겹친다.
⑤ A는 연습실 2를 사용한다.

07 A, B, C, D, E, F 여섯 명이 6층짜리 빌딩에 입주하려고 한다. 다음의 조건을 만족해야 한다고 할 때, 여섯 명이 빌딩에 입주하는 방법은 몇 가지인가?

- A와 C는 고소공포증이 있어서 3층보다 위에서 살 수 없다.
- B는 높은 경치를 좋아하기 때문에 6층에 살려고 한다.
- F는 D보다, D는 E보다 높은 곳에 살려고 한다.

① 2가지   ② 4가지
③ 6가지   ④ 8가지
⑤ 10가지

08 어느 도시에 있는 병원의 공휴일 진료 현황은 다음과 같다. 공휴일에 진료하는 병원의 수는?

- 만약 B병원이 진료를 하지 않으면, A병원은 진료를 한다.
- 만약 B병원이 진료를 하면, D병원은 진료를 하지 않는다.
- 만약 A병원이 진료를 하면, C병원은 진료를 하지 않는다.
- 만약 C병원이 진료를 하지 않으면, E병원이 진료를 한다.
- E병원은 공휴일에 진료를 하지 않는다.

① 1곳   ② 2곳
③ 3곳   ④ 4곳
⑤ 5곳

09 다음 명제들이 모두 참이라면 금요일에 도서관에 가는 사람은 누구인가?

- 정우는 금요일에 도서관에 간다.
- 연우는 화요일과 목요일에 도서관에 간다.
- 승우가 도서관에 가지 않으면 민우가 도서관에 간다.
- 민우가 도서관에 가면 견우도 도서관에 간다.
- 연우가 도서관에 가지 않으면 정우는 도서관에 간다.
- 정우가 도서관에 가면 승우는 도서관에 가지 않는다.

① 정우, 민우, 견우   ② 정우, 승우, 연우
③ 정우, 승우, 견우   ④ 정우, 민우, 연우
⑤ 정우, 연우, 견우

10 다음은 형사가 혐의자 P, Q, R, S, T를 심문한 후 보고한 내용이다. 이 결과로부터 검사는 누가 유죄라고 판단할 수 있는가?

- 유죄는 반드시 두 명이다.
- Q와 R은 함께 유죄이거나 무죄일 것이다.
- P가 무죄라면 Q와 T도 무죄이다.
- S가 유죄라면 T도 유죄이다.
- S가 무죄라면 R도 무죄이다.

① P, T   ② P, S
③ Q, R   ④ R, S
⑤ S, T

※ 다음 문장을 논리적 순서대로 알맞게 배열한 것을 고르시오. [11~14]

11

(A) 우리말에서 청색과 녹색을 '푸르다'라는 단어로 표현한다고 해서 우리가 두 색을 구별하여 인식하지 못한다고 할 수 없다.
(B) 왜냐하면 인간의 사고가 언어에 의해 영향을 받지 않는 사례도 종종 발견되기 때문이다.
(C) 이러한 사실은 인간의 심리 작용이 언어의 구조와 관계없이 어떤 보편성을 띠고 있음을 말해 준다.
(D) 언어가 심리 작용에 영향을 미친다고는 하지만 언어가 인간의 사고를 완전히 지배한다고 생각해서는 안 된다.

① (A) － (D) － (C) － (B)   ② (B) － (A) － (D) － (C)
③ (B) － (A) － (C) － (D)   ④ (D) － (B) － (A) － (C)
⑤ (D) － (B) － (C) － (A)

12

> (A) 이에 대하여 다른 쪽은 그것은 하나만 알고 둘은 모르는 소리라고 반박한다. 자연에 손을 대어 편의 시설을 만들면 지금 당장은 편리하겠지만, 나중에는 인간이 큰 손해가 될 수 있다는 것이다.
>
> (B) 한쪽에서는 현재 인간이 겪고 있는 상황을 고려해 볼 때 자연에 손을 대는 일은 불가피하며, 그 과정에서 생기는 일부 손실은 감내해야 한다고 주장한다.
>
> (C) 최근 들어 나라 곳곳에서 큰 규모로 이루어지는 여러 가지 '자연 개발'에 대하여 상반된 주장이 맞서고 있다.
>
> (D) 한편으로는 이 두 주장 모두 편향적인 시각이라는 비판도 있다. 두 주장 모두 어디까지나 인간을 모든 것의 중심에 놓고, 막상 그 대상인 자연의 입장은 전혀 고려하지 않았다는 것이다.

① (D) − (A) − (C) − (B) ② (B) − (D) − (A) − (C)
③ (C) − (A) − (B) − (D) ④ (C) − (B) − (A) − (D)
⑤ (C) − (D) − (A) − (B)

13

> (A) 이 방식을 활용하면 공정의 흐름에 따라 제품이 생산되므로 자재의 운반 거리를 최소화할 수 있어 전체 공정 관리가 쉽다.
>
> (B) 그러나 기계 고장과 같은 문제가 발생하면 전체 공정이 지연될 수 있고, 규격화된 제품 생산에 최적화된 설비 및 배치 방식을 사용하기 때문에 제품의 규격이나 디자인이 변경되면 설비 배치 방식을 재조정해야 한다는 문제가 있다.
>
> (C) 제품을 효율적으로 생산하기 위해서는 생산 설비의 효율적인 배치가 중요하다. 효율적인 설비 배치란 자재의 불필요한 운반을 최소화하고, 공간을 최대한 활용하면서 적은 노력으로 빠른 시간에 목적하는 제품을 생산할 수 있도록 설비를 배치하는 것이다.
>
> (D) 제품별 배치(Product Layout) 방식은 생산하려는 제품의 종류는 적지만 생산량이 많은 경우에 주로 사용된다. 제품별로 완성품이 될 때까지의 공정 순서에 따라 설비를 배열해 부품 및 자재의 흐름을 단순화하는 것이 핵심이다.

① (A) − (C) − (B) − (D) ② (C) − (A) − (D) − (B)
③ (D) − (B) − (C) − (A) ④ (D) − (C) − (B) − (A)
⑤ (C) − (D) − (A) − (B)

14

(A) 매년 추석 연휴 교통체증이 매우 심하다. 자동차를 이용하는 귀성객 중에서는 열차표를 구하지 못해 부득이 자동차를 이용한 사람도 많다. 정부의 교통시설 확충은 타당성 조사와 효율성, 지역 균형 개발을 고려해 결정된다.

(B) 하지만 한정된 재원으로 여러 지역의 많은 사업에 투자하다 보니 대부분 계획보다 수년씩 지연된다. 사업 간 우선순위를 정해 완공 위주로 집중 투자해야 효율적인데, 계속 신규 사업이 제기되고 재원이 분산되니 악순환이 반복된다. 교통시설이 계획보다 지연되는 또 다른 이유는 민원 등에 기인한다. 지역 숙원사업으로 건설을 추진하면 환영하다가도 노선 선정, 용지 매수, 환경문제, 문화재 보호 등 온갖 민원이 생기고 때론 소지역 간 갈등도 생긴다. 또한 기타 다른 이유들로 인해 사업성도 떨어지고 수익도 줄어들게 된다.

(C) 도로, 공항, 항만의 경우도 비효율적인 투자가 있다. 지역에서 요구하는 교통시설이 건설되면 많이 이용될 수 있는지, 수요를 도외시하면서 과잉 건설되는 것은 없는지 등을 면밀히 따져 보면서 건설해야 재원 낭비를 막을 수 있다. 특히 철도는 국민이 보다 편하고 빠르고 안전하게 이용토록 효율적으로 건설해야 하고, 경쟁을 통해 운영도 대폭 개선되도록 해야 한다.

(D) 근래 도로 체증을 해결하고 이산화탄소 배출 등 환경오염도 줄이는 녹색교통을 위해 철도건설 요구가 크게 늘어나고 있다. 하지만 이용되지도 않는 시설까지 크게 짓거나 완공 후 열차 운행이 늘지 않으면 세금을 낭비하게 된다. 철도 건설에 대한 비용편익 분석을 하면 경제성이 낮고, 비용이 많이 드니 해외 진출에도 불리하다. 철도시설공단이 60%의 재원을 부담해 건설한 경부고속철도의 부채는 15조 원에 이르는데, 채권으로 이자를 갚으니 부채는 계속 늘어난다.

① (D) − (A) − (C) − (B)
② (A) − (D) − (B) − (C)
③ (B) − (D) − (A) − (C)
④ (A) − (B) − (D) − (C)
⑤ (B) − (C) − (D) − (A)

15 다음 글을 읽고, 뒤르켐이 헤겔을 비판할 수 있는 주장으로 적절한 것은?

> 시민 사회라는 용어는 17세기에 등장했지만 19세기 초에 이를 국가와 구분하여 개념적으로 정교화한 인물이 헤겔이다. 그가 활동하던 시기에 유럽의 후진국인 프러시아에는 절대주의 시대의 잔재가 아직 남아 있었다. 산업 자본주의도 미성숙했던 때여서 산업화를 추진하고 자본가들을 육성하며 심각한 빈부 격차나 계급 갈등 등의 사회문제를 해결해야 하는 시대적 과제가 있었다. 그는 사익의 극대화가 국부를 증대해준다는 점에서 공리주의를 긍정했으나 그것이 시민 사회 내에서 개인들의 무한한 사익 추구가 일으키는 빈부 격차나 계급 갈등을 해결할 수는 없다고 보았다. 그는 시민 사회가 개인들의 사적 욕구를 추구하며 살아가는 생활 영역이자 그 욕구를 사회적 의존 관계 속에서 추구하게 하는 공동체적 윤리성의 영역이어야 한다고 생각했다. 특히 시민 사회 내에서 사익 조정과 공익 실현에 기여하는 직업 단체와 복지 및 치안 문제를 해결하는 복지 행정 조직의 역할을 설정하면서, 이 두 기구가 시민 사회를 이상적인 국가로 이끌 연결 고리가 될 것으로 기대했다. 하지만 빈곤과 계급 갈등은 시민 사회 내에서 근원적으로 해결될 수 없는 것이었다. 따라서 그는 국가를 사회 문제를 해결하고 공적 질서를 확립할 최종 주체로 설정하면서 시민 사회가 국가에 협력해야 한다고 생각했다.
>
> 한편 1789년 프랑스 혁명 이후 프랑스 사회는 혁명을 이끌었던 계몽주의자들의 기대와는 다른 모습을 보이고 있었다. 사회는 사익을 추구하는 파편화된 개인들의 각축장이 되어 있었고 빈부 격차와 계급 갈등은 격화된 상태였다. 이러한 혼란을 극복하기 위해 노동자 단체와 고용주 단체 모두를 불법으로 규정한 르샤폴리에 법이 1791년부터 약 90년간 시행되었으나, 이 법은 분출되는 사익의 추구를 억제하지도 못하면서 오히려 프랑스 시민 사회를 극도로 위축시켰다.
>
> 뒤르켐은 이러한 상황을 아노미, 곧 무규범 상태로 파악하고 최대 다수의 최대 행복을 표방하는 공리주의가 사실은 개인의 이기심을 전제로 하고 있기에 아노미를 조장할 뿐이라고 생각했다. 그는 사익을 조정하고 공익과 공동체적 연대를 실현할 도덕적 개인주의의 규범에 주목하면서, 이를 수행할 주체로서 직업 단체의 역할을 강조하였다. 뒤르켐은 직업 단체가 정치적 중간 집단으로서 구성원의 이해관계를 국가에 전달하는 한편 국가를 견제해야 한다고 보았던 것이다.

① 직업 단체는 정치적 중간집단의 역할로 빈곤과 계급 갈등을 근원적으로 해결하지 못해요.

② 직업 단체와 복지행정조직이 시민 사회를 이상적인 국가로 이끌어줄 열쇠에요.

③ 국가가 주체이기는 하지만 공동체적 연대의 실현을 수행할 중간 집단으로서의 주체가 필요해요.

④ 국가는 최종 주체로 설정한다면 사익을 조정할 수 있고, 공적 질서를 확립할 수 있어요.

⑤ 공리주의는 개인의 이기심을 전제로 하고 있기 때문에 아노미를 조장할 뿐이에요.

16 다음 글에 대한 이해를 심화 · 발전시키기 위한 활동으로 적절하지 않은 것은?

한국 춤을 흔히 멋과 흥의 춤이라고 하는데, 이것은 '일상성의 자연스런 파격'과 결부해 볼 수 있다. 한 마디로 그것은 '제멋대로'의 것이어서 강한 개성이 드러난다.

청산(靑山)도 절로절로 녹수(綠水)도 절로절로
산(山) 절로 수(水) 절로 산수간(山水間)에 나도 절로
이 중(中)에 절로 자란 몸이 늙기도 절로 하리라

자연 속에서의 원초적인 해방감은, 현실 세계 속에 세상만사를 마치 '타고 노니는' 듯한 자유로운 일탈마저 엿보게 한다. 그러나 이 일탈은 현실에서의 도피를 의미하지 않는다. 오히려 이 일탈은 단조롭고 힘겨운 일상생활을 유지할 수 있는 활력소를 제공하는 역할을 한다.

음악이나 춤에서 '타고 노니는' 구체적인 표현의 하나인 '장단을 먹어 주는' 것이나 '엇박을 타는' 것에도 어떤 일정한 규정이 있는 것은 아니다. 비교적 엄격한 틀 속에서 전래되어 온 궁중악이나 궁중 춤도 시대의 변천에 따라 또는 실현하는 사람이나 현장의 분위기에 따라 그 양상을 달리하면서 변모되어 왔다. 한국인의 미적 심성에서는 판에 박은 듯한 글씨나 그림을 높이 평가하지 않고, 도자기를 굽더라도 서로 모양이 다른 것이 나오는 것에 묘미를 느낀다. 똑같은 것을 두 번 다시 되풀이하는 것을 재미없어 하는 것이다.

같은 음악, 같은 춤을 공연하더라도 할 때마다 조금씩 다르다. 그만큼 우리 공연 예술의 특성인 일회성이 두드러진다. 또 같은 춤을 공연하더라도 고정된 것을 반복하는 녹음테이프에 맞춰 하면 춤추는 사람부터가 어딘가 어색해지고 관중도 별 흥을 느끼지 못한다. 생음악의 반주여야 하고, 그것도 춤추는 사람과 반주하는 사람이 마주보고 눈길을 서로 주고받으며 호흡을 같이 해야 제대로 판이 어우러지는 것이다. 그래서 음악과 춤이 앞서거니 뒤서거니 하면서, 때로는 음악과 춤이 전혀 제각기 제멋대로 공연되어도 좋은 것이다. 이를테면, 휘모리로 마구 몰아대는 음악 반주에 춤은 거기에 아랑곳없이 아주 느리고 태평스런 춤을 춘다든지 하는 음악과 춤의 이러한 극단적인 대비에서 오히려 역동성이 드러나고, 나아가 춤과 음악이 자유로운 불일치를 이룰 때 음악과 춤의 만남은 극치를 이루는 것이다.

이와 같은 파격적인 일탈이나 불일치는 하나의 커다란 테두리 속에 포함되어 진행됨으로써 가능한 것이며, 이를 위해서는 반주자와 공연자가 '죽이 맞아' 이미 한통속이 되어 있어야 한다.

이러한 틀은 공연현장에서의 즉흥성을 보장해준다. 우리는 이를 '통일적인 것 속의 다양성'이라고 할 수 있고, 전체 속에서의 부분이 전체를 대표할 수 있다는 '부분의 독자성'이라고 할 수 있다. 커다란 테두리 속의 즉흥성은 춤추는 이뿐만 아니라 보는 이에게까지 사람으로서 누릴 수 있는 최대한의 자유로움을 보장해 준다. 한국 춤은 즉흥적이어서 놀이 충동 속에서 창조적 개성이 '놀아난다'.

① 서민들이 즐기던 춤에 드러난 풍자적 성격을 조사해 보았다.
② 스승과 제자의 춤 공연을 공통점과 차이점에 주목하여 감상하였다.
③ 박물관에 가서 조선 시대 백자에도 파격미가 나타나는지 조사해 보았다.
④ 봉산탈춤 대본을 읽고 난 뒤, 실제 공연을 보고 대본과의 차이점을 찾아보았다.
⑤ 동일한 소재를 다룬 작가들의 작품을 찾아 그 다양성에 주목하여 감상하였다.

17 다음 글로 미루어 ㉠의 구체적 내용을 가장 적절하게 추리한 것은?

1억 6천만 년 동안 지구를 지배해오던 공룡이 6천5백만 년 전 갑자기 지구에서 사라졌다. 왜 공룡들이 갑자기 사라졌을까. 이러한 미스터리는 1820년대 공룡 화석이 처음 발견된 후 지금까지 여전히 풀리지 않고 있다. 그동안 공룡 멸종의 원인을 밝혀보려는 노력은 수없이 많았지만, 여러 멸종 이론 중 어느 것도 공룡이 왜 지구상에서 자취를 감추었는지 명쾌하게 설명하지 못했다. 하지만 대부분의 과학자는 거대한 운석이 지구에 부딪힌 사건을 공룡 멸종의 가장 큰 이유로 꼽고 있다.

과학자들은 멕시코의 유카탄 반도에서 지름이 180km나 되는 커다란 운석 구덩이의 연대를 측정했는데, 이 운석 구덩이의 생성 연대가 공룡이 멸종한 시기와 일치한다는 사실을 확인하였다. 하지만 운석이 지구와 충돌하면서 생긴 직접적 충격으로 인해 공룡을 비롯한 수많은 종이 갑자기 멸종된 것이라고 보기는 어려우며, 그 충돌 때문에 발생한 이차적 영향들이 있었을 것으로 짐작하고 있다. 그처럼 거대한 구덩이가 생길 정도의 파괴력이면 물리적 충격은 물론 지구의 대기를 비롯한 생존 환경에 장기간 ㉠ 엄청난 영향을 주었을 것이고, 그로 인해 생명체들이 멸종될 수 있다는 결론을 내린 것이다.

실제로 최근 뉴질랜드 국립 지리·핵 과학 연구소(GNS)의 조사팀은, 운석과 충돌한 지점과 반대편에 있는 '사우스' 섬의 서부 해안에서 발견된 '탄화된 작은 꽃가루들'에 대해 연구하였다. 이 연구를 통해 환경의 변화가 운석과의 충돌 지점뿐만 아니라 전 지구적으로 진행되었음을 밝혔다. 또한, 6천5백만 년 전의 지층인 K-T 퇴적층에서는 지구에는 없는 원소인 팔라듐이 다량 발견되었고, 운석에 많이 함유된 이리듐(Ir)의 함량이 지구의 어느 암석보다 높다는 사실도 밝혀졌는데, 이것 역시 '운석에 의한 충돌설'을 뒷받침한다. 그뿐만 아니라 공룡이 멸종됐던 백악기 말과 신생대 제3기 사이에 바다에 녹아있던 탄산칼슘의 용해 정도가 갑자기 증가한 것도 당시 지구에 급속한 기온의 변화가 있었다는 증거가 되고 있다.

이렇게 운석에 의한 공룡의 멸종설은 점점 설득력 있게 받아들여지고 있다. 문제는 그러한 상황에서도 살아남은 생물들이 있다는 데에 있다. 씨앗으로 동면(冬眠)할 수 있는 식물들과 비교적 조그만 동물들이, 대기권을 가득 메운 먼지로 인해 닥친 '길고 긴 겨울'의 추위를 견디고 생존하였다. 그것은 거대한 몸집의 공룡보다는 은신처와 먹잇감이 상대적으로 많았을 것이며, 생존에 필요한 기초 활동들이 공룡보다는 용이했을 것이기 때문이다.

공룡이 멸종하게 된 직접적인 이유가 운석과의 충돌에 있다고 할지라도, 결국 인간이나 공룡을 비롯한 지구상의 모든 종(種)이, 갑작스럽게 멸종하느냐 진화하면서 생존하느냐 여부는 '자연에 대한 적응력'에 달려있다고 본다. 이것이 생존의 조건인 셈인데, 환경에 대한 적응력이 뛰어나면 당연히 더 많은 생존 가능성을 가지게 되고, 새로운 환경에 적응하며 번성할 수도 있다. 적응력이 뛰어난 어떤 돌연변이의 후손들은 새로운 종으로 진화하며 생존하기도 한다. 그런데 환경의 변화가 급격한 시기에는 생명체 대부분이 변화에 적응하기가 매우 어렵다. 만일 공룡이 급변하는 환경에 대한 적응력이 뛰어났다면 살아남을 가능성이 훨씬 많았을 것이고, 그렇다면 지금껏 지구를 지배하고 있었을지도 모른다.

① 운석과의 충돌은 반대쪽에도 엄청난 반사 충격파를 전달하여 전 지구적인 화산 활동을 초래하였다.

② 운석과의 충돌은 지구의 공전궤도에 변화를 주어, 밤낮의 길이나 계절이 바뀌는 등의 환경 변화가 일어났다.

③ 운석 충돌로 발생한 먼지가 지구 대기를 완전히 뒤덮어 햇빛이 차단되었고, 따라서 기온이 급속히 내려갔다.

④ 운석과의 충돌은 엄청난 양의 유독 가스를 발생시켜, 생명체의 생존에 필요한 산소가 부족하게 되었다.

⑤ 운석 충돌의 충격으로 대륙의 형태가 변함에 따라, 다른 대륙에서 옮겨온 질병과 기생충이 기존의 생명체에 치명적으로 작용하게 되었다.

18 다음 글의 내용과 일치하지 않은 것은?

현충일은 6·25전쟁과 깊은 관련이 있는 날이다. 6·25참전용사를 비롯해 국가를 위해 희생해주신 모든 분들을 추모하는 날인 6월 6일 현충일은 1956년 4월 19일, 대통령령 제1145호로 제정되었고, 1975년 1월 27일 대통령령으로 '관공서의 공휴일에 관한 규정'이 개정되어 현충일로 공식 개칭되었고, 1982년 5월 15일 '각종 기념일 등에 관한 규정'을 개정하여 정부기념일로 제정되었다.

6월 6일이 현충일로 지정된 것은 망종(亡種)과 관련이 있기 때문이다. 예로부터 망종은 벼와 같이 수염이 있는 곡식의 종자를 뿌리기에 적당한 때로 알려져 왔는데, 농경 사회에서 보리를 수확하고 모내기를 시작하는 망종은 가장 좋은 날이기도 하다. 국가를 지킨 영웅들에 대한 예를 갖추는 일은 예부터 망종에 진행되어 왔다. 옛 기록을 보면, 고려 현종 때에는 조정에서 장병들의 뼈를 그들의 집으로 가져가서 제사 지내도록 했고, 조선시대 때는 6월 6일에 병사들의 유해를 매장했다고 한다.

그리고 현충일이 6월인 또 하나의 이유는 6월 25일에 발발한 6·25전쟁에서 가장 많은 장병들이 희생되었기 때문이다. 또한 현충일이 지정되었던 1956년의 '망종'이 때마침 6월 6일이었으며, 정부에서는 이를 고려해 매년 6월 6일을 현충기념일로 지정하게 되었다.

현재, 우리는 현충일을 떠올리면 일반적으로 '공휴일'이라는 인식을 많이 가지고 있지만 현충일은 단순히 쉬는 날이 아니다. 현충일은 지금의 대한민국을 만들어내기 위해 희생하신 순국선열 및 호국영령을 기리는 매우 중요한 날이다. 이런 의미 있는 날, 모든 관공서와 일반 가정에서 태극기를 게양한다. 그리고 오전 10시 정각 우리나라를 위해 희생하신 분들을 추모하는 시간을 갖고자 하는 의미로 전국에 사이렌이 울리고, 1분간의 묵념이 이어진다. 또한 매년 6월 6일 국립서울현충원에서 현충일 추념식이 거행된다. 추념식에는 참전국 대사, 각계대표, 시민 등이 함께 참석하며 국가와 국민을 위한 희생을 영원히 기억하고 우리 조국이 하나가 되는 시간을 갖고 있다.

① 현충일이 처음 제정된 해는 1956년이다.

② 현충일로 공식 개칭되기까지 2번의 대통령령이 있었다.

③ 조선시대 때에도 6월 6일에 병사들의 유해를 매장했다.

④ 현충일이 정부기념일로 제정된 해의 망종이 때마침 6월 6일이었다.

⑤ 매년 현충일 추념식이 거행되어 애국선열을 기리는 시간을 갖고 있다.

19 〈보기〉는 다음 글에서 쟁점이 되고 있는 문제에 대한 우리 정부의 입장이다. 이에 대한 독자의 반응으로 적절하지 않은 것은?

(가) 복제 양 돌리의 탄생을 계기로 복제 인간의 탄생 가능성이 제기되면서, 인간 복제는 윤리적으로 매우 잘못된 일이므로 이를 엄격하게 금지해야 한다는 의견이 대두하기 시작하였다. 지금까지 동물 복제의 실험 과정에서 알려진 여러 부작용을 생각할 때, 인간의 체세포를 복제해서 새로운 생명이 태어나게 하는 것은 엄격하게 규제해야 한다는 데는 이론(異論)이 있을 수 없다. 그렇다면 과학자들은 왜 굳이 인간의 배아를 복제하려고 노력하는 것일까?

인간 배아 연구를 통해 세포의 분화 과정에 관한 신비를 풀 수만 있다면 인간의 노화 현상을 규명할 수 있을 뿐만 아니라, 현대의 난치병인 암의 발생 원인을 밝혀낼 수도 있기 때문이다.

인간이 건강한 삶을 오래도록 누리게 하는 것이 의학의 목적이라면, 의학 본연의 목적에 맞게 연구를 수행하는 한편, 그 목적에서 벗어나지 않도록 감시하는 것이 과학자의 의무이다.

어떤 사람들은 인간 배아 연구의 윤리적인 문제를 제기하기도 한다. 하지만 인간 배아 연구는 일반적으로 수정 후 14일까지만 가능하도록 허용하고 있다. 14일 이후에는 장기 형성이 시작되기 때문이다. 결국, 이때까지의 인간 배아 연구는 윤리적으로 전혀 문제가 되지 않는 것이다.

또한, 많은 사람이 걱정하듯이 이 연구가 복제 인간을 만들어 내는 방향으로 가지는 않을 것이기에 인간 배아 복제 연구는 허용되어야 한다.

(나) 최근 영국 정부가 연내 의회에 제출키로 했다는, 치료 목적의 인간 배아 복제 허용 계획에 대해 즉각적으로 반응하는 것은 어찌 보면 호들갑을 떠는 것일 수도 있다. 그것은 무엇보다 이번 인간 배아 복제 기술이 개체로서의 인간을 복제하는 것은 아니기 때문이다. 그럼에도 불구하고, 이 문제가 지금 세계적으로 큰 반향을 불러일으키고 있는 이유는 그 기술의 잠재적 위험 때문이다.

인간 배아 복제 연구를 반대하는 가장 큰 이유는 배아 역시 생명을 가진 잠재적인 인간이기 때문에 이를 연구 재료로 삼아서는 안 된다는 것이다. 이것을 허용했을 경우 생명 경시 풍조가 만연할 것이 분명하기 때문이다. 또한, 인간 배아 복제의 연구는 질병 치료를 목적으로 하더라도 지금까지 발전해 온 과학 기술의 속성상 인간 개체 복제로 이어질 가능성은 매우 높다. 이 일을 우려하는 또 하나의 이유는 인간 배아 복제 기술이 상업적인 가치를 가지게 될 때, 과학자들이 기업가들의 유혹에 쉽게 흔들릴 수 있다는 것이다. 그 결과, 기업가들이 장차 이 기술을 장악하게 되고, 이를 상업적으로 이용하게 될 때 초래되는 부작용들은 우리가 우려하는 정도를 넘어설 수 있다.

결국, 생명 복제와 관련한 기술 문제는 단순한 과학이나 의학 차원의 문제가 아니다. 그것은 중대한 사회 문제인 동시에 인류의 미래를 결정짓는 문제이다. 그런데도 많은 사람이 이 문제를 과학자의 문제로만 생각하고 있다. 그러나 인류의 미래를 생각할 때, 생명 복제 기술과 그 개발 정책에 대해 일반인들도 관심을 두고 감시해야 한다.

보기

과학기술부 생명윤리자문위원회가 최근 발표한 생명윤리기본법 시안(試案)은 수정 순간부터 인간 생명이 시작된다는 것을 전제로 하고 있기에, 인간 개체 복제와 체세포핵 이식 방식의 인간 배아 복제를 금지한다는 내용을 담고 있다.

① 생명 공학 분야의 국가 경쟁력이 강화될 거야.
② 정부는 배아 복제가 윤리적으로 문제가 있다고 생각하는군.
③ 과학의 연구 활동 분야에 제한을 두겠다는 것이군.
④ 앞으로 인간 배아 복제 기술 연구에 대한 정부의 통제가 심해지겠어.
⑤ 생명의 존엄성에 대한 인식을 고취하려는 뜻을 분명히 밝혔군.

20 다음 글을 통해 답을 확인할 수 있는 질문이 아닌 것은?

> 20세기 초 갑골문의 발견은 중국 역사를 다시 생각해 볼 수 있도록 만들었다. 이 사건을 계기로 중국 역사에서 3,000여 년을 잠자고 있던 상(商)나라에 대한 연구가 활기를 띠게 되었다. 상나라는 왕과 귀족, 평민, 그리고 노예로 구성된 사회였다. 당시에는 귀족만 성(姓)을 가질 수 있었기 때문에 그들을 '백성(百姓)'이라고 불렀는데 이들은 조상에게 제사를 지내는 것으로 씨족 사회의 질서를 유지했다. 농업 같은 직접 생산에 참여한 계급은 '소인(小人)'이라고 불렸다. 소인은 일정한 규모의 토지를 점유하고 그 토지를 경작할 수 있었지만 그 대가로 공물을 납부하고 병역의 의무를 졌다. 최하층을 구성하던 계급은 '노예'였다. 이들은 대부분 전쟁 포로로 잡혀온 사람들로 '민(民)'이라고 불렸다. '민'은 소나 양처럼 일종의 재산으로 취급되었고 제사에 희생물로 바쳐지기도 했으며 주인이 사망하면 순장(殉葬)되기도 했다.
>
> 상나라를 멸망시킨 주(周)나라에서는 상나라의 '백성'에 해당하는 '귀족'을 '인(人)', '소인'을 '민(民)', '노예'를 '신(臣)'이라고 불렀다. '신'도 상나라와 마찬가지로 전쟁 포로로 구성되었는데 제사나 순장의 희생물로 바쳐지는 사례는 줄었지만 여전히 짐승처럼 취급되었다. 이처럼 주나라에서 '인'과 '민'은 상이한 계층을 가리키는 서로 다른 개념이었다. 전자가 지배층으로서 정치나 제사 등의 정신노동에 종사하는 부류였다면, 후자는 농업 등의 육체노동을 담당했던 피지배층을 가리켰기 때문이다. 따라서 고대 중국의 문헌에서 '백성'이나 '인'이란 개념을 '민'이라는 개념과 구별하지 못한다면 많은 오해와 혼란이 생길 수 있다.
>
> 주나라는 '인'과 '민'에게 각각 '예(禮)'와 '형(刑)'이라는 서로 다른 통치 수단을 사용하였다. 주나라에는 지배층 내부에 군주와 신하, 부모와 자식, 형과 동생 간의 위계와 서열에 따라 의복·음식·거주·관례·혼례·상례·제례 등에 적용되는 '예'라는 행위규범이 있었다. '예'는 지배층 내부의 위계질서를 유지하고 분열을 막기 위한 수단으로 사용되었다. 반면 '형'은 직접 생산에 참여하던 '민'에게 적용되었던 가혹한 형법으로 피지배층을 통치하는 수단으로 사용되었다. 따라서 주나라는 '예'라는 행위규범만으로 조화로운 사회를 이룩했던 이상적인 사회가 아니었다. 주나라는 피지배층이 사회 질서를 어지럽혔을 때 매우 잔혹한 육체적 형벌을 가했다. 『예기』에 따르면 피지배층이 받는 형벌 조항은 3,000가지가 넘었다고 한다. 반면 귀족이 '예'를 어겼을 때 받는 처벌은 귀족 사회 내부의 나쁜 평판으로 인한 수치심 정도의 정신적인 것에 지나지 않았다. 그런데 귀족이 '예'를 어길 경우 주나라는 왜 정신적 처벌만을 내렸던 것일까? 그것은 주나라가 '종법 사회'였기 때문이다. '종법 사회'는 가족 질서나 가족 이데올로기에 의해 국가 질서가 유지되는 사회를 말한다. 따라서 하나의 '거대 가족'이었던 지배층 내부에서는 '예'를 어겨도 가혹한 육체적 형벌을 가할 수 없었다.

① 중국 역사에서 갑골문 발견의 의의는 무엇인가?
② 주나라의 종법 사회가 붕괴된 원인은 무엇인가?
③ 상나라에서 전쟁 포로의 사회적 지위는 어떠했는가?
④ 고대 중국 문헌을 읽을 때 어떤 점에 주의해야 하는가?
⑤ 주나라에서 지배층의 분열을 방지하는 수단은 무엇이었는가?

21 다음 글에서 언급되지 않은 것은?

> 고전주의 예술관에 따르면 진리는 예술 작품 속에 이미 완성된 형태로 존재한다. 독자는 작가가 담아 놓은 진리를 '원형 그대로' 밝혀내야 하고 작품에 대한 독자의 감상은 언제나 작가의 의도와 일치해야 한다. 결국 고전주의 예술관에서 독자는 작품의 의미를 수동적으로 받아들이는 존재일 뿐이다. 하지만 작품의 의미를 해석하고 작가의 의도를 파악하는 존재는 결국 독자이다. 특히 현대 예술에서는 독자에 따라 작품에 대한 다양한 해석이 가능하다고 여긴다. 바로 여기서 수용미학이 등장한다.
>
> 수용미학을 처음으로 제기한 사람은 야우스이다. 그는 "문학사는 작품과 독자 간의 대화의 역사로 쓰여야 한다."고 주장했다. 이것은 작품의 의미는 작품 속에 갇혀 있는 것이 아니라 독자에 의해 재생산되는 것임을 말한 것이다. 이로부터 문학을 감상할 때 작품과 독자의 관계에서 독자의 능동성이 강조되었다.
>
> 야우스에 의해 제기된 독자의 역할을 체계적으로 정리한 사람이 이저이다. 그는 독자의 능동적 역할을 밝히기 위해 '텍스트'와 '작품'을 구별했다. 텍스트는 독자와 만나기 전의 것을, 작품은 독자가 텍스트와의 상호작용을 통해 그 의미가 재생산된 것을 가리킨다. 그런데 이저는 텍스트에는 '빈틈'이 많다고 보았다. 이 빈틈으로 인해 텍스트는 '불명료성'을 가진다. 텍스트에 빈틈이 많다는 것은 부족하다는 의미가 아니라, 독자의 개입에 의해 언제나 새롭게 해석될 수 있다는 것을 의미한다.
>
> 텍스트가 작품이 되기 위해서는 독자 스스로 빈틈을 채우는 '구체화 과정'이 필요하다. 가령, 시에 '갈색 커피 잔'이 나온다면, 이 잔은 색깔만 가지고 있을 뿐 크기, 무게, 모양 등은 정해져 있지 않다. 반면 실재적 대상으로서 커피 잔은 무한한 속성을 갖고 있고 그 속성들은 모두 정해져 있다. 결국 텍스트에는 정해지지 않은 부분이 있기 마련이며, 이 빈틈은 독자가 스스로 채워 넣어야 할 부분인 것이다.
>
> 여기에서 이저의 독특한 독자관이 나온다. 이저는 텍스트 속에 독자의 역할이 들어있다고 보았다. 그러나 독자가 어떠한 역할을 수행할지는 정해져 있지 않기 때문에 독자는 텍스트를 읽는 과정에서 텍스트의 내용과 형식에 끊임없이 반응한다. 이러한 상호작용 과정을 통해 독자는 작품을 재생산한다. 텍스트는 다양한 독자에 따라 다른 작품으로 태어날 수 있으며, 같은 독자라도 시간과 장소에 따라 다른 작품으로 생산될 수 있는 것이다. 이처럼 텍스트와 독자의 상호작용을 강조한 이저는 작품의 내재적 미학에서 탈피하여 작품에 대한 다양한 해석의 가능성을 열어주었다.

① 고전주의 예술관이 등장한 배경
② 고전주의 예술관에서 독자의 위상
③ 수용미학에서 작품과 독자의 관계
④ 수용미학과 이전 예술관의 차이점
⑤ 수용미학에서 작품의 재생산 방법

22 다음 글을 읽고 바르게 해석한 것은?

우리는 처음 만난 사람의 외모를 보고, 그를 어떤 방식으로 대우해야 할지를 결정할 때가 많다. 그가 여자인지 남자인지, 얼굴색이 흰지 검은지, 나이가 많은지 적은지 혹은 그의 스타일이 조금은 상류층의 모습을 띠고 있는지 아니면 너무 흔해서 별 특징이 드러나 보이지 않는 외모를 하고 있는지 등을 통해 그들과 나의 차이를 재빨리 감지한다. 일단 감지가 되면 우리는 둘 사이의 지위 차이를 인식하고 우리가 알고 있는 방식으로 그를 대하게 된다. 한 개인이 특정 집단에 속한다는 것은 단순히 다른 집단의 사람과 다르다는 것뿐만 아니라, 그 집단이 다른 집단보다는 지위가 높거나 우월하다는 믿음을 갖게 한다. 모든 인간은 평등하다는 우리의 신념에도 불구하고 왜 인간들 사이의 이러한 위계화(位階化)를 당연한 것으로 받아들일까? 위계화란 특정 부류의 사람들은 자원과 권력을 소유하고 다른 부류의 사람들은 낮은 사회적 지위를 갖게 되는 사회적이며 문화적인 체계이다. 다음에서 우리는 이러한 불평등이 어떠한 방식으로 경험되고 조직화되는지를 살펴보기로 하자.

인간이 불평등을 경험하게 되는 방식은 여러 측면으로 나눌 수 있다. 산업 사회에서의 불평등은 계층과 계급의 차이를 통해서 정당화되는데, 이는 재산, 생산 수단의 소유 여부, 학력, 집안 배경 등등의 요소들의 결합에 의해 사람들 사이의 위계를 만들어 낸다. 또한 모든 사회 에서 인간은 태어날 때부터 얻게 되는 인종, 성, 종족 등의 생득적 특성과 나이를 통해 불평등을 경험한다. 이러한 특성들은 단순히 생물학적인 차이를 지칭하는 것이 아니라, 개인의 열등성과 우등성을 가늠하게 만드는 사회적 개념이 되곤 한다.

잘 알려진 나치 치하의 유태인 대학살은 아리안 종족의 우월성에 대한 믿음에서 기인했다. 또한 한 사회에서 어떠한 가치와 믿음이 중요하다고 여겨지느냐에 따라, '얼굴이 희다'는 것은 단순히 개인의 매력을 평가하는 척도로 취급될 수 있으나, 동시에 인종적 우월성을 정당화시키는 문화적 관념으로 기능하기도 한다. '나의 조상이 유럽인이다.'라는 사실은 라틴 아메리카의 다인종 사회에서는 주요한 사회적 의미를 지닌다. 왜냐하면 그 사회에서는 인종적 차이가 보상과 처벌이 분배되는 방식을 결정하기 때문이다.

한편 불평등이 재생산되는 다양한 사회적 기제들이 때로는 관습이나 전통이라는 이름하에 특정 사회의 본질적인 문화적 특성으로 간주되고 당연시되는 경우가 많다. 불평등은 체계적으로 조직되고 개인에 의해 경험됨으로써 문화의 주요 부분이 되었고, 그 결과 같은 문화권 내의 구성원들 사이에 권력 차이와 그에 따른 폭력이나 비인간적인 행위들이 자연스럽게 수용될 때가 많다.

문화 인류학자들은 사회 집단의 차이와 불평등, 사회의 관습 또는 전통이라고 얘기되는 문화 현상에 대해 어떤 입장을 취해야 할지 고민을 한다. 문화 인류학자가 이러한 문화 현상은 고유한 역사적 산물이므로 나름대로 가치를 지닌다는 입장만을 반복하거나 단순히 관찰자로서의 입장에 안주한다면, 이러한 차별의 형태를 제거하는 데 도움을 줄 수 없다. 실제로 문화 인류학 연구는 기존의 권력 관계를 유지시켜주는 다양한 문화적 이데올로기를 분석하고, 인간 간의 차이가 우등성과 열등성을 구분하는 지표가 아니라 동등한 다름일 뿐이라는 것을 일깨우는 데 기여해 왔다.

① 자원과 권력만 공평하게 소유하게 된다면 인간은 불평등을 경험하지 않을 것이다.

② 문화 인류학자의 임무는 객관적인 입장에서 인간의 문화 현상을 관찰하는 것으로 끝나야 한다.

③ 관습이나 전통은 때로 구성원끼리의 권력 차이나 폭력을 수용하는 사회적 기제로 이용되기도 한다.

④ 두 사람이 싸우다가 당신의 나이가 몇 살이냐고 묻는 것은 단순히 생물학적 차이를 알고자 하는 것이다.

⑤ 모든 개개인의 특성이나 차이에 대한 개념은 허상에 불과하며 더 나은 평등을 위해 타파해야 할 대상이다.

23 다음 글의 글쓰기 전략을 〈보기〉에서 모두 골라 바르게 묶은 것은?

> 철학사에서 욕망은 보통 부정적인 것이며 무언가의 결핍으로 생각되어 왔다. 그러나 들뢰즈와 가타리는 욕망을 다르게 인식하였다. 그들은 욕망이 결핍과는 무관하다고 보았다. 또한 욕망은 무의식적 에너지의 능동적 흐름이며 부정적인 것이 아니라 무언가를 생산하는 긍정적인 힘이라고 생각했다.
>
> 욕망은 창조적이며 생산적인 무의식이므로 사회는 이를 자유롭게 발현할 수 있는 방법을 모색해야 하지만 권력을 가진 자는 늘 타인의 욕망을 적절히 통제하고 순응시키는 쪽으로만 전략을 수립해 왔다. 들뢰즈와 가타리는 여기에 주목했고 이러한 욕망의 통제 방식을 '코드화'라고 부르며 사회 체제가 갖는 문제점을 설명하였다.
>
> 그들에 따르면 부족을 이루며 생활했던 원시 사회부터 욕망은 통제되기 시작한다. 코드화가 이루어지는 시기인 셈이다. 하지만 이때까지는 다양한 욕망의 흐름을 각각에 어울리는 코드로 통제하는 방식이며 통제의 중심이라 할 만한 게 없는 시기이다. 욕망을 본격적으로 통제하게 되는 시기는 고대 사회이다.
>
> 여기서는 왕이 국가를 지배하며 이를 중심으로 욕망이 통제된다. 이것은 하나의 강력한 코드 아래에 다른 모든 코드들을 종속시킨다는 의미에서 '초코드화'라고 부를 수 있다. 이러한 초코드화 사회는 왕권이 붕괴되고 자본주의가 출현하기 이전까지 욕망을 다스리는 방식이었다.
>
> 현대 사회는 왕이 사라지고 코드화의 중심이 없어짐으로써 다양한 욕망이 자유롭게 충족될 수 있는 탈코드화 사회인 것처럼 보인다. 하지만 들뢰즈와 가타리는 고대 사회의 왕의 역할을 자본이 대신하며 이를 중심으로 욕망이 통제된다는 점에서 현대 사회는 오히려 어느 사회보다도 강력한 초코드화가 이루어진 사회라고 보았다. 왜냐하면 현대 사회는 겉으로는 이전 사회에서 금기시되었던 모든 욕망을 충족시켜 주는 듯 보이나 실상은 자본에 의해 욕망이 통제되고 있기 때문이다.
>
> 이처럼 들뢰즈와 가타리는 욕망의 코드화라는 개념을 적용하여 사회 체제의 변화를 설명하였고 욕망이 갖고 있는 능동성과 생성의 에너지가 상실되는 현상을 비판하였다. 이러한 제약을 해결하기 위해 그들은 코드화로부터 벗어나려는 태도가 필요하다고 보았다. 이것이 바로 '노마디즘'이다. 노마디즘은 주어진 코드에 따라 사유하고 행동하는 것이 아니라 늘 새로운 것, 창조적인 것을 찾아나서는 유목의 도(道)를 말하며 특정한 가치와 삶의 방식에 얽매이지 않고 끊임없이 새로운 자아를 찾아가는 태도를 뜻한다.

보기

ㄱ. 주요 용어의 개념을 설명하여 이해를 도모하자.
ㄴ. 문답 형식으로 화제에 대해 구체적으로 설명하자.
ㄷ. 객관적 자료를 활용하여 비판적 시각을 드러내자.
ㄹ. 특정 학자의 견해를 중심으로 세부 내용을 전개하자.

① ㄱ, ㄴ　　　　　　　　② ㄱ, ㄷ
③ ㄱ, ㄹ　　　　　　　　④ ㄴ, ㄷ
⑤ ㄴ, ㄹ

24 다음 글을 마케팅에 활용할 때, 마케팅의 대상으로 올바르지 않은 것은?

딸기에는 비타민 C가 귤의 1.6배, 레몬의 2배, 키위의 2.6배, 사과의 10배 정도 함유되어 있다. 딸기 5~6개를 먹으면 하루에 필요한 비타민 C를 전부 섭취할 수 있다. 비타민 C는 신진대사 활성화에 도움을 줘 원기를 회복하고 체력을 증진시킨다. 또한, 멜라닌 색소가 축적되는 것을 막아 기미, 주근깨를 예방해준다. 멜라닌 색소가 많을수록 피부색이 검어지므로 미백 효과도 있는 셈이다. 피부 저항력을 높여줘 알레르기성 피부나 홍조가 짙은 피부에도 좋다. 비타민 C가 내는 신맛은 식욕 증진 효과가 있고 스트레스도 해소해준다. 비타민 C만큼 풍부하게 함유된 성분이 항산화 물질인데, 이는 암세포 증식을 억제하는 동시에 콜레스테롤 수치를 낮춰주는 기능을 한다. 그래서 심혈관계 질환, 동맥경화 등에 좋고 눈의 피로를 덜어주며 시각기능을 개선해주는 효과도 있다. 딸기는 식물성 섬유질 함량도 높은 과일이다. 섬유질 성분은 콜레스테롤을 낮추고 혈액을 깨끗하게 만들어준다. 뿐만 아니라 소화 기능을 촉진하고 장운동을 활발히 해 변비를 예방한다. 딸기 속 철분은 빈혈 예방 효과가 있어 혈색이 좋아지게 한다. 더불어 모공을 축소시켜 피부 탄력도 증진시킨다. 딸기와 같은 붉은 과일에는 라이코펜이라는 성분이 들어있는데, 이 성분은 면역력을 높이고 혈관을 튼튼하게 해 노화 방지 효과를 낸다. 주의할 점은 건강에 무척 좋은 한편 당도가 높으므로 하루에 5~10개 정도만 먹는 것이 적당하다. 물론 달달한 맛에 비해 칼로리는 100g당 27kcal로 높지 않아 다이어트 식품으로 선호도가 높다.

① 잦은 야외활동으로 주근깨가 걱정인 사람
② 스트레스로 입맛이 사라진 사람
③ 콜레스테롤 수치 조절이 필요한 사람
④ 당뇨병으로 혈당 조절을 해야 하는 사람
⑤ 피부 탄력과 노화 예방에 관심이 많은 사람

25 다음 글로 볼 때, 〈보기〉에서 파악할 수 있는 내용으로 적절하지 않은 것은?

> '진실'이란, 어떤 사건이나 문제에 대해 있는 그대로의 사실을 말한다. 그러나 있는 그대로란 무엇인가? 존재하는 모든 사실을 말한다. 존재하는 모든 사실은 그 존재가 다원적(多元的)이다. 진실을 알아야 할 중요한 사실일수록 그 존재가 복잡하게 얽혀 있어 일면만 보고서는 진실을 이해할 수 없다.
>
> 언론에 있어 '진실'이란, 첫째, 부분만 보지 말고 전체를 보아야 한다는 것을 뜻한다. '진실'이 알려지는 것을 두려워하는 사람들은, 신문이 사건이나 문제의 전모(全貌)를 밝히는 것을 저지하기 위해 자기들에게 유리한 부분만을 과장하여 선전하기도 하고, 불리한 면은 은폐하여 알리지 않으려고 한다. 공정한 논평에 있어 가장 중요한 점은 사고의 자유로운 활동이다. 자기에게 불리하다고 해서 문제를 그런 식으로 생각하면 안 된다거나, 이 문제는 이런 방향, 이런 각도로만 생각해야 한다고만 주장한다면, 이것이 곧 진실과 반대가 되는 곡필논평(曲筆論評)이 된다. 곡필은 어느 선 이상은 생각을 하지 않는다는 데 그 특징이 있다. 자유롭게 다각도로 사고를 하면 진실이 밝혀지기 때문이다.
>
> 둘째, 언론에 있어 '진실한 보도와 논평'을 하기 위해서는 사물을 역사적으로 관찰할 줄 아는 안목이 있어야 한다. 어떠한 사물을 옳게 보도하거나 논평할 수 있으려면, 그 사물의 의미 또는 가치를 올바르게 평가할 수 있어야 한다. 어떠한 가치에 서서 사물을 보느냐에 따라 사람의 안목은 결정된다. 안목이 있는 사람이란 발전하는 새로운 가치의 입장에서 사물을 볼 줄 아는 사람을 말한다. 사회적 가치란 사회적 이해와 밀접한 관계가 있다. 자기의 이해관계에 따라 사물을 보는 태도가 서로 달라진다. 어떤 사람에게는 긍정적 가치인 것이 어떤 사람에게는 부정적 가치가 된다. 이것은 이해관계가 서로 다르기 때문이다. 따라서 사물을 볼 때에는 소수의 이익이 아니라 다수의 이익, 퇴보의 가치가 아니라 발전하는 가치라는 원칙에 따라 판단하고 평가해야 한다.
>
> 셋째, 사물을 볼 때에는 어느 면이 더 중요하고 어느 면이 덜 중요한지를 똑똑히 식별할 줄 알아야 한다. 사건이 발생했을 때에 가장 중요한 면이 사건의 근거가 되고, 그렇지 않은 면이 사건의 조건이 된다. 따라서 사물을 옳게 이해하려면 사물의 어떤 측면이 근거가 되고, 또 어떤 측면이 조건이 되는가를 예리하게 식별할 줄 알아야 한다.

> **보기**
>
> 길가에서 운전사들이 다투고 있다. 차가 서로 스쳐 차체가 우그러졌는데 누구에게 잘못이 있느냐로 시비를 벌이고 있다. 그러나 두 사람의 말이 다 일리가 있어 어느 쪽 말이 옳은지 분간하기가 어렵다. 우리가 일상생활에서 얼마든지 볼 수 있는 광경이다. 신문에는 날마다 몇 건의 교통사고가 보도되고, 우리는 의심 없이 그 기사 내용을 사실로 받아들이고 있다. 그러나 위의 예에서 보는 것처럼 하찮게 보이는 교통사고 보도에서조차 엄격히 따져 보면, 진실 보도가 어렵다는 것을 알 수 있다.

① 신문 기자가 쓴 사소한 한 편의 기사라도 독자들은 그 기사를 진실로 받아들인다.

② 교통사고가 났을 때에는 우선 피해를 많이 입은 차량을 중심으로 사건의 경위를 살펴야 한다.

③ 독자들은 신문을 읽을 때에도 무조건 받아들이는 자세가 아니라, 여러 면을 살피며 비판적인 시각으로 읽어야 한다.

④ 운전사들은 자기에게 유리한 부분은 과장하여 주장하고, 상대가 유리한 부분에 대해서는 애써 무시하려고 한다.

⑤ 신문 기자는 사고 당시의 정황을 정확하게 파악하기 위해서 두 운전사와 주위 사람들의 말과 그에 따른 정황을 참고하여 기사를 써야 한다.

26 다음 글의 내용에서 단속 대상에 해당하지 않는 자동차는?

현재 우리나라 자동차문화지수(교통문화본부 자료 : 한국 78.9점, 일본 160.7점, 스웨덴 124.9점)는 국민 1인당 차량보유대수와는 무관하게 선진국보다 못 미치는 것이 사실이다. 이는 급속한 경제발전과 발맞춘 자동차관리, 교통법규준수 등 교통문화정착에 대한 국가차원의 홍보부족 및 자동차소유자들의 무관심에 기인한 것으로 보인다. 실제 우리나라 차량소유자들은 자동차 사용에 따른 의무나 타인에 대한 배려, 환경오염에 따른 피해 등에 관련된 사항보다는 '어떤 자동차를 운행하는가?'를 더 중요하게 생각하고 있는 실정이다.

자동차를 타고 도로를 운행하다 보면 귀에 거슬릴 정도의 배기소음소리, 차 실내의 시끄러운 음악소리, 야간 운전 시 마주 오는 차량의 시야확보를 곤란하게 하는 밝은 전조등, 정지를 알리는 빨간색의 제동등을 검게 코팅을 하거나 푸른색 등화를 장착해서 앞차의 급정차를 미처 알지 못해 후방 추돌 사고의 위험을 초래하는 자동차, 방향지시등의 색상을 바꾸어 혼란을 주는 행위, 자동차 사고 시 인체 또는 상대방 차량에 심각한 손상을 줄 수 있는 철재 범퍼 설치, 자동차의 차체 옆으로 타이어 또는 휠이 튀어나와 보행자에게 피해를 줄 수 있는 자동차, 자동차등록번호판이 훼손되거나 봉인이 없이 운행되어 자동차관리 및 불법에 이용될 소지가 있는 자동차, 화물자동차의 적재장치를 임의로 변경하여 화물을 과다하게 적재하고 다니는 자동차 등 우리 주변에서 불법개조 자동차를 심심찮게 접할 수 있다.

하지만 지금까지 불법자동차에 대한 단속이 체계적으로 이루어지지 않아 법령위반 자동차가 급증하는 추세이며, 선량한 일반 자동차소유자를 자극하여 모방사례가 확산되는 실정이다. 이에 따라 2004년 국정감사 시에도 교통사고 발생 및 환경오염 유발 등 불법자동차 운행으로 발생하는 문제점에 대하여 논의된 바가 있다. 이러한 문제점을 해결하기 위해 정부에서는 자동차검사 전문기관인 ○○공단이 주관이 되어 법령위반 자동차의 연중 수시단속을 시행하게 되었다. 이번 불법자동차 연중 상시 단속은 ○○공단에서 위법차량 적발 시 증거를 확보하여 관할 관청에 통보하고, 해당 지방자치단체는 임시검사명령 등의 행정조치를 하고 자동차소유자는 적발된 위반사항에 대하여 원상복구 등의 조치를 하여야 한다.

① 화물자동차 물품적재장치 높이를 임의로 개조한 자동차
② 제동등과 방향지시등의 색을 파랗게 바꾼 자동차
③ 철재 범퍼를 착용한 자동차
④ 스피커를 개조하여 음악을 크게 틀어놓은 자동차
⑤ 자동차를 새로 구입하여 등록 전 임시번호판을 달아놓은 자동차

27 다음 글과 〈보기〉를 읽은 독자의 반응으로 적절하지 않은 것은?

조선 전기에 물가 조절 정책을 시행하는 기관으로 상평창이 있었다. 상평창은 곡식의 가격이 하락하면 시가보다 비싸게 쌀을 구입하였다가 곡식의 가격이 상승하면 시가보다 싸게 방출하여 백성의 생활을 안정시키려고 설치한 물가 조절 기관이다.

이 기관에서 실시한 정책은 크게 채매(採買) 정책과 창저(倉儲) 정책으로 나눌 수 있다. 채매란 국가가 물가 조절에 필요한 상품을 시장으로부터 사들이는 것을 말한다. 이때에는 주로 당시에 실질적인 화폐의 역할을 하던 면포로 상품을 구입하였다. 연산군 8년, 지주제의 발전과 상품 경제의 발달에 따라 토지를 잃은 농민들이 일자리를 찾아 서울로 몰려들어 상공업 종사자의 수가 급격히 늘어나게 되어 서울의 쌀값이 지방에 비해 2배가 올랐다. 이에 따라 조정에서는 쌀값이 비교적 싼 전라도로부터 면포를 주고 쌀을 구입하여 서울에 쌀을 풀어 쌀값을 낮추는 채매 정책을 실시하였다. 이는 면포를 기준으로 하여 쌀값이 싼 지방에서 쌀을 긴급하게 구입하여 들이는 조치로, 공간적 가격차를 이용한 것이다.

창저란 쌀을 상평창에 저장하는 것을 말한다. 세종 27년에는 풍년이 들어 면포 1필의 값이 쌀 15두였으나, 성종 1년에는 흉년이 들어 면포 1필의 값이 쌀 4~5두가 되어 쌀값이 비싸졌다. 이에 조정에서는 세종 27년에 싼 값에 쌀을 구매하여 창고에 보관하였다가 성종 1년에 시장의 가격보다 싸게 팔아 높아진 쌀의 값을 낮추는 창저 정책을 실시하였다. 또한 수해 등 자연 재해를 대비하여 평소에 지역 내의 쌀을 수매ㆍ저장해두는 것도 여기에 해당되며 시간적 가격차를 이용한 것이다.

채매와 창저는 농사의 풍ㆍ흉년에 따라 당시 화폐의 역할을 하였던 면포를 거두어들이거나 유통하여 쌀값을 안정시키고자 하는 상평창의 기능을 잘 보여주고 있다.

> **보기**
>
> 정부는 국내 물가의 상승과 이로 인한 자국의 화폐가치 급락을 우려하고 있다. 이에 정부는 외국의 값싼 생필품을 수입하고, 저장해 놓았던 곡물을 싼 값에 유통시켜 물가 상승을 억제하는 정책을 펴고 있다. 또한 중앙은행을 통해 기준 금리를 높여 시중에 풀린 자본을 흡수하여 궁극적으로 물가 안정을 도모하고 있다.

① 상평창은 〈보기〉의 '중앙은행'과 유사한 역할을 하는군.
② 풍년으로 인한 쌀값 하락은 〈보기〉의 화폐가치의 급락으로 볼 수 있군.
③ 채매(採買) 정책은 〈보기〉에서 정부가 생필품을 수입하는 것에 해당하는군.
④ 창저(倉儲) 정책은 〈보기〉에서 기준 금리를 높이는 것과 그 목적이 비슷하군.
⑤ 〈보기〉에서 저장해 둔 곡물을 유통시키는 것은 시간적 가격차를 이용한 것이군.

28 다음 빈칸에 들어갈 말로 가장 적절한 것은?

> 우리는 도시의 세계에 살고 있다. 2010년에 인류 역사상 처음으로 세계 전체에서 도시 인구수가 농촌 인구수를 넘어섰다. 이제 우리는 도시가 없는 세계를 상상하기 힘들며, 세계 최초의 도시들을 탄생시킨 근본적인 변화가 무엇이었는지를 상상하는 것도 쉽지 않다.
>
> 인류는 약 1만 년 전부터 5천 년 전까지 도시가 아닌 작은 농촌 마을에서 살았다. 이 시기 농촌 마을의 인구는 대부분 약 2천 명 정도였다. 약 5천 년 전부터 이라크 남부, 이집트, 파키스탄, 인도 북서부에서 1만 명 정도의 사람이 모여 사는 도시가 출현하였다. 이런 세계 최초의 도시들을 탄생시킨 원인은 무엇인가? 이 질문에 대해서 몇몇 사람들은 약 1만 년 전부터 5천 년 전 사이에 일어난 농업의 발전에 의해서 농촌의 인구가 점차적으로 증가해 도시가 되었다고 말한다. 과연 농촌의 인구는 점차적으로 증가했는가? 고고학적 연구는 그렇지 않다고 말해주는 듯하다. 농업 기술의 발전에 의해서 마을이 점차적으로 거대화 되었다면, 거주 인구가 2천 명과 1만 명 사이인 마을들이 빈번하게 발견되어야 한다. 그러나, 2천 명이 넘는 인구를 수용한 마을은 거의 발견되지 않았다. 이 점은 약 5천 년 전 즈음 마을의 거주 인구가 비약적으로 증가했다는 것을 보여준다.
>
> 무엇 때문에 이런 거주 인구의 비약적인 변화가 가능했는가? 이 질문에 대한 답은 사회적 제도의 발명에서 찾을 수 있다. [＿＿＿＿＿＿＿＿] 따라서 거주 인구가 비약적으로 증가하기 위해서는 사람들을 조직하고, 이웃들 간의 분쟁을 해소하는 것과 같은 문제들을 해결하는 사회적 제도의 발명이 필수적이다. 이런 이유에서 도시의 발생은 사회적 제도의 발명에 영향을 받았다고 생각할 수 있다. 그리고 이런 사회적 제도의 출현은 이후 인류 역사의 모습을 형성하는 데 결정적인 역할을 한 사건이었다.

① 거주 인구가 2천 명이 넘지 않는 마을은 도시라고 할 수 없다.

② 농업 기술의 발전에 의해서 마을이 점차적으로 거대화 되었다면, 약 1만 년 전 농촌 마을의 거주 인구는 2천 명 정도여야 한다.

③ 행정조직, 정치제도, 계급과 같은 사회적 제도 없이 사람들이 함께 모여 살 수 있는 인구 규모의 최대치는 2천 명 정도밖에 되지 않는다.

④ 2천 명 정도의 인구를 가진 농촌 마을도 행정조직과 같은 사회적 제도를 가지고 있었다.

⑤ 도시인의 삶이 정치제도, 계급과 같은 사회적 제도에 의해 제한되었다는 사실은 수많은 역사적 자료에 의해 검증된다.

29 다음 글의 주제로 가장 적절한 것은?

우리 몸속에는 체중의 0.1~0.2%에 불과한 나트륨이 들어있다. 체중이 70kg인 사람 몸에는 약 70~140g의 나트륨이 들어있는 것이다. 이렇게 우리 몸에서 매우 적은 비율을 차지하는 소금이지만 그 역할은 막대하다. 신체가 정상적인 기능을 하기 위해서는 몸 전체에 연결되어 있는 신경이 적절한 기능을 해야 한다. 이러한 신경 신호의 전달에 나트륨이 작용한다. 또한 근육의 수축에도 나트륨이 관여한다. 실제 나트륨이 없으면 신경전달에 필요한 전기 신호의 차이가 생기지 않으며 인체의 어떤 근육 기관도 작동할 수 없다. 심한 탈수 후 과도한 수분 섭취가 위험한 것은 체액의 나트륨 농도가 갑자기 낮아져 심한 경우 심장 박동과 관련된 신경전달을 하지 못하는 상황이 초래되기 때문이다.

몸속의 소금은 삼투압이라 불리는 우리 몸의 체액 농도를 유지해주는 중요한 역할을 한다. 생명을 유지하는 데 필수적인 혈액의 적혈구는 혈액의 소금 농도인 0.9%에서 제 기능을 충분히 수행하여 온몸에 산소를 원활히 공급할 수 있는 것이다. 소금기가 전혀 없는 물속에 적혈구를 넣으면 곧 터져버리고, 반대로 적혈구 내의 소금 농도보다 높은 소금물에 적혈구를 넣으면 적혈구가 쪼그라져서 제 기능을 할 수 없게 된다. 다른 체내의 세포에서도 세포 내 농도를 유지하는 가장 중요한 물질 중 하나가 나트륨이다. 그만큼 나트륨은 우리 몸의 작은 구성단위인 세포 기능을 위해 필수적인 존재이다.

소금의 염소는 위액의 염산을 만들어주는 재료로서도 중요하다. 소금이 용해되어 염소이온(Cl^-)과 혈액 속에서 생기는 수소이온(H^+)이 위벽에서 함께 배출되면서 pH 0.9~1.5 정도 되는 위산, 즉 염산을 만들어 강력한 소화작용을 할 뿐만 아니라 음식물을 통해서 들어온 세균을 죽임으로써 우리 몸의 중요한 방어체제 역할을 한다. 반면 소금의 나트륨은 이러한 위산을 중화시키는 알칼리성을 유지하는 구실을 한다. 나트륨은 체내에서 탄산과 결합하여 산을 중화시키는 중탄산염이 된다. 특히 나트륨은 쓸개즙, 이자액, 장액 등 알칼리성의 소화액 성분이 된다. 만일 소금 섭취량이 부족하면 이들의 소화액 분비가 감소하여 적절한 영양섭취가 어려울 수 있다.

또한 나트륨은 우리가 먹은 음식물이 소장에서 대장으로 운반될 때, 매일 장으로 배출된 약 9L의 물을 다시 몸 안으로 재흡수해 아주 소량만 배출되도록 하는 기전에도 관여한다. 만약 나트륨이 그 역할을 못한다면 우리는 매일 많은 양의 설사를 할 수밖에 없을 것이다. 이외에도 소금으로 섭취되는 나트륨과 염소의 역할은 너무나도 많다. 그만큼 우리 몸에 꼭 필요한 물질인 것이다.

① 나트륨 과다섭취 경계
② 현대사회에서 소금의 가치
③ 소금이 우리 몸에 미치는 영향
④ 나트륨 부족 시 나타나는 영향
⑤ 소금으로 건강을 유지하는 법

30 다음 글의 구조를 가장 바르게 분석한 것은?

㉠ 나는 주위의 부랑자들을 인간적 자료로 평가하기 시작하였다. 곧 난생 처음으로 얼굴을 뜯어보는 사람이 되었다.

㉡ 잘생긴 얼굴도 눈에 띈다. 젊은이들 중에 그런 얼굴들이 있다. 몇 사람의 중년과 노년의 얼굴은 그런대로 가꾸어져 있었다.

㉢ 그러나 대다수는 상처를 입고 찌그러져 있다. 얼굴은 많은 주름살로 구겨진데다가 부어올라 있었으며, 껍질 벗긴 건포도처럼 쭈글쭈글한 모습도 보였다.

㉣ 어떤 이의 코는 자줏빛이고 부풀어 있으며, 약간 째져 있기도 한다. 또한 어떤 코는 큰 숨구멍으로 파 있다. 많은 사람들은 이가 없었다(78명 정도). 눈들은 총기가 사라져 희미했고 충혈이 되어 있었다.

㉤ 나는 늙은이들이 그들의 나이를 주로 얼굴에 나타낸다는 사실을 보게 된 것이다.

---

①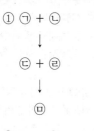

②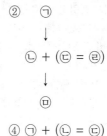

③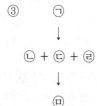

④ ㉠ + (㉡ = ㉢)
    ↓
    ㉣
    ↓
    ㉤

⑤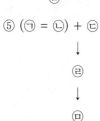

01 ㉮×24=㉯×31일 때, a에 알맞은 수는?

$$㉮ : ㉯ = 124 : a$$

① 48　　　　　　　　　　　② 62

③ 83　　　　　　　　　　　④ 96

⑤ 101

02 철수는 오후 3시에 집에서 출발하여 평지를 지나 언덕 꼭대기까지 갔다가 같은 길을 되돌아와 그날 저녁 9시에 집에 도착했다. 평지에서는 시속 4km로 걸었고, 언덕을 올라갈 때는 시속 3km, 언덕을 내려올 때는 시속 6km로 걸었다면 철수는 총 몇 km를 걸었는가?

① 6km　　　　　　　　　　② 12km

③ 18km　　　　　　　　　　④ 21km

⑤ 24km

03 320×280cm 크기의 광고판에 빈틈없이 정사각형 형태의 고정된 크기로 광고물을 붙이려고 할 때, 가장 큰 광고물의 한 변의 길이는 몇 cm인가?

① 40cm　　　　　　　　　　② 50cm

③ 60cm　　　　　　　　　　④ 70cm

⑤ 80cm

☑ 오답 Check! ○ ✕

04 A, B 두 개의 톱니가 서로 맞물려 있다. A 톱니 수는 B 톱니 수보다 20개 더 많고, A가 6회전할 때, B는 10회전한다면, A의 톱니 수는 몇 개인가?

① 35개   ② 40개

③ 45개   ④ 50개

⑤ 55개

☑ 오답 Check! ○ ✕

05 5%의 소금물 xg과 12%의 소금물 yg을 섞어서 10%의 소금물을 만들었다. $x : y$는?

① 2 : 5   ② 3 : 4

③ 4 : 7   ④ 5 : 8

⑤ 6 : 11

☑ 오답 Check! ○ ✕

06 어느 모임의 여자 회원의 수는 남자 회원의 80%이다. 남자 회원 5명이 모임을 탈퇴하고 여자 회원 1명이 새로 가입한다면 남자 회원과 여자 회원의 수가 같아진다. 이 모임의 회원 수는?

① 26명   ② 30명

③ 50명   ④ 54명

⑤ 60명

☑ 오답 Check! ○ ✕

07 철수는 기본급 80만 원에 차량 한 대당 3%의 성과급을 받는다. 차량 한 대의 금액이 1,200만 원이라면 월급을 240만 원 이상 받고자 할 때 최소 몇 대를 팔아야 하는가?

① 3대   ② 5대

③ 6대   ④ 10대

⑤ 12대

08 가로, 세로의 길이가 각각 20cm, 15cm인 직사각형이 있다. 가로의 길이를 줄여서, 직사각형의 넓이를 반 이하로 줄이려 한다. 가로의 길이는 최소 몇 cm 이상 줄여야 하는가?

① 8cm

② 10cm

③ 12cm

④ 14cm

⑤ 15cm

09 A~G의 7명의 사람이 일렬로 설 때, A와 G는 서로 맨 끝에 서고, C, D, E는 서로 이웃하여 서는 경우의 수는?

① 24가지

② 36가지

③ 48가지

④ 60가지

⑤ 72가지

10 다음과 같은 표적지에 화살을 쏘았을 때, 색칠된 부분에 맞을 확률은?(단, 화살은 무조건 표적지 내에 맞는다고 가정한다)

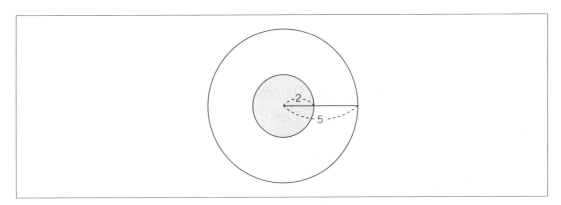

① $\dfrac{1}{5}$

② $\dfrac{2}{5}$

③ $\dfrac{2}{25}$

④ $\dfrac{4}{25}$

⑤ $\dfrac{4}{5}$

11 다음에 대한 설명으로 옳지 않은 것은?

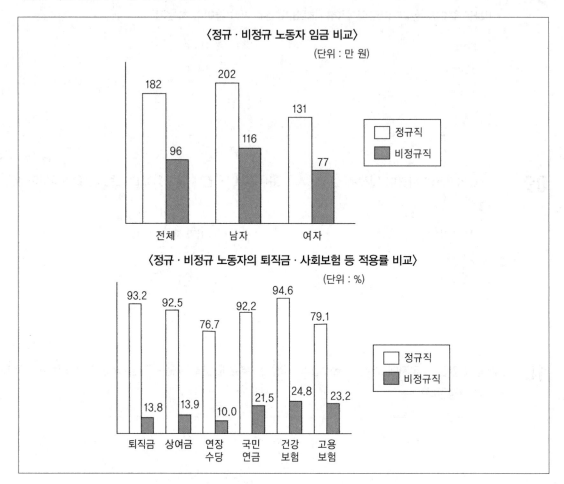

〈정규 · 비정규 노동자 임금 비교〉

(단위 : 만 원)

〈정규 · 비정규 노동자의 퇴직금 · 사회보험 등 적용률 비교〉

(단위 : %)

① 남자는 비정규직이 정규직 임금의 57.4%를 차지하고 있는 반면, 여자는 비정규직이 정규직 임금의 58.7%를 받고 있는 것으로 계산되므로 여자보다 남자의 임금격차가 더 큰 것으로 나타난다.

② 정규 · 비정규 노동자 사이의 퇴직금 · 사회보험 등의 적용률의 격차가 가장 큰 부문이 퇴직금이고, 가장 작은 부문이 고용보험이다.

③ 정규 노동자이건 비정규 노동자이건 가장 높은 적용률을 보이는 부문은 건강보험이고, 가장 낮은 적용률을 보이는 부문은 연장수당이다.

④ 앞으로 정규직 노동자와 비정규직 노동자 사이의 임금격차는 더 벌어질 것이다.

⑤ 여자 노동자가 남자 노동자에 비해 임금에서 차별을 받고 있다.

12 다음은 지역개발사업에 대한 신문과 방송의 보도내용을 사업 착공 전후로 나누어 분석하고, 이 중 주요 분야 6개를 선택하여 작성한 자료이다. 이에 대한 설명 중 옳은 것을 모두 고르면?

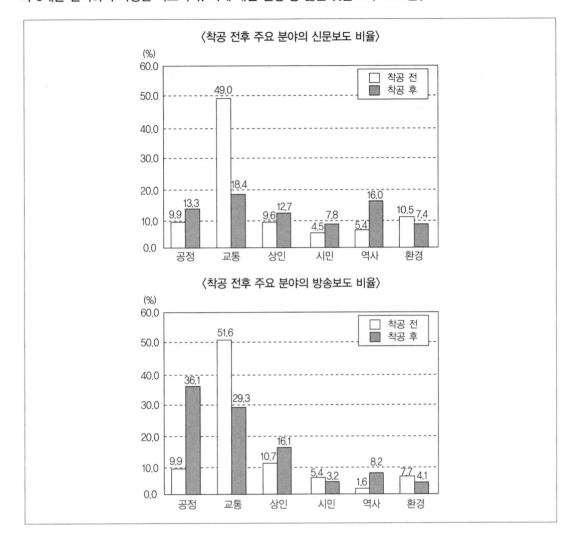

PART 2
최종점검 모의고사

보기

ㄱ 신문보도에서 착공 전에 가장 높은 보도 비율을 보인 두 분야 모두 착공 후 보도 비율이 감소했다.

ㄴ 교통은 착공 후에도 신문과 방송 모두에서 가장 많이 보도된 분야이다.

ㄷ 착공 전에 비해 착공 후 교통에 대한 보도 비율의 감소폭은 방송보다 신문에서 더 큰 것으로 나타났다.

ㄹ 착공 전 대비 착공 후 보도 비율의 증가율이 신문과 방송 모두에서 가장 큰 분야는 역사이다.

ㅁ 착공 전 교통에 대한 보도 비율은 신문보다는 방송에서 더 높은 것으로 나타났다.

① ㄱ, ㄴ, ㅁ

② ㄱ, ㄷ, ㄹ

③ ㄴ, ㄷ, ㄹ

④ ㄷ, ㄹ, ㅁ

⑤ ㄱ, ㄷ, ㄹ, ㅁ

13 다음은 K신문사의 인터넷 여론조사에서 "여러분이 길거리에서 침을 뱉거나, 담배꽁초를 버리다가 단속반에 적발되어 처벌을 받는다면 어떤 생각이 들겠습니까?"라는 물음에 대하여 1,200명이 응답한 결과이다. 이 조사 결과에 대한 해석으로 타당한 것을 고르면?

(단위 : %)

변수	응답 구분	법을 위반했으므로 처벌받는 것은 당연하다.	재수가 없는 경우라 생각한다.	도덕적으로 비난받을 수 있으나 처벌은 지나치다.
	전체	54.9	11.4	33.7
연령	20대	42.2	16.1	41.7
	30대	55.2	10.9	33.9
	40대	55.9	10.0	34.1
	50대 이상	71.0	6.8	22.2
학력	초등졸 이하	65.7	6.0	28.3
	중졸	57.2	10.6	32.6
	고졸	54.9	10.5	34.6
	대졸	59.3	10.3	35.4

① 응답자들의 준법의식은 연령이 많을수록 그리고 학력이 높을수록 높은 것으로 나타난다.

② 학력이 높을수록 도덕적으로 비난받을 수 있으나 처벌은 지나치다고 보는 응답자의 비중이 증가하고 있다.

③ '재수가 없는 경우라고 생각한다.'라고 응답한 사람의 수는 대졸자보다 중졸자가 더 많았다.

④ 1,200명은 충분히 큰 사이즈의 표본이므로 이 여론조사의 결과는 우리나라 사람들의 의견을 충분히 대표한다고 볼 수 있다.

⑤ 응답자들의 나이가 많을수록 그리고 학력이 높을수록 항목별 비율이 고르게 분포한다.

14 다음은 2013년부터 2018년까지 주요 국가들의 특허권 및 산업재산권 등록 추이를 조사한 것이다. 표를 통해 알 수 있는 내용으로 알맞은 것은?

〈주요 국가별 특허권 등록추이〉

(단위 : 건)

국가별	2013년	2014년	2015년	2016년	2017년	2018년
미국	101,419	109,646	111,984	147,520	153,487	157,496
일본	109,100	215,100	147,794	141,448	150,059	125,880
독일	56,633	55,444	55,053	51,685	49,548	41,585
프랑스	55,681	49,245	50,448	46,213	44,287	36,404
한국	12,512	16,516	24,579	52,890	62,635	34,956
영국	48,350	44,335	44,754	43,181	40,683	33,756

〈주요 국가별 산업재산권 등록추이〉

(단위 : 건)

국가별	2013년	2014년	2015년	2016년	2017년	2018년
일본	94,804	187,681	129,937	125,704	133,960	112,269
미국	55,739	61,104	61,707	80,292	83,907	85,071
한국	6,575	8,321	14,497	35,900	43,314	22,943
독일	19,727	19,770	19,521	19,271	18,811	16,901
러시아	20,861	16,489	25,644	19,215	15,362	14,444
프랑스	15,299	11,960	13,233	12,068	11,500	10,303

① 특허권 등록건수의 국가별 순위는 매년 바뀌지 않고 일정하였다.
② 매년 특허권과 산업재산권을 가장 많이 등록한 국가는 미국이다.
③ 산업재산권 등록건수의 국가별 순위는 매년 바뀌지 않고 일정하였다.
④ 미국의 특허권 및 산업재산권 등록건수는 매년 증가하였다.
⑤ 전체 특허권 및 산업재산권 등록건수는 매년 증가하였다.

15 다음은 지역별 지역총생산량에 관한 표이다. 표에 대한 설명 중 옳지 않은 것을 모두 고른 것은?

〈지역별 지역총생산량〉

(단위 : 톤, %)

구분	2013	2014	2015	2016	2017
전국	869,305	912,926	983,030	1,028,500	1,065,665
서울	208,899	220,135	236,517	248,383	257,598
	(2.2)	(4.3)	(4.4)	(3.0)	(1.7)
부산	48,069	49,434	52,680	56,182	55,526
	(3.0)	(3.4)	(4.6)	(1.0)	(−3.0)
대구	28,756	30,244	32,261	32,714	32,797
	(0.6)	(3.9)	(4.5)	(1.5)	(−4.4)
인천	40,398	43,311	47,780	47,827	50,256
	(3.7)	(6.8)	(7.4)	(1.7)	(0.8)
광주	18,896	20,299	21,281	21,745	22,066
	(6.5)	(6.5)	(3.7)	(−0.6)	(0.3)
대전	20,030	20,802	22,186	23,218	24,211
	(2.6)	(3.4)	(3.2)	(1.5)	(0.5)
울산	41,697	43,214	48,059	52,408	51,271
	(4.6)	(1.9)	(4.6)	(0.2)	(−2.9)
경기	169,315	180,852	193,658	198,948	208,296
	(11.0)	(7.7)	(6.1)	(4.0)	(0.8)

※ ( )는 성장률이다.

㉠ 2013년부터 2017년까지 지역총생산량이 가장 많은 곳은 서울이고, 두 번째는 경기이다.
㉡ 2017년 성장률이 감소한 지역의 수는 3개이다.
㉢ 2013년 성장률이 가장 높은 지역은 광주지역으로 이때의 성장률은 6.5%이다.
㉣ 2015년 인천지역은 성장률이 가장 높았기 때문에, 전년 대비 총생산 증가량도 가장 많다.

① ㉠, ㉡
② ㉢, ㉣
③ ㉠, ㉡, ㉣
④ ㉡, ㉢, ㉣
⑤ ㉠, ㉡, ㉢, ㉣

16 다음은 2019년에 조사한 각 국가들의 경제활동 참가율과 1인당 GDP의 관계를 산포도로 그린 것이다. 이에 대한 설명으로 틀린 것은?

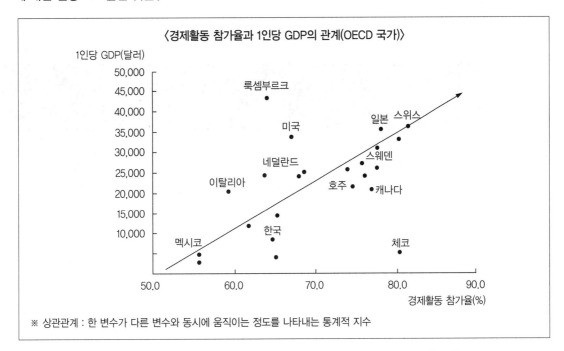

① 대체로 경제활동 참가율이 높은 나라일수록 1인당 GDP도 높은 경향을 갖는다.

② 이탈리아와 멕시코는 한국보다 1인당 GDP는 높지만, 경제활동 참가율은 낮다.

③ 1인당 GDP가 2만 달러를 넘으면서 경제활동 참가율이 70% 이상인 국가들을 보면 그렇지 않은 국가들에 비해서 경제활동 참가율과 1인당 GDP의 상관관계가 높게 나올 것이다.

④ 체코와 룩셈부르크를 제외하고 상관계수값을 다시 계산하면 상관계수값이 더 크게 나올 것이다.

⑤ 미국은 경제활동 참가율에 비해 1인당 GDP가 높은 편이다.

17 다음은 한국방송공사가 발표한 2019년 연간방송 편성비율이다. 2TV의 재방송시간 중 교양프로그램에 35%를 할애했다면 교양프로그램의 방영시간은 총 얼마인가?

〈연간방송 편성비율〉

(단위 : 분, %)

사업자명	매체	연간 유형별 방송시간과 편성비율									
		보도		교양		오락		본방송		재방송	
		시간	비율	시간	비율	시간	비율	시간	비율	시간	비율
한국방송공사	1TV	141,615	32.2	227,305	51.7	70,440	16.0	397,075	90.4	42,285	9.6
	2TV	32,400	7.4	208,085	47.8	194,835	44.8	333,320	76.6	102,000	23.4
	1라디오	234,527	44.8	280,430	53.6	8,190	1.6	449,285	85.9	73,862	14.1
	2라디오	34,548	7.2	224,928	46.7	222,314	46.1	459,785	95.4	22,005	4.6
	3라디오	111,327	24.3	285,513	62.4	60,915	13.3	310,695	67.9	147,060	32.1
	1FM	85	0.02	231,114	44.0	294,264	56.0	460,260	87.6	65,203	12.4
	2FM	82	0.02	0	0.0	523,358	100	523,440	100.0	0	0.0
	한민족1	71,868	16.4	311,792	71.2	54,340	12.4	302,160	69.0	135,840	31.0
	한민족2	44,030	14.3	237,250	77.3	25,550	8.3	230	0.1	306,600	99.9
	국제방송 (5개채널)	729,060	22.9	1,832,670	57.6	620,590	19.5	364,150	11.4	2,818,170	88.6

① 27,530분
② 30,467분
③ 35,700분
④ 38,967분
⑤ 40,120분

18 다음은 전제 제조업의 수급 BSI 실적 현황 및 전망에 대한 자료이다. 이에 대한 설명 중 옳은 것은?

〈제조업 전체 수급 BSI 실적과 전망〉

구분	2019년								2020년		
	1/4 분기		2/4 분기		3/4 분기		4/4 분기		1/4 분기		2/4 분기
	현황	(전망)	현황	(전망)	현황	(전망)	현황	(전망)	현황	(전망)	(전망)
시황	96	(102)	101	(115)	91	(111)	90	(104)	88	(89)	(104)
매출액	95	(106)	103	(120)	93	(115)	96	(108)	87	(94)	(111)
내수 (국내출하)	93	(103)	102	(116)	92	(108)	95	(104)	85	(91)	(107)
수출	95	(104)	99	(111)	95	(107)	91	(103)	91	(96)	(106)
경상이익	86	(98)	91	(104)	88	(102)	89	(98)	82	(91)	(100)
설비투자	103	(105)	101	(107)	100	(103)	99	(99)	98	(100)	(100)
설비 가동률	102	(107)	105	(117)	98	(110)	98	(104)	96	(97)	(109)
재고	103	(101)	101	(101)	102	(100)	102	(98)	101	(97)	(98)
고용	105	(106)	103	(110)	102	(105)	100	(103)	101	(100)	(102)
자금사정	90	(97)	91	(104)	87	(103)	86	(100)	85	(89)	(99)

※ 100은 전분기 대비 불변, 100보다 크면 증가(호전), 작으면 감소(악화)를 의미

① 2019년도 시황은 모든 분기에서 실적이 호전되었다.
② 2019년 경상이익에서 예측을 달성한 분기는 두 개였다.
③ 2019년 설비투자에서 예측이 들어맞은 분기는 적어도 한 개 이상이다.
④ 2020년 1/4분기에서 예측을 뛰어넘은 실적은 한 군데도 없다.
⑤ 설비가동률의 경우 예측을 달성하거나 초과한 적이 한 번 있다.

19 다음은 2006 ~ 2018년 축산물 수입 추이를 나타낸 그래프이다. 옳지 않은 것은?

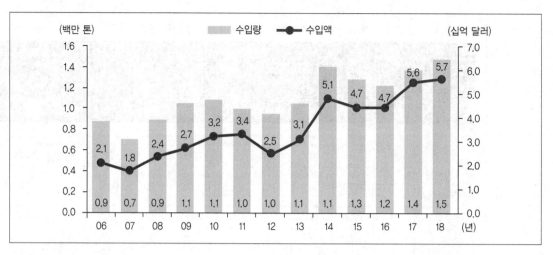

① 2018년 축산물 수입량은 2012년 대비 약 67% 증가하였다.
② 처음으로 2006년 축산물 수입액의 두 배 이상 수입한 해는 2014년이다.
③ 전년 대비 축산물 수입액의 증가율이 가장 높았던 해는 2014년이다.
④ 축산물 수입량과 수입액의 변화 추세는 동일하다.
⑤ 2006년부터 축산물 수입액은 다소 변동은 있지만 증가하는 추세이다.

20 다음은 2개의 음식점에 대한 만족도를 5개 부문으로 나누어 평가한 것이다. 옳지 않은 것은?

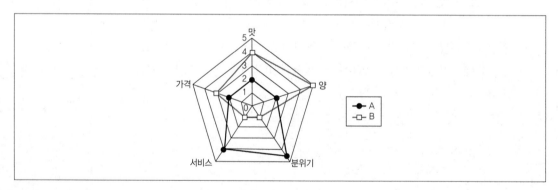

① A음식점은 2개 부문에서 B음식점을 능가한다.
② 맛 부문에서 만족도가 더 높은 음식점은 B음식점이다.
③ A와 B음식점 간 가장 큰 차이를 보이는 부문은 서비스이다.
④ B음식점은 가격보다 맛과 양 부문에서 상대적 만족도가 더 높다.
⑤ B음식점은 3개 부문에서 A음식점을 능가한다.

※ 다음은 각종 범죄 발생건수 및 검거건수에 대한 가상적인 자료이다. 물음에 답하시오. [21~22]

〈표 1〉 범죄발생건수 및 체포건수

(단위 : 건)

구분	2013년	2014년	2015년	2016년	2017년
발생건수	4,064	7,457	13,321	19,513	21,689
체포건수	2,978	5,961	6,989	16,452	5,382

〈표 2〉 범죄유형별 발생건수 비율

(단위 : %)

구분	2013년	2014년	2015년	2016년	2017년
흉악범죄	1.9	2.2	1.7	0.8	1.0
조폭범죄	3.4	2.6	1.6	1.4	1.3
절도죄	66.9	57.3	76.0	81.7	88.0
지능범죄	5.9	9.7	2.9	7.8	3.4
기타	21.9	28.2	17.8	8.3	6.3

〈표 3〉 범죄유형별 체포건수의 비율

(단위 : %)

구분	2013년	2014년	2015년	2016년	2017년
흉악범죄	3.7	3.1	3.3	3.5	4.7
조폭범죄	5.3	3.6	3.5	4.6	5.7
절도죄	55.6	49.4	56.3	56.4	57.5
지능범죄	4.7	7.4	3.1	8.3	5.9
기타	30.7	36.5	33.8	27.2	26.2

☑ 오답 Check! ○ ✕

21 2016년과 2015년의 발생건수 대비 체포건수의 비율의 차는?(단, 소수점 이하 셋째 자리에서 반올림한다)

① 31.81%p
② 31.82%p
③ 31.83%p
④ 31.84%p
⑤ 31.85%p

22 2013년부터 2017년까지 전년 대비 범죄유형별 발생건수의 비율이 가장 크게 증가했던 때의 증가량과 범죄유형별 체포건수의 비율이 가장 크게 증가했던 때의 증가량의 차는?

① 11.7%p

② 11.8%p

③ 12.9%p

④ 13.0%p

⑤ 13.1%p

※ 다음 표는 주부들을 대상으로 주52시간 근무 실시 이전의 가정의 소득 및 소비지출의 변화에 대한 설문조사 결과를 나타낸 것이며, 그래프는 실제 주52시간 근무시행 후 가계의 소득 변화가 있었는지에 대한 설문 결과이다. 물음에 답하시오. **[23~25]**

〈주52시간 근무제에 따른 가정의 소득과 소비 변화 예측 설문 결과〉

(단위 : 명)

항목	전혀 그렇지 않음	대체로 그렇지 않음	보통	대체로 그렇다	매우 그렇다
주52시간 근무제가 시행되어서 가정소득이 줄어들 것 같다.	8	21	70	56	12
주52시간 근무제가 시행된 후 부족한 소득 보충을 위해 다른 일을 찾아야 할 것이다.	40	65	33	23	8
소득이 줄더라도 주52시간 근무제의 실시를 찬성한다.	8	7	22	56	76
주52시간 근무제가 시행되어서 가정의 소비가 늘어날 것이다.	2	9	27	114	17

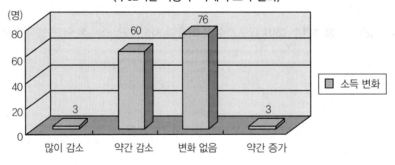

〈주52시간 시행 후 가계의 소득 변화〉

23 주52시간 근무제 실시 이후 가정의 소득이 줄어들 것 같다고 응답한 주부는 몇 %인가?

① 약 35%　　　　　　　　　　② 약 41%

③ 약 45%　　　　　　　　　　④ 약 50%

⑤ 약 52%

24 소득이 줄더라도 주52시간 근무제를 찬성한다고 응답한 주부는 몇 명인가?

① 114명　　　　　　　　　　② 126명

③ 132명　　　　　　　　　　④ 142명

⑤ 147명

25 주52시간 근무제 시행 이후 소득의 변화가 없다고 대답한 주부는 몇 %인가?

① 약 45.8%　　　　　　　　　② 약 48.6%

③ 약 53.5%　　　　　　　　　④ 약 58.1%

⑤ 약 61.3%

03 도형추리

※ 다음 제시된 도형을 〈조건〉에 따라 변화시켰을 때 물음표에 들어갈 알맞은 도형을 고르시오. [1~5]

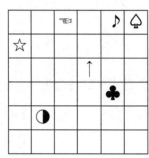

규칙 1 : 각 도형은 1초마다 아래로 한 칸씩 이동한다.
규칙 2 : 바닥에 닿은 도형은 더 이상 내려가지 않는다.

☑ 오답 Check! ○ ✕

01

조건

4초 후 → 시계 반대 방향 90° 회전 → 1초 후 → ?

①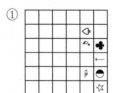

②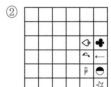

③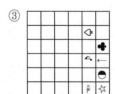

④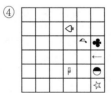

⑤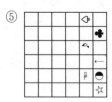

02

조건

2초 후 → 시계 반대 방향 90° 회전 → 1초 후 → 180° 회전 → ?

①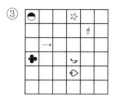

②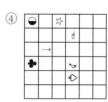

③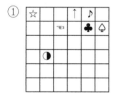

④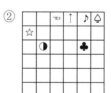

⑤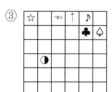

03

조건

1초 후 → 180° 회전 → 3초 후 → 180° 회전 → ?

①

②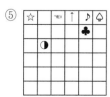

③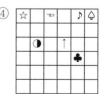

④

⑤

04

조건

2초 후 → 시계 방향 90° 회전 → 1초 후 → 시계 방향 90° 회전 → ?

①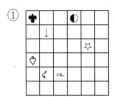

②

③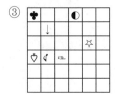

④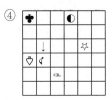

⑤

05

조건

1초 후 → 시계 반대 방향 90° 회전 → 1초 후 → 시계 방향 90° 회전 → ?

①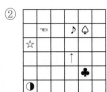

②

③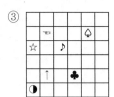

④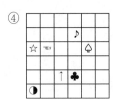

⑤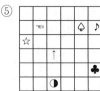

※ 다음 제시된 도형을 〈조건〉에 따라 변화시켰을 때 물음표에 들어갈 알맞은 도형을 고르시오. [6~10]

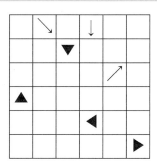

규칙 1 : 각 도형은 1초마다 아래로 한 칸씩 이동한다.

규칙 2 : 바닥에 닿은 도형은 더 이상 내려가지 않는다.

☑ 오답 Check! ○ X

06

조건

2초 후 → 시계 반대 방향 90° 회전 → 2초 후 → ?

①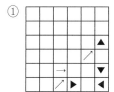

②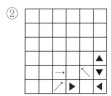

③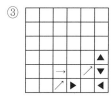

④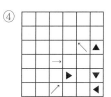

⑤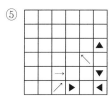

07

조건

시계 방향 90° 회전 → 2초 후 → 180° 회전 → ?

①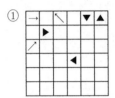

②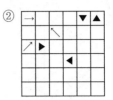

③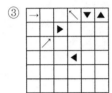

④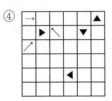

⑤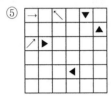

08

조건

2초 후 → 시계 방향 90° 회전 → 2초 후 → 시계 반대 방향 90° 회전 → ?

①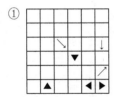

②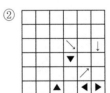

③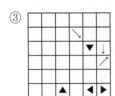

④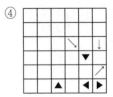

⑤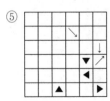

09

> **조건**
>
> 180° 회전 → 2초 후 → 180° 회전 → 2초 후 → ?

①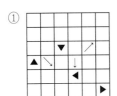

②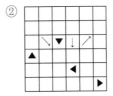

③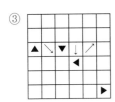

④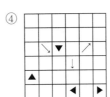

⑤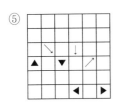

10

> **조건**
>
> 시계 반대 방향 90° 회전 → 2초 후 → 시계 방향 90° 회전 → 2초 후 → ?

①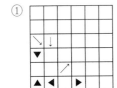

②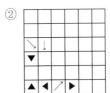

③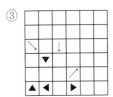

④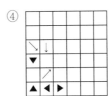

⑤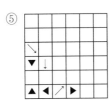

※ 다음은 두 도형을 완전히 겹쳐지게 하여 새로운 도형을 만드는 과정을 나타낸 것이다. 물음표에 들어갈 도형으로 알맞은 것을 고르시오. [11~20]

11

①

②

③

④

⑤

12

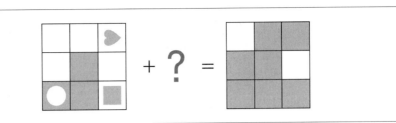

①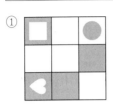

②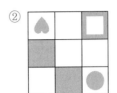

③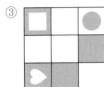

④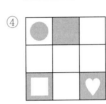

⑤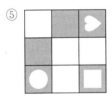

13

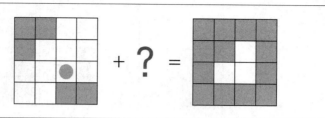

①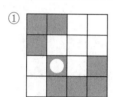

②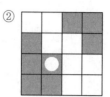

③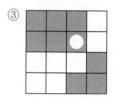

④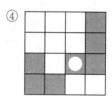

⑤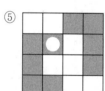

14

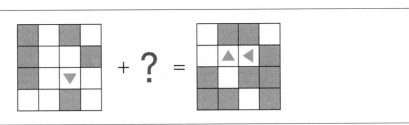

①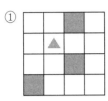

②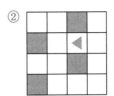

③

④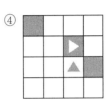

⑤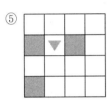

15

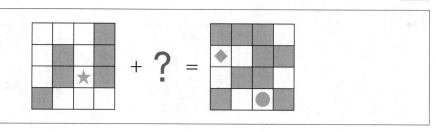

①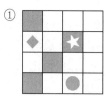

②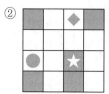

③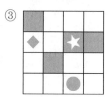

④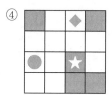

⑤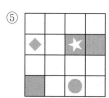

16

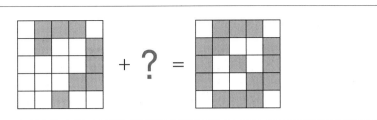

①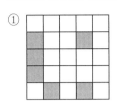

②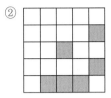

③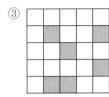

④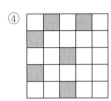

⑤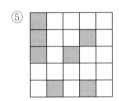

17

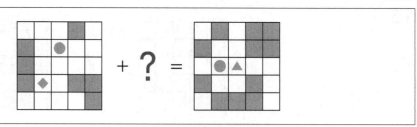

①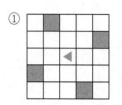

②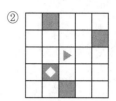

③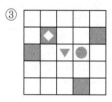

④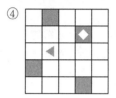

⑤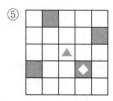

18

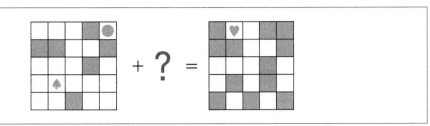

①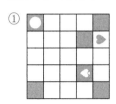

②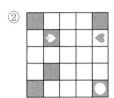

③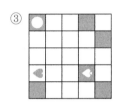

④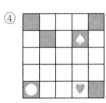

⑤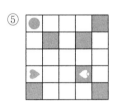

19

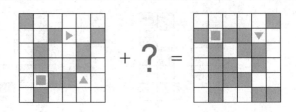

①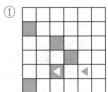

②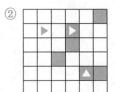

③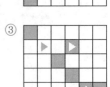

④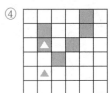

⑤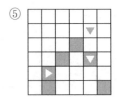

20

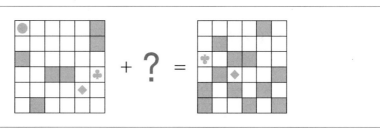

①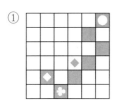

②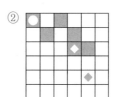

③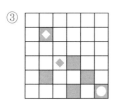

④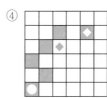

⑤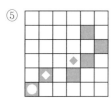

※ 다음 두 도형이 겹쳐지면 완전한 회색이 된다. 물음표에 들어갈 도형으로 알맞은 것을 고르시오(단, 각 보기의 도형은 회전이 가능하다). [21~25]

21

①

②

③

④

⑤

22

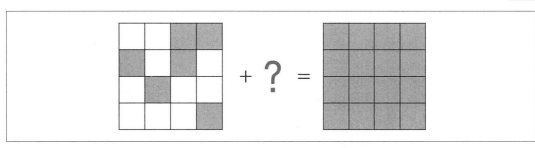

①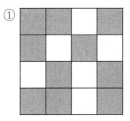

②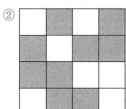

③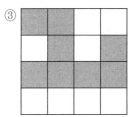

④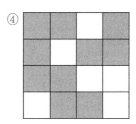

⑤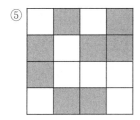

23

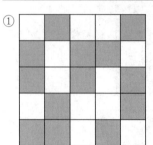
①

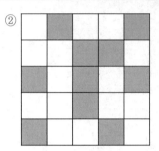
②

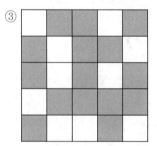
③

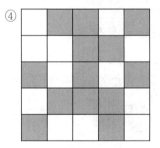
④

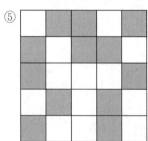
⑤

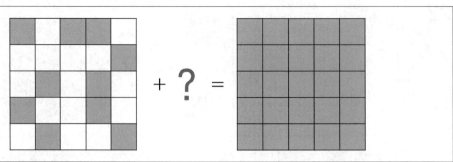

24

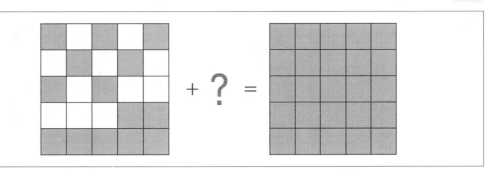

①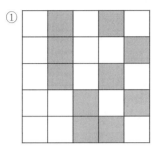

②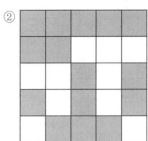

③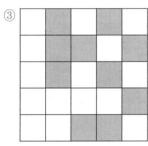

④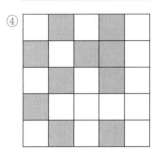

⑤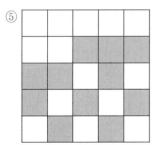

25

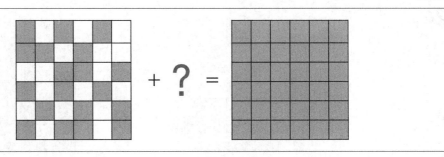

①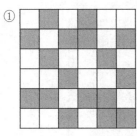

②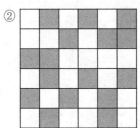

③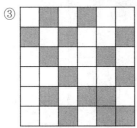

④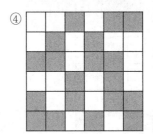

⑤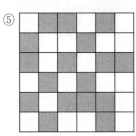

최종점검 모의고사

모바일
OMR
답안분석
서비스

🕐 응시시간 : 95분   📝 문항 수 : 80문항   정답 및 해설 p.037

01 언어능력

☑ 오답 Check! ◯ ✕

01 취업을 준비하는 A, B, C, D, E 5명이 지원한 분야는 각각 마케팅, 생산, 출판, 회계, 시설관리 중 한 곳이다. 5명은 모두 서류를 합격해 직무적성검사를 보러 가는데, 이때 지하철, 버스, 택시 중 한 가지를 타고 가려고 한다. 다음 중 옳지 않은 것은?(단, 한 가지 교통수단은 최대 두 명까지 이용할 수 있으며, 한 사람도 이용하지 않은 교통수단은 없다)

> • 택시는 생산, 시설관리, 마케팅을 지원한 사람의 회사를 갈 수 있다.
> • A는 출판을 지원했다.
> • E는 어떤 교통수단을 선택해도 지원한 회사에 갈 수 있다.
> • 지하철에는 D를 포함한 두 사람이 타며, 둘 중 하나는 회계에 지원했다.
> • B가 탈 수 있는 교통수단은 지하철뿐이다.
> • 버스와 택시가 지나가는 회사는 마케팅을 제외하고 중복되지 않는다.

① B와 D는 같이 지하철을 이용한다. ② C는 택시를 이용했다.
③ A는 버스를 이용했다. ④ E는 회계를 지원했다.
⑤ C는 생산 혹은 시설관리에 지원했다.

☑ 오답 Check! ◯ ✕

02 5층 아파트에 10명이 살고 있다. 다음 조건을 만족할 때, 각 층에 가구를 배치하는 경우의 수는 몇 가지인가?

> • 한 층에 한 가구만 산다.
> • 두 층 연속해서 같은 인원이 살지 않는다.
> • 가장 많은 구성원을 가진 가구는 4인 가구이다.
> • 5층에는 1인 가구 또는 4인 가구만 살 수 있다.

① 9가지 ② 10가지
③ 12가지 ④ 14가지
⑤ 16가지

03 5명의 취업준비생 갑, 을, 병, 정, 무가 K그룹에 지원하여 그중 1명이 합격하였다. 취업준비생들은 다음과 같이 이야기하였고, 그중 1명이 거짓말을 하였다면 합격한 학생은?

> 갑 : 을은 합격하지 않았다.
> 을 : 합격한 사람은 정이다.
> 병 : 내가 합격하였다.
> 정 : 을의 말은 거짓말이다.
> 무 : 나는 합격하지 않았다.

① 갑   ② 을

③ 병   ④ 정

⑤ 무

04 A, B, C, D, E 5명에게 지난 달 핸드폰 통화 요금이 가장 많이 나온 사람 순서대로 순위를 추측하라고 하고, 예상 순위를 물었더니 각자 예상하는 두 사람의 순위를 다음과 같이 대답하였다. 각자 예상한 순위 중 하나는 옳고 다른 하나는 옳지 않다고 한다. 이들의 대답으로 미루어 실제 핸드폰 통화 요금이 가장 많이 나온 사람은?

> A : D가 두 번째이고, 내가 세 번째이다.
> B : 내가 가장 많이 나왔고, C가 두 번째로 많이 나왔다.
> C : 내가 세 번째이고, B가 제일 적게 나왔다.
> D : 내가 두 번째이고, E가 네 번째이다.
> E : A가 가장 많이 나왔고, 내가 네 번째이다.

① A   ② B

③ C   ④ D

⑤ E

05 다음 조건을 만족할 때 항상 옳은 것은?

> **〈조건 1〉**
> • A분야 : a(남자), b(남자), c(여자)
> • B분야 : 가(남자), 나(여자)
> • C분야 : 갑(남자), 을(여자), 병(여자)
> → 4명씩 나누어 총 2팀(1팀, 2팀)으로 구성한다.
>
> **〈조건 2〉**
> (1) 같은 분야의 같은 성별인 사람은 같은 팀에 들어갈 수 없다.
> (2) 각 팀에는 분야별 적어도 한 명 이상이 들어가야 한다.
> (3) 한 분야의 모든 사람이 한 팀에 들어갈 수 없다.

① 갑과 을이 한 팀이 된다면 가와 나도 한 팀이 될 수 있다.
② 4명으로 나뉜 두 팀에는 남녀가 각각 2명씩 들어간다.
③ a가 1팀으로 간다면 c는 2팀으로 가야 한다.
④ 가와 나는 한 팀이 될 수 없다.
⑤ c와 갑은 한 팀이 될 수 있다.

06 다음 조건을 만족할 때 항상 옳은 것은?

> 7층 건물에 A, B, C, D, E, F, G가 살고, 각자 좋아하는 스포츠는 축구, 야구, 농구가 있다. 이들이 기르는 애완동물로는 개, 고양이, 새가 있다.
>
> **〈조건〉**
> • 한 층에 한 명이 산다.
> • 이웃한 사람끼리는 서로 다른 스포츠를 좋아하고 다른 애완동물을 기른다.
> • G는 맨 위층에 산다.
> • 짝수 층 사람들은 축구를 좋아한다.
> • B는 유일하게 개를 기르는 사람이다.
> • 2층에 사는 사람은 고양이를 키운다.
> • E는 농구를 좋아하며, D는 새를 키운다.
> • A는 E의 아래층에 살며, B의 위층에 산다.
> • 개는 1층에서만 키울 수 있다.

① C와 E는 이웃한다.
② G는 야구를 좋아하며 고양이를 키운다.
③ 홀수 층에 사는 사람은 모두 새를 키운다.
④ D는 5층에 산다.
⑤ 야구를 좋아하는 사람은 2명이다.

07 A, B, C, D, E, F 여섯 명이 일렬로 된 6개의 좌석에 앉아 있다. 좌석은 왼쪽부터 1번으로 시작하는 번호가 매겨져 있다. 그들이 어떻게 앉아있는지는 다음과 같다고 한다. C가 4번에 앉았을 때 항상 옳은 것은?

- D와 E는 사이에 세 명을 두고 있다.
- A와 F는 인접할 수 없다.
- D는 F보다 왼쪽에 있다.
- F는 C보다 왼쪽에 있다.

① A는 C보다 오른쪽에 앉아 있다.
② F는 3번에 앉아 있다.
③ E는 A보다 왼쪽에 앉아 있다.
④ E는 C보다 오른쪽에 앉아 있다.
⑤ D는 B보다 왼쪽에 앉아 있다.

08 사과, 딸기, 배, 메론 중 두 종류의 과일과 우유, 커피, 오렌지 주스, 녹차 중 두 개를 함께 간식으로 주려고 한다. 다음의 조건이 참일 때 포함될 가능성이 가장 높은 간식은?

- 우유와 녹차는 함께 줄 수 없다.
- 사과와 커피는 함께 줄 수 없다.
- 딸기는 간식에 꼭 포함된다.

① 오렌지 주스   ② 사과
③ 배   ④ 커피
⑤ 메론

09 용의자 1 ~ 5호 중 2명만 범인이고, 3명은 범인이 아니다. 범인은 거짓말을 하고, 범인이 아닌 사람은 진실을 말한다고 할 때 범인은 누구인가?

> • 1호는 2, 4호 중 한 명이 범인이라고 주장한다.
> • 2호는 3호가 범인이라고 주장한다.
> • 3호는 2호가 범인이라고 주장한다.
> • 4호는 1호가 범인이라고 주장한다.
> • 5호는 1호와 2호가 범인이 아니라고 주장한다.

① 1호, 2호   ② 2호, 3호
③ 3호, 4호   ④ 4호, 5호
⑤ 1호, 5호

10 연경, 효진, 다솜, 지민, 지현 5명 중에 1명이 선생님 책상에 꽃을 꽂아두었다. 이들은 아래와 같이 이야기했다. 이 가운데 두 명은 모두 거짓말을 하는 반면, 세 명은 모두 진실을 말한다고 할 때, 선생님 책상에 꽃을 꽂아둔 사람은 누구인가?

> 연경 : 선생님 책상에 꽃을 꽂아두는 것을 나와 지현이만 보았다. 효진이의 말은 모두 맞다.
> 효진 : 선생님 책상에 꽃을 꽂아둔 사람은 지민이다. 지민이가 그러는 것을 지현이가 보았다.
> 다솜 : 지민이는 꽃을 꽂아두지 않았다. 지현이의 말은 모두 맞다.
> 지민 : 선생님 책상에 꽃을 꽂아두는 것을 세 명이 보았다. 효진이는 꽃을 꽂아두지 않았다.
> 지현 : 나와 연경이는 꽃을 꽂아두지 않았다. 나는 누가 그러는 것을 보지 못했다.

① 연경   ② 효진
③ 다솜   ④ 지민
⑤ 지현

11 K사 기획부서에 근무하는 A, B, C, D, E 5명 중 2명은 L카드를 사용하고 3명은 K카드를 사용한다. L카드 이용자는 모두 30대이고 K카드를 사용하는 사람은 자동차가 있다. 다음 중 네 사람만 참을 말할 때, 거짓을 말하고 있는 사람은?

① A : C의 나이는 30대야.
② B : 나는 K카드를 사용하고 있어.
③ C : A는 L카드를 사용하고 있어.
④ D : E는 L카드를 사용하지 않아.
⑤ E : C와 D는 서로 다른 카드를 사용하고 있어.

12 다음 문장을 논리적 순서대로 알맞게 배열한 것을 고르면?

(A) 개념사를 역사학의 한 분과로 발전시킨 독일의 역사학자 코젤렉은 '개념은 실재의 지표이자 요소'라고 하였다. 이 말은 실타래처럼 얽혀 있는 개념과 정치·사회적 실재, 개념과 역사적 실재의 관계를 정리하기 위한 중요한 지침으로 작용한다. 그에 의하면 개념은 정치적 사건이나 사회적 변화 등의 실재를 반영하는 거울인 동시에 정치·사회적 사건과 변화의 실제적 요소이다.

(B) 개념은 정치적 사건과 사회적 변화 등에 직접 관련되어 있거나 그것을 기록, 해석하는 다양한 주체들에 의해 사용된다. 이러한 주체들, 즉 '역사 행위자'들이 사용하는 개념은 여러 의미가 포개어진 층을 이룬다. 개념사에서는 사회·역사적 현실과 관련하여 이러한 층들을 파헤치면서 개념이 어떻게 사용되어 왔는가, 이 과정에서 그 의미가 어떻게 변화했는가, 어떤 함의들이 거기에 투영되었는가, 그 개념이 어떠한 방식으로 작동했는가 등에 대해 탐구한다.

(C) 이상에서 보듯이 개념사에서는 개념과 실재를 대조하고 과거와 현재의 개념을 대조함으로써, 그 개념이 대응하는 실재를 정확히 드러내고 있는가, 아니면 실재의 이해를 방해하고 더 나아가 왜곡하는가를 탐구한다. 이를 통해 코젤렉은 과거에 대한 '단 하나의 올바른 묘사'를 주장하는 근대 역사학의 방법을 비판하고, 과거의 역사 행위자가 구성한 역사적 실재와 현재 역사가가 만든 역사적 실재를 의미 있게 소통시키고자 했다.

(D) 사람들이 '자유', '민주', '평화' 등과 같은 개념들을 사용할 때, 그 개념이 서로 같은 의미를 갖는 것은 아니다. '자유'의 경우, '구속받지 않는 상태'를 강조하는 개념으로 쓰이는가 하면, '자발성'이나 '적극적인 참여'를 강조하는 개념으로 쓰이기도 한다. 이러한 정의와 해석의 차이로 인해 개념에 대한 논란과 논쟁이 늘 있어 왔다. 바로 이러한 현상에 주목하여 출현한 것이 코젤렉의 '개념사'이다.

(E) 또한 개념사에서는 '무엇을 이야기하는가'보다는 '어떤 개념을 사용하면서 그것을 이야기하는가'에 관심을 갖는다. 개념사에서는 과거의 역사 행위자가 자신이 경험한 '현재'를 서술할 때 사용한 개념과 오늘날의 입장에서 '과거'의 역사 서술을 이해하기 위해 사용한 개념의 차이를 밝힌다. 그리고 과거의 역사를 현재의 역사로 번역하면서 양자가 어떻게 수렴될 수 있는가를 밝히는 절차를 밟는다.

---

① (D) − (A) − (B) − (E) − (C)

② (D) − (B) − (A) − (C) − (E)

③ (E) − (B) − (A) − (C) − (D)

④ (E) − (D) − (B) − (C) − (A)

⑤ (A) − (B) − (C) − (D) − (E)

13 다음 글을 바탕으로 〈보기〉를 이해할 때, 적절하지 않은 것은?

'은유'는 인간의 경험을 드러내고 개념화하는 인지 활동으로 목표 영역을 근원 영역에 의해서 표현하는 방식을 말한다. 이 경우, 우리가 표현하려고 하는 새롭고 추상적 경험 세계를 목표 영역이라고 하며, 기존의 구체적 경험 세계를 근원 영역이라고 한다.

(가) 인생은 나그넷길이다.

(나) 사랑에 빠지다.

(가)의 표현에서 '인생'은 목표 영역이며, '나그넷길'은 근원 영역에 해당하는데, 추상적이며 설명하기 어려운 '인생'을 우리의 일상 경험에서 쉽게 접근할 수 있는 '나그넷길'을 통하여 개념화한 것이며, (나)에서 '빠지다.'라는 표현은 일상생활에서 '액체에 빠지다.'라는 구체적인 경험을 이용한 것이다.

목표 영역과 근원 영역 간의 대응 관계에는 세 가지 특징이 있다.

첫째, 은유를 형성하는 근원 영역과 목표 영역의 경험은 대조적이다. 곧 근원 영역은 우리의 일상 경험에서부터 나온 것이므로 구체적이며 명확하고 구조화된 경험이지만 목표 영역은 추상적이며 불명확하고 구조화되지 않은 경험이다. 한편 근원 영역은 낡고 진부한 세계인 데 비하여 목표 영역은 새롭고 신선한 특징을 지닌다.

둘째, 은유에서 근원 영역과 목표 영역은 한쪽으로만 작용한다는 점에서 비대칭적이다. 곧 우리는 '나그넷길'에 의해서 '인생'을 개념화하지 '인생'에 의해서 '나그넷길'을 개념화하지는 않는다.

셋째, 근원 영역을 이용해서 목표 영역을 나타내는 것은 두 영역의 개념적인 유사성에서 비롯된 것이다. 곧 '나그넷길'과 '인생' 간에는 '출발점'에서 '종착점'이라는 여정이 있고, 여행의 동반자와 목적이 있으며 희로애락과 같은 공통된 요소들이 있다. 이 두 개념 영역 사이의 유사성을 인식해서 은유를 사용하는 것은 인간의 기본적인 능력이라 할 수 있다.

요컨대, 은유란 우리에게 익숙한 근원 영역으로써 낯선 목표 영역을 개념화하는 인지 방법이다. 은유는 복잡한 개념에 간결성을 제공하며, 표현의 신선함을 부여하는 기능을 가진다. 이러한 은유는 일상 언어에 널리 퍼져 있으며, 나아가 추상적인 세계를 개념화하는 주요한 수단이 된다.

> **보기**
>
> 논쟁은 전투이다.

① '전투'에 의해 '논쟁'이 개념화된 것이다.

② '논쟁'은 목표 영역이고 '전투'는 근원 영역이다.

③ '논쟁'과 달리 '전투'는 구조화되지 않은 경험이다.

④ '전투'는 명확한 경험이지만 '논쟁'은 불명확한 경험이다.

⑤ '논쟁'과 '전투'의 두 개념 영역 사이에 유사성이 존재한다.

14 다음 글의 내용과 일치하지 않는 것은?

비판적 사고란 주어진 틀에 따라 기계적이고 무의식적으로 사고하는 것이 아니라, 스스로 무슨 사고가 진행되고 있는지를 능동적으로 의식하면서 사고하는 행위이다. 즉, 어떤 사고를 할 때 무슨 사고를 했는지, 그 사고의 목적이 무엇인지 등을 끊임없이 스스로 묻는 반성적 사고인 것이다. 반성적 사고를 통해 획득된 지식은 상황에 맞도록 변형, 결합, 분석, 종합할 수 있는 상황 적응적인 성격을 갖고 있어 활용 가능성이 높다. 그리고 반성적 사고의 체화(體化)를 통해 궁극에 도달하면 창의적 사고가 가능해진다.

이제 반성적 사고란 무엇인지, 그 효용성을 보여줄 수 있는 예를 통해 구체적으로 알아보자. 다음 덧셈에서 알파벳 문자는 각각 무슨 숫자를 나타내는가?(단, 각 알파벳 문자는 0에서 9 사이의 어떤 수이다)

대부분의 사람들은 누구나 다 덧셈을 할 수 있다. 그런데도 [덧셈식 1]을 푼 사람과 그렇지 못한 사람이 있다. 문제를 푼 사람들의 사고 과정을 보면, 그 과정은 대체로 반복적인 덧셈 경험을 토대로 "일의 자리 두 수를 더하면 그 수는 18을 넘지 못한다."라는 결론에 도달한 후, 이것을 통해 "일의 자리 두 수를 더하면 십의 자리로 올라갈 수 있는 수는 1밖에 없다."라는 반성적 사고의 과정을 거쳤을 것이다. 즉, 암기하여 기계적으로 덧셈 계산을 반복한 사람은 문제를 풀지 못하고 반성적 사고를 한 사람이 문제를 푼 것이다.

[덧셈식 1]	[덧셈식 2]
CD	LETS
+ DX	+WAVE
DXD	LATER

[덧셈식 2]는 [덧셈식 1]의 난이도 수준을 대폭 높인 응용문제이다. 반성적 사고를 통해 [덧셈식 1]을 푼 사람은 아마도 [덧셈식 2]도 이 반성적 사고를 통해 풀 수 있을 가능성이 있지만 반드시 그런 것은 아니다. 그 이유는 지식에 대한 반성적 사고의 체화 수준이 낮기 때문이다. 덧셈의 지식을 암묵적으로 이해는 하고 있으나(또는 명시적으로 이해를 하고 있기는 해도 그것이 수동적으로 얻어졌기 때문에) 그 반성적 사고의 체화 수준이 낮은 사람들은 문제 해결에 필요한 지식이나 원리의 능동적 발견이 용이하지 못해, 이 문제를 풀기 위해 고려해야 할 복잡한 경우의 수를 모두 다 헤아리지 못하고 중도 하차할 가능성이 높다.

이것은 단순히 반성적 사고로 얻은 지식이나 원리의 이해만을 가지고는 활용 가능성이 극대화된 지식을 산출해내지는 못한다는 것을 의미한다. 따라서 창의력을 위해서는 먼저 유사 응용문제 풀이를 반성적 사고 속에서 반복적으로 수행하여 반성적 사고의 체화 단계에까지 도달하여야 한다. 그리고 이를 바탕으로 특정 영역에서 습득한 원리를 전혀 다른 새로운 영역에다 적용할 수 있는 영역 전이적 통찰력을 확보해야 한다. 다시 말해, 단순 지식의 차원을 넘어 반성적 사고를 통해 문제를 푸는 동시에, 그 반성적 사고를 체화하여 다른 영역에까지 적용할 수 있을 때 창의력을 얻을 수 있다.

① 비판적 사고는 사고의 내용, 목적 등을 끊임없이 묻는 반성적 사고이다.
② 창의적 사고는 유사 응용문제 풀이의 반복과는 관련이 없다.
③ 비판적 사고 능력의 유무는 문제 해결 능력에 영향을 준다.
④ 반성적 사고는 능동적으로 의식하며 사고하는 행위이다.
⑤ 반성적 사고를 통해 획득한 지식은 활용 가능성이 높다.

15 아인슈타인의 이론으로 볼때, ㉠의 이유로 가장 적절한 것은?

사람들은 시간과 공간의 관계를 어떻게 이해했을까? 아인슈타인이 등장하기 전까지 사람들은 시간과 공간을 독립된 것으로 여겼다. 또한 물질이 존재하지 않더라도 시간과 공간은 그 자체로 존재할 것이라고 생각했다. 이러한 인식의 바탕에는 뉴턴의 고전역학이 자리 잡고 있다. 뉴턴은 만유인력의 개념을 도입하면서 지구와 같은 물체는 다른 물체를 끌어당겨 중력을 발생시킨다고 보았다. 그런데 아인슈타인은 뉴턴의 그런 아이디어를 받아들이지 않고 중력이란 '공간의 휘어짐'이라고 주장했다.

뉴턴의 고전 역학에 따르면, 중력이 미치는 범위(중력장) 내에서는 빛이 직선 경로를 따라 전파된다. 하지만 아인슈타인은 중력장 내에서 빛은 휘어진다고 주장했다. 중력장 내에서 빛이 중력을 받아서 가속도 운동을 하기 때문이라는 것이다. 이것을 설명하기 위해 그는 어떤 물체든 그것이 공간에 실재하면 그 물체가 점유하고 있는 공간은 휘게 된다고 가정했다.

그렇다면 태양이나 지구 등과 같은 무거운 행성들도 그 무게 때문에 주위의 3차원 공간을 휘게 만들 것이다. 따라서 빛이 이 행성들 부근을 지날 때에는 직진하던 진로가 조금 틀어지게 된다. 아인슈타인의 이러한 가설은 영국의 천문학자 에딩턴이 이끄는 관측대에 의해 입증되었다. 1919년 5월 29일 지구 남반구에서 일어난 개기일식을 관측하기 위해 에딩턴의 관측대는 브라질의 수브랄과 서아프리카에 있는 프린시페라는 섬으로 떠났다. 관측대는 면밀한 관측을 통해 태양 뒤의 먼 곳에서 오던 빛이 태양 주위에서 휘며 그 휘는 정도가 아인슈타인의 예측과 일치한다는 것을 확인했다. 200여 년을 지탱해 온 뉴턴의 중력 법칙이 몰락하는 순간이었다.

중력을 아인슈타인의 견해처럼 '공간의 휘어짐'이라고 간주하면 중력장 안에서는 시간도 팽창하게 된다. 이것은 공간이 휘어져 있다는 사실로부터 자연스럽게 유도될 수 있다. 순간적으로 똑같은 빛의 신호가 주어졌다고 할 때 중력장이 없는 영역과 중력장이 있는 영역에서 빛의 경로는 서로 다르다. 즉, 중력장이 없는 영역에 있는 관측자가 볼 때 중력장이 있는 영역에서는 빛이 휘게 되어 도달하는 시간이 더 길어진다는 것을 알게 된다. 특히 ㉠ 태양계 너머 우주에서는 시간의 지체가 더 크게 일어난다.

이러한 사실을 바탕으로 아인슈타인은 중력을 '공간과 시간의 휘어짐'이라고 정의했다. 우리 태양계는 중력장이 약하기 때문에 공간과 시간의 휘어짐이 아주 미미하다. 그렇기에 우리의 감각이 미치는 범위에서는 아인슈타인의 이론과 뉴턴의 역학 사이에 눈에 띌 만한 이론적 틈새를 찾기가 힘들다. 그런데 이와 달리 블랙홀처럼 무거운 물질이 있는 태양계 밖의 우주 공간에서는 아인슈타인의 이론이 아니면 해석할 수 없는 일들이 발생한다. 거기서는 뉴턴 역학은 무용지물이다. 바로 이 때문에 아인슈타인으로 인해 인간의 감각이 확대되고 인식의 지평이 확장되었다고 이야기하는 것이다.

① 매우 무거운 물질이 존재하기 때문이다.
② 관측이 쉽지 않은 물질들이 존재하기 때문이다.
③ 운동 형태가 가변적인 물질이 존재하기 때문이다.
④ 특수한 공간을 차지하는 물질이 존재하기 때문이다.
⑤ 성격이 제대로 규명되지 않은 물질이 존재하기 때문이다.

16 다음 글을 읽은 독자가 〈보기〉에 대해 보인 반응으로 적절하지 않은 것은?

가격 결정을 자유 시장 기구에 맡기는 자본주의 시장 경제에서도 때로는 특정 상품에 대하여 그 시장 가격을 인위적으로 정하고 유지하기 위해 정부가 노력을 기울이는 수가 있다. 이렇게 정부가 어떤 특수한 목적을 달성하기 위해 직접적으로 가격 형성에 개입하는 것을 가격 통제라고 한다. 조세 부과가 시장 기구의 정상적인 작동을 바탕으로 정부가 수요나 공급에 영향을 미쳐 가격과 거래량을 변동시키는 간접적인 규제라면, 가격 통제는 시장 기구의 정상적인 작동 자체를 막으면서 정부가 가격과 거래량에 영향을 미치는 직접적인 규제이다. 이런 가격 통제의 대표적인 방법으로 최고 가격제와 최저 가격제가 있다.

상품 부족으로 물가가 치솟을 때 정부는 소비자를 보호할 목적으로 가격의 상한선을 설정하는데, 이 제도를 최고 가격제라 하고 이때 정한 가격을 최고 가격이라 한다. 최고 가격은 수요와 공급에 의해 시장에서 형성되는 균형 가격*이 너무 높을 때 설정하는 가격이기 때문에 균형 가격보다 낮다. 하지만 그렇기 때문에 시장에서는 공급 부족이 생겨 소비자들은 상품을 원하는 만큼 구입할 수 없다. 최고 가격과 균형 가격의 차이가 커질수록 공급 부족 현상은 심화된다. 이런 상태에서는 소비자들이 최고 가격보다 높은 가격을 지불하고서라도 상품을 구입하려 하기 때문에 암시장이 형성되는 문제가 야기된다. 한편 최고 가격제와는 반대로 정부가 최저 가격을 설정하고 그 이하로 가격이 내려가지 못하게 통제하는 제도를 최저 가격제라 한다. 최저 가격제를 설정하는 취지는 생산자의 이익을 보호하기 위한 것인데, 농산물 가격 지지 제도 등이 그 예이다. 하지만 최저 가격은 시장에서 형성될 균형 가격보다 높게 설정되기 때문에 초과 공급이 발생하는 문제가 야기된다.

최고 가격제하에서 생기는 문제를 해결하기 위해서 인위적인 배분 방식을 사용할 수 있는데 그 대표적인 방법이 선착순 방식과 배급제이다. 선착순 방식은 먼저 오는 소비자에게 순서대로 상품이 떨어질 때까지 판매하는 방식이고, 배급제는 각 소비자에게 배급표를 나누어 주고 그 배급표만큼 상품을 살 수 있게 하는 제도이다. 실제에 있어서는 선착순 방식과 배급제를 같이 사용하는데, 그 이유는 시간이 흘러감에 따라 공급이 줄어들기 때문이다. 공급이 줄어드는 이유는 가격이 인위적으로 낮게 묶여 있어 시간이 흐름에 따라 일부 생산자들이 그 상품의 생산을 포기하는 경우가 발생하기 때문이다.

최저 가격제하에서 생기는 문제를 해소하기 위해서 두 가지 방안을 쓸 수 있다. 첫 번째는 수요를 증가시키는 방안이고, 두 번째는 공급을 감소시키는 방안이다. 첫 번째 방안의 예로는 정부가 상품에 대한 비축 기금을 이용하여 초과 공급량을 전부 사들이거나, 정부가 빈곤층에게 초과 공급된 상품과 교환할 수 있는 상품권을 무상으로 교부하는 방법 등이 있다. 그리고 두 번째 방안의 예로는 상품 생산자에게 상품 생산량을 줄이도록 권장하면서 가동하지 않은 설비에서 생산될 상품의 가치만큼만 보장하는 방법이 있다.

*균형 가격 : 시장에서 수량량과 공급량이 일치하는 선에서 성립하는 가격. 이 균형 가격하에서의 수요량과 공급량을 균형 거래량이라 한다.

최저 임금은 도시 근로자의 평균 임금보다 매우 낮은 수준이기 때문에, 실질적으로 최저 임금제는 낮은 임금을 받는 근로자의 생활을 보장하기 위한 제도로 인식되고 있다. 그런데 경영이 악화된 일부 기업이 최저 임금이 상승하여 인건비에 부담을 느끼자 신규 채용을 줄이고 있다. 이로 인해 낮은 임금을 받는 미숙련 근로자의 취업률이 크게 줄었다.

① 최저 임금이 높아질수록 근로자들은 기업에 취직하려고 더욱 노력하겠군.

② 최저 임금제는 근로자를 위해 정부가 설정해 놓은 최저 가격제의 일종이라고 할 수 있겠군.

③ 최저 임금제는 높은 임금을 받는 숙련 근로자보다는 낮은 임금을 받는 미숙련 근로자들과 주로 관련이 있는 제도겠군.

④ 최저 임금제를 시행하면 근로자가 적극적으로 노동 시장에 참여하기 때문에 근로자에 대한 기업의 고용량은 증가하겠군.

⑤ 최저 임금제로 인해 생기는 문제를 해결하기 위해 정부가 신규 채용을 하는 기업에게 혜택을 주는 방안을 사용하는 것도 괜찮겠군.

17 다음 글을 이해한 내용으로 적절하지 않은 것은?

훈민정음이 다른 문자보다 말소리를 제대로 반영했음을 보여 주는 가장 대표적인 특징은 이른바 1자 1음, 1음 1자의 성질이다. 훈민정음은 말소리(음운)와 문자의 대응 관계가 거의 일치한다. 문자가 소리를 적고, 그 문자를 다시 소리로 내야 한다면, 한 글자가 한 음운을 나타내는 것이 가장 이상적이다. 왜냐하면 문자는 음운을 적는 수단일 뿐만 아니라, 다시 읽어야 하는 대상이기 때문이다. 영어는 한 소리가 여러 문자로 표기되거나 한 문자가 여러 소리를 낸다. 이를테면 a는 열 가지 정도, e, o는 열세 가지 정도, u는 아홉 가지 정도로 발음된다. 거꾸로 [o]라는 발음은 'all, caught, poll'에서와 같이 다양한 문자로 표기된다. 그래서 발음기호가 필요한 것이다.

이러한 영어 알파벳의 발음과 기호의 불일치는 숱하게 지적되어 왔다. 세계음성기호(IPA)는 그런 불일치를 극복하기 위해 나왔는데, 한글은 그 자체가 이런 음성기호 구실을 할 수 있는 소리 바탕 문자이다. 한글은 몇몇 예외는 있으나 한 음운이 한 문자로 표현되고(/a/ㅡㅏ), 한 문자는 한 음운(ㅏㅡ/a/)으로 나타난다. 이 원리가 지켜진다면 배우기 쉽고 표기법을 세우는 데 많은 이점이 있다.

이처럼 훈민정음이 말소리를 제대로 담아낼 수 있는 문자 시스템이 될 수 있었던 것은 말소리를 정확히 관찰해 분석해 냈기 때문이다. 문자를 만들기 위한 세밀한 과정이 '과정 층위'이다. 과정 층위에서 독특한 점은 균형 잡힌 이분법과 삼분법의 철저한 결합을 시도했다는 것이다. 이분법은 자음과 모음을 각각 문자화한 것을 말한다. 이는 다른 음운 문자와 다를 바 없다. 그러나 훈민정음은 자음과 모음이 균형을 이룬다. 영어는 26자의 자모 중에 모음이 5자(a, e, i, o, u)이고 자음이 21자이다. 이에 비해 훈민정음은 자음이 17자이고 모음이 11자로 수적으로 어느 정도 균형이 맞는다.

자음 : ㄱ ㅋ ㆁ ㄷ ㅌ ㄴ ㅂ ㅍ ㅁ ㅅ ㅈ ㅊ ㆆ ㅎ ㅇ ㄹ ㅿ
모음 : · ㅡ ㅣ ㅏ ㅓ ㅗ ㅜ ㅑ ㅕ ㅛ ㅠ

실제 쓰임새에서 영어는 자음과 모음의 배열이 들쑥날쑥하다. 'school'은 '자자자모모자'이고, 'apple'는 '모자자자모'이다. 그러나 훈민정음은 글자(음절)마다 모음이 배치되어 일종의 기준 역할을 한다. 이런 자음과 모음의 대응 관계는 자판을 통해 그 효율성이 금방 드러난다. 한글 자판은 왼쪽은 자음, 오른쪽은 모음으로 확연히 갈라져 배우기 쉽고 치기 쉽다. 이에 비해 영어 자판은 모음 글쇠 위치에 일정한 원칙이 없고, 실제 칠 때에도 'read'와 같이 오로지 왼손으로만 치는 경우도 있다. 훈민정음은 음운을 초성, 중성, 종성으로 나누되, 문자는 초성자와 종성자를 같게 만든 이원적 삼분법으로 되어 있다. 오늘날의 두벌식 표준화 자판은 훈민정음의 이런 중층(이분법과 삼분법) 속성 때문에 이루어진 것이라고 볼 수 있다. 결국 세종이 초성, 중성, 종성의 삼분법을 문자 창제의 주요 원리로 삼은 것은 탁월한 식견이었고, 훈민정음의 폭넓은 음역의 원동력이 되었다. 우리나라 말처럼 '초ㅡ중ㅡ종' 삼분법으로 발달되어 있는 언어는 드물다. 이러한 삼분법은 보편적인 자음, 모음의 이분법과는 또 다른 소리 문화의 특수성에 해당한다.

① 음운 문자는 자음과 모음을 각각 문자화한 것이다.
② 모음자의 개수에 따라 문자의 우열을 나눌 수 있다.
③ 영어 한 단어를 받아 쓸 경우, 철자가 다를 경우가 있다.
④ 훈민정음은 소리를 적고, 표기한 것을 그대로 읽을 수 있다.
⑤ 훈민정음은 말소리를 정확하게 관찰하고 분석한 뒤에 만들어졌다.

18 다음 글의 논지 전개 방식으로 가장 적절한 것은?

소득 수준이 높아지면 당연히 건강하고 풍요로운 삶에 대한 관심이 싹튼다. 하지만 우리 사회의 웰빙(Well-being) 열풍은 약간 다른 뿌리에서 나왔다. 한때 한강의 기적으로 일컬어지며 다른 개발도상국의 부러움을 샀던 우리나라는 외환위기 이후 경기가 위축되면서 가장 좋은 투자는 자신과 가족의 건강에 대한 투자라는 인식이 확산되었다. 따라서 한국식 웰빙은 공동체적 즐거움보다 자신과 가족의 건강과 행복에 더 큰 가치를 두는 지극히 개인적이고 자기중심적인 삶을 추구하는 방향으로 발전하였다. 물론 이 같은 웰빙 열풍이 소비 경향으로 정착된 데에는 변화를 재빨리 감지하여 판매 전략에 활용한 기업들의 역할도 무시할 수 없다. 웰빙의 또 다른 배경은 고령화다. 고령화 추세에 따라 기존의 질병에 대한 치료의 개념을 넘어서는 종합적이고 적극적 접근방식인 예방의 개념이 중요한 문제로 제기되었다. 이제는 자신과 가족의 건강이 사회적인 관심사로 떠올랐고, 이것이 웰빙의 확산을 가속화시켰다.

그러나 웰빙의 개념이 우리나라에서 시작된 것은 아니다. 소득 수준이 높아짐에 따라 건전하고 건강한 삶을 추구하는 경향은 선진국에서 먼저 시작됐다. 한국식 웰빙이 사회 · 경제적 어려움에서 도피하려는 탈출구로 나타난 것이라면, 선진국에서는 물질적 풍요에서 비롯된 과도한 배금주의 현상과 개인주의 성향에서 벗어나려는 동기가 강했다. 따라서 웰빙을 추구하는 방식도 우리와는 달리 정신건강과 행복, 여유 및 공동체적 삶을 추구하려는 노력으로 나타났다.

대표적인 선진국형 웰빙이 바로 미국식 웰빙인 '로하스(Life Of Health And Sustainability : LOHAS)'다. 로하스는 자신과 가족의 신체적 · 정신적인 건강은 물론, 환경이나 사회 정의 및 지속 가능한 소비에 높은 가치를 두고 생활하는 사람들의 삶의 방식을 말한다. 여기서 지속 가능하다는 것은 환경을 파괴하지 않고도 자원을 개발하고 발전을 추구할 수 있다는 것이다. 소비자만 지속 가능한 소비를 하는 것이 아니라 기업도 지속 가능한 경영을 해야 한다는 이야기다.

이처럼 한국식 웰빙과 로하스는 분명한 차이가 있다. 한국식 웰빙이 개인적이며 자기중심적인 소비 욕구를 반영하고 있는 데 반해, 로하스는 다분히 이타적이고 공동체적이다. 예를 들어 시장에서 물건을 사도 한국식 웰빙은 자신과 가족의 건강을 위해 제품을 구입하지만, 로하스는 자신의 이웃과 다음 세대를 생각하며 구입하는 것이다. 당연히 일회용품의 사용을 자제하고 재활용 제품에 관심을 갖는다. 지속 가능한 성장과 지구 환경을 보존하자는 개념이 나와 내 가족만의 건강보다 우선시되기 때문이다. 따라서 한국식 웰빙은 환경의 중요성은 알고 있으나 환경 보존을 위해 고가의 친환경 제품까지는 구매하지 않지만, 로하스는 환경을 위해서는 생활의 불편뿐 아니라 더 비싼 가격까지도 감수하며 사회 · 경제 · 환경적 토대를 위태롭게 하지 않는다.

어떤 이들은 한국식 웰빙의 성격과 특성이 결국 미국식 로하스로 변화하게 될 것이라고 전망한다. 그러나 웰빙의 뿌리가 다른 탓에 로하스로 쉽게 변화하지 않을 것이라는 전망도 있다. 과연 한국식 웰빙은 어떻게 진화할까?

① 유추를 통해 대상의 속성을 드러내고 있다.
② 대조의 방법을 통해 대상의 특징을 밝히고 있다.
③ 전문가의 견해를 인용하여 주장을 강화하고 있다.
④ 가설을 설정한 후 주장의 타당성을 검증하고 있다.
⑤ 기존 주장의 문제점을 분석하고 대안을 제시하고 있다.

19 다음 글의 내용과 일치하는 것은?

어떤 연구자들은 동성애가 어린 시절 경험의 결과라고 생각한다. 이들에 따르면, 특정한 유형의 부모가 자녀를 양육할 경우, 그 자녀가 동성애자가 될 가능성이 높다는 것이다. 이를 입증하기 위해, 수백 명의 동성애 남성과 여성을 대상으로 대규모 연구가 실시되었다. 그 결과 동성애자가 강압적인 어머니와 복종적인 아버지에 의해 양육되었다는 아무런 증거도 발견하지 못하였다.

그 후 연구자들은 동성애의 원인으로 뇌에 주목했다. 몇몇 연구에서 이성애 남성과 동성애 남성, 이성애 여성의 뇌를 사후에 조사하였다. 이들의 뇌는 시교차 상핵, 성적 이형핵, 전교련이라는 뇌 부위에서 차이가 있었다. 예를 들어 시교차 상핵은 동성애 남자가 더 크고, 이성애 남성과 이성애 여성은 그보다 작았다. 그러나 이러한 뇌 영역 및 그 크기의 차이가 인간의 성적 방향성과 직접적인 인과 관계를 맺고 있다는 증거는 아직까지 발견되지 않았다. 오히려 개인의 성적 방향성이 뇌 구조에 후천적으로 영향을 미쳤을 가능성이 제기되었다. 그렇다면 뇌 구조의 차이가 성적 방향성의 원인이라기보다는 그 결과일 수 있다.

최근 성적 방향성이 출생 전 호르몬 노출과 관련된다는 사실이 밝혀졌다. 안드로겐 호르몬은 출생 전 태아의 정소에서 분비되는 호르몬 중 하나이다. 이 안드로겐 호르몬의 노출 정도가 남성화 수준과 남성의 성적 방향성을 결정하는 요인 중 하나이다. 이러한 연구 결과에 따른다면, 실제로 성적 방향성의 원인이 되는 차이가 발생하는 곳은 뇌가 아닌 다른 영역일 가능성이 높다.

실험실 동물을 이용한 또 다른 연구에서는 출생 전 스트레스가 성숙한 후의 성행동에 영향을 미칠 수 있음이 밝혀졌다. 임신한 쥐를 구금하거나 밝은 빛에 노출시켜 스트레스를 유발하는 방식으로, 수컷 태아의 안드로겐 생산을 억제시키는 스트레스 호르몬을 방출하도록 하였다. 그 결과 스트레스를 받은 어미에게서 태어난 수컷 쥐는 그렇지 않은 쥐에 비하여 수컷의 성 활동을 덜 나타내는 경향이 있었다. 다른 연구에서는 출생 전 스트레스가 성적 이형핵의 크기를 축소시킨다는 사실을 발견했다. 성적 이형핵의 크기를 비교해보면, 이성애 남성에게서 가장 크고 동성애 남성과 이성애 여성은 상대적으로 작다.

성적 방향성을 결정짓는 또 다른 요인은 유전이다. 동성애가 유전적 근거를 갖는다면, 쌍생아의 경우 둘 중 한 사람이라도 동성애자인 집단에서 둘 다 동성애자로 일치하는 비율은 일란성 쌍생아의 경우가 이란성 쌍생아의 경우보다 높아야 한다. 조사 결과, 남성 쌍생아의 경우 일란성 쌍생아의 동성애 일치 비율은 52%인 반면 이란성 쌍생아의 경우 22%였다. 여성의 경우 일란성 쌍생아의 동성애 일치 비율은 48%이고, 이란성 쌍생아의 경우 16%였다.

① 뇌의 시교차 상핵과 성적 이형핵의 크기 차이가 남성의 성적 방향성을 결정하는 요인 중 하나이다.

② 출생 전 특정 호르몬에 얼마나 노출되었는지가 남성의 성적 방향성을 결정하는 요인 중 하나이다.

③ 어린 시절 부모의 억압적 양육과 특정 유형의 편향된 상호작용이 동성애를 결정하는 요인 중 하나이다.

④ 출생 전 스트레스는 성적 이형핵의 크기를 축소시켜 그 부위에서 생성되는 안드로겐 호르몬의 양을 감소시킨다.

⑤ 일란성 쌍생아의 동성애 일치 비율은 남성이 여성에 비해 동성애를 후천적으로 선택하는 비율이 높다는 것을 보여준다.

20 다음 글의 필자가 주장할 만한 내용으로 보기 어려운 것은?

> 학교에서 우리의 학생들은 책을 읽는 법, 즉 책에 대해 말하는 법은 배우지만 묘하게도 읽지 않은 책에 대해 의사를 표현하는 법은 그들의 학습 프로그램에서 찾아볼 수 없는데, 이는 어떤 책에 대해 말을 하기 위해서는 반드시 그 책을 읽어야 한다는 가정이 한 번도 의문시되지 않았음을 말해준다. 그렇다면 그들이 어떤 시험에서 알지 못하는 어떤 책에 대한 질문을 받고 자신들의 견해를 표명하기 위한 어떤 방도도 찾아낼 수 없을 때 혼란에 빠진다고 해서 어찌 놀랄 수 있겠는가?
>
> 그런 혼란은 책을 신성시하는 태도에서 벗어나게 해주는 역할을 교육이 충분히 수행하지 못해 '책을 꾸며낼' 권리가 학생들에게 주어지지 않았기 때문에 빚어지는 일이다. 텍스트에 대한 존중과 수정 불가의 금기에 마비당한 데다 텍스트를 암송하거나 그것이 담고 있는 내용을 알아야 한다는 속박으로 인해, 너무나 많은 학생이 자신들의 내적 일탈 능력을 상실하고 상상력이 유익할 수 있는 상황에서도 자신들의 상상력에 호소하는 것을 금해버린다.
>
> 책이란 읽을 때마다 다시 꾸며지는 것이란 점을 그들에게 알려주는 일은 별 피해 없이, 심지어는 이득을 얻기까지 하며, 여러 가지 곤란한 상황에서 벗어날 수 있는 수단을 그들에게 제공해주는 것이라 할 수 있다. 알지 못하는 것에 대해 통찰력 있게 말할 줄 안다는 것은 책들의 세계를 훨씬 웃도는 가치가 있다. 많은 작가의 예를 통해 알 수 있듯이 교양 전체는 담론과 그 대상 간의 연관을 끊고 자기 이야기를 하는 능력을 보이는 이들에게 열리는 것이다.

① 교육은 피교육자들이 작품들에 대해 충분한 자유를 누리면서 그들 자신이 작가나 예술가가 될 수 있도록 도와주는 방향을 지향해야 한다.

② 독서는 단순히 어떤 텍스트를 인식하는 것, 혹은 어떤 지식을 습득하는 것만은 아니다. 읽기가 시작되는 순간부터 어쩔 수 없는 망각의 흐름 속으로 들어가는 것이 또한 독서다.

③ 교양을 쌓았다는 것은 이런 저런 책을 읽었다는 것이 아니라 그것들 전체 속에서 길을 잃지 않을 줄 안다는 것, 즉 그것들이 하나의 앙상블을 이루고 있다는 것을 알고, 각각의 요소를 다른 요소들과의 관계 속에 놓을 수 있다는 것이다.

④ 독서의 패러독스는 자기 자신을 향한 길이 책을 통해 이루어지지만 그저 통과만 하고 말아야 한다는 점이다. 각각의 책이 자기 자신의 일부를 내포하고 있으며 그에게 길을 열어줄 수 있다는 사실을 아는 훌륭한 독자, 그런 독자에게 책들에 멈추지 않는 지혜가 있다면 아마도 그는 바로 그런 '책 가로지르기'를 행할 것이다.

⑤ 왜 책을 읽어야 하는지는 우리 삶에 결여된 무엇이, 한마디로 욕망이라고 하기보다는 어떤 빈틈이 있기 때문이다. 그 빈틈을 욕망이라고 불러도 좋고 재미없는 일상이라고 해도 좋고 회의하는 인간의 본성이라고 해도 좋을 것이다. 하여튼 더 나은 상태를 바라지만 채워지지 않는 공간이 우리를 책읽기로 이끌어간다.

※ 다음 문장을 논리적 순서대로 바르게 배열한 것을 고르시오. [21~24]

21

(A) 이렇게 전류를 한 방향으로만 흐르게 하는 작용을 정류라 한다.
(B) 2극 진공관은 진공 상태의 유리관과 그 속에 들어 있는 필라멘트와 금속판으로 이루어져 있다.
(C) 이때 금속판에 (+)전압을 걸어 주면 전류가 흐르고, 반대로 금속판에 (−)전압을 걸어 주면 전류가 흐르지 않게 된다.
(D) 진공관 내부의 필라멘트는 고온으로 가열되면 표면에서 전자(−)가 방출된다.

① (B) − (D) − (C) − (A)
② (A) − (C) − (D) − (B)
③ (B) − (A) − (C) − (D)
④ (A) − (D) − (C) − (B)
⑤ (B) − (C) − (A) − (D)

22

(A) '혁신의 확산'이란 특정 지역이나 사회 집단의 문화나 기술, 아이디어가 시간의 경과에 따라 다른 지역 또는 사회 집단으로 전파되는 과정을 말한다.
(B) 심화 · 포화기에는 최초 발생원과의 거리에 관계없이 전 지역에서 혁신의 확산이 이루어지고 수용률에서 지역 간의 격차가 점차 사라진다.
(C) 혁신의 발생기에는 혁신 발생원과 가까운 지역에서 혁신이 이루어지는 반면, 먼 지역에서는 혁신이 이루어지지 않기 때문에 혁신 수용률에서 지역 간의 격차가 크게 나타난다.
(D) 확산기에는 초기의 혁신 수용 지역에서 먼 지역까지 혁신의 확산이 일어난다.
(E) 지리학에서는 혁신의 확산이 시공간적인 요인에 따라 이루어진다고 보고 시간에 따른 공간 확산 과정을 발생기, 확산기, 심화 · 포화기의 3단계로 설명한다.

① (A) − (D) − (B) − (E) − (C)
② (B) − (E) − (C) − (D) − (A)
③ (A) − (E) − (C) − (D) − (B)
④ (B) − (D) − (C) − (A) − (E)
⑤ (A) − (B) − (C) − (D) − (E)

23

(A) 그리고 현재의 상황과 유사한 사전 지식에 기초하여 잠정적 가설을 창안한다.

(B) 과학자들이 새로운 지식을 생성하는 방법은 다음과 같다. 먼저 현재의 지식으로는 설명할 수 없는 의문스러운 현상에 직면한다.

(C) 만일 가설이 지지되지 않는다면 이 과정을 순환적으로 반복하며, 새로운 과학적 지식은 이러한 순환적 과정의 결과로 생성된다.

(D) 그 후, 잠정적 가설에 대한 검증 방법을 생각해 낸다.

(E) 이때 가설은 실험과 관찰에 의해 검증되므로 매우 중요한 의미를 지닌다.

(F) 그리고 자료를 수집하고 이것을 잠정적 가설들로부터 연역된 결과와 비교한다.

① (B) − (D) − (F) − (E) − (C) − (A)

② (C) − (F) − (E) − (D) − (A) − (B)

③ (B) − (A) − (D) − (F) − (C) − (E)

④ (C) − (B) − (E) − (A) − (F) − (D)

⑤ (C) − (A) − (E) − (B) − (D) − (F)

24

(A) 하지만 이 문제는 독일의 음향학자인 요한 샤이블러에 의해 1834년에 명쾌하게 해결되었다.

(B) 이렇게 만들어진 소리굽쇠로 악기를 조율하였기에 지역마다 연주자마다 악기들은 조금씩 다른 기준음을 가졌다.

(C) 소리굽쇠는 1711년에 영국의 트럼펫 연주자인 존 쇼어가 악기를 조율할 때 기준음을 내는 도구로 개발한 것이다.

(D) 소리굽쇠가 정확하게 얼마의 진동수를 갖는지를 알아내는 것은 정확한 측정 장치가 없는 당시로서는 매우 어려운 문제처럼 보였다.

(E) 처음에 사람들은 소리굽쇠가 건반악기의 어떤 음을 낸다는 것은 알았지만, 그것이 정확하게 초당 몇 회의 진동을 하는지는 알지 못했다.

① (A) − (D) − (C) − (B) − (E)

② (A) − (C) − (B) − (D) − (E)

③ (C) − (E) − (B) − (D) − (A)

④ (C) − (A) − (E) − (B) − (D)

⑤ (C) − (B) − (A) − (D) − (E)

25 ⊙을 하는 이유를 추론한 것으로 가장 적절한 것은?

유전학자들의 최종 목표는 결함이 있는 유전자를 정상적인 유전자로 대체하는 것이다. 이렇게 가장 기본적인 세포 내 차원에서 유전병을 치료하는 것을 '유전자 치료'라 일컫는다. '유전자 치료'를 하기 위해서는 이상이 있는 유전자를 찾아야 한다. 이를 위해 과학자들은 DNA의 특성을 이용한다.

DNA는 두 가닥이 나선형으로 꼬여 있는 이중 나선 구조로 이루어진 분자이다. 그런데 이 두 가닥에 늘어서 있는 염기들은 임의적으로 배열되어 있는 것이 아니다. 한쪽에 늘어선 염기에 따라, 다른 쪽 가닥에 늘어선 염기들의 배열이 결정되는 것이다. 즉, 한쪽에 A 염기가 존재하면 거기에 연결되는 반대쪽에는 반드시 T 염기가, 그리고 C 염기에 대응해서는 반드시 G 염기가 존재하게 된다. 염기들이 짝을 지을 때 나타나는 이러한 선택적 특성을 이용하여 유전병을 일으키는 유전자를 찾아낼 수 있다.

유전자를 찾기 위해 사용하는 첫 번째 도구는 DNA 한 가닥 중 극히 일부이다. '프로브(Probe)'라 불리는 이 DNA 조각은, 염색체상의 위치가 알려져 있는 이십여 개의 염기들로 이루어진다. 한 가닥으로 이루어져 있는 특성으로 인해, 프로브는 자신의 염기 배열에 대응하는 다른 쪽 가닥의 DNA 부분에 가서 결합할 것이다. 대응하는 두 가닥의 DNA가 이렇게 결합하는 것을 '교잡'이라고 일컫는다. 조사 대상인 염색체로부터 추출한 많은 한 가닥의 염색체 조각들과 프로브를 섞어 놓았을 때, 프로브는 신비스러울 정도로 자신의 짝을 정확하게 찾아 교잡한다.

두 번째 도구는 '겔 전기영동'이라는 방법이다. 생물을 구성하고 있는 단백질 · 핵산 등 많은 분자들은 전하를 띠고 있어서 전기장 속에서 각 분자마다 독특하게 이동을 한다. 이러한 성질을 이용해 생물을 구성하고 있는 물질의 분자량, 각 물질의 전하량이나 형태의 차이를 이용하여 물질을 분리하는 것이 전기영동법이다. 이를 활용하여 DNA를 분리하려면 우선 DNA 조각들을 전기장에서 이동시키고, 이것을 젤라틴 판을 통과하게 함으로써 분리하면 된다.

이러한 조사 도구들을 갖추고서, 유전학자들은 유전병을 일으키는 유전자를 추적하는 데 나섰다. 유전학자들은 먼저 겔 전기영동법으로 유전병을 일으키는 유전자로 의심되는 부분과 동일한 부분에 존재하는 프로브를 건강한 사람에게서 떼어내었다. 그리고 건강한 사람에게서 떼어낸 프로브에 방사성이나 형광성을 띠게 하였다. 그 후에 유전병 환자들에게서 채취한 DNA 조각들과 함께 ⊙ 교잡 실험을 반복하였다. 유전병과 관련된 유전 정보가 담긴 부분의 염기 서열이 정상인과 다르므로 이 부분은 프로브와 교잡하지 않는다는 점을 이용하는 것이다. 교잡이 일어난 후 프로브가 위치하는 곳은 X선 필름을 통해 쉽게 찾아낼 수 있고, 이로써 DNA의 특정 조각은 염색체상에서 프로브와 같은 위치에 존재한다는 것을 알 수 있다.

언뜻 보기에는 대단한 진보를 이룬 것 같지 않지만, 유전자 치료는 최근 들어 공상 과학을 방불케 하는 첨단 의료 기술의 대표적인 주자로 부각되고 있다. DNA 연구 결과로 인해, 우리는 지금까지 절망적이라고 여겨 온 질병들을 치료할 수 있다는 희망을 갖게 되었다.

① 만약 프로브가 사라진다면, 이 부분은 유전 질환을 일으키는 유전자일 가능성이 크기 때문이다.

② 만약 프로브와 교잡하지 않는 DNA가 발견된다면, 이 부분은 정상적인 유전자일 가능성이 크기 때문이다.

③ 만약 프로브와 교잡하는 DNA가 발견된다면, 프로브가 유전 질환을 일으키는 부분일 가능성이 크기 때문이다.

④ 만약 프로브와 교잡하는 DNA가 발견된다면, 이 부분이 유전 질환을 일으키는 부분일 가능성이 크기 때문이다.

⑤ 만약 프로브와 교잡하지 않는 DNA가 발견된다면, 이 부분이 유전 질환을 일으키는 부분일 가능성이 크기 때문이다.

26 다음 글의 내용과 일치하지 않는 것은?

가격의 변화가 인간의 주관성에 좌우되지 않고 객관적인 근거를 갖는다는 가설이 정통 경제 이론의 핵심이다. 이러한 정통 경제 이론의 입장에서 증권시장을 설명하는 기본 모델은 주가가 기업의 내재적 가치를 반영한다는 가설로부터 출발한다. 기본 모델에서는 기업이 존재하는 동안 이익을 창출할 수 있는 역량, 즉 기업의 내재적 가치를 자본의 가격으로 본다. 기업가는 이 내재적 가치를 보고 투자를 결정한다. 그런데 투자를 통해 거두어들일 수 있는 총 이익, 즉 기본 가치를 측정하는 일은 매우 어렵다. 따라서 이익의 크기를 예측할 때 신뢰할 만한 계산과 정확한 판단이 중요하다.

증권시장은 바로 이 기본 가치에 대한 믿을 만한 예측을 제시할 수 있기 때문에 사회적 유용성을 갖는다. 증권시장은 주가를 통해 경제계에 필요한 정보를 제공하며 자본의 효율적인 배분을 가능하게 한다. 즉, 투자를 유익한 방향으로 유도해 자본이라는 소중한 자원을 낭비하지 않도록 하기 때문에 경제 전체의 효율성까지 높여준다. 이런 측면에서 볼 때 증권시장은 실물경제의 충실한 반영일 뿐 어떤 자율성도 갖지 않는다.

이러한 기본 모델의 관점은 대단히 논리적이지만 증권시장을 효율적으로 운영하는 방법에 대한 적절한 분석까지 제공하지는 못한다. 실제로 증권시장에서는 주식의 가격과 그 기업의 기본 가치가 현격하게 차이가 나는 '투기적 거품 현상'이 발생하는 것을 볼 수 있는데, 이러한 현상은 기본 모델로는 설명할 수 없다. 실제로 증권시장에 종사하는 관계자들은 기본 모델이 이러한 가격 변화를 설명해 주지 못하기 때문에 무엇보다 증권시장 자체에 관심을 기울이고 증권시장을 절대적인 기준으로 삼는다는 것이다.

여기에서 우리는 자기참조 모델을 생각해 볼 수 있다. 자기참조 모델의 중심 내용은, 사람들이 기업의 미래 가치를 읽을 목적으로 실물 경제보다 증권시장에 주목하며 증권시장의 여론 변화를 예측하는 데 초점을 맞춘다는 것이다. 기본 모델에서 가격은 증권시장 밖의 객관적인 기준, 즉 기본 가치를 근거로 하여 결정되는 반면에 자기참조 모델에서 가격은 증권시장에 참여한 사람들의 여론에 의해 결정된다. 따라서 투자자들은 증권시장 밖의 객관적인 기준을 분석하기보다는 다른 사람들의 생각을 꿰뚫어 보려고 안간힘을 다할 뿐이다. 기본 가치를 분석했을 때는 주가가 상승할 객관적인 근거가 없어도 투자자들은 증권시장의 여론에 따라 주식을 사는 것이 합리적이라고 생각한다. 이러한 이상한 합리성을 '모방'이라고 한다. 이런 모방 때문에 주가가 변덕스런 등락을 보이기 쉽다.

그런데 하나의 의견이 투자자 전체의 관심을 꾸준히 끌 수 있는 기준적 해석으로 부각되면 이 '모방'도 안정을 유지할 수 있다. 모방을 통해서 합리적이라 인정되는 다수의 비전, 즉 '묵계'가 제시되어, 객관적 기준의 결여라는 단점을 극복한다. 따라서 사람들은 묵계를 통해 미래를 예측하며, 증권시장은 이러한 묵계를 조성하고 유지해 가면서, 단순히 실물 경제를 반영하는 것이 아니라 경제를 자율적으로 평가할 수 있는 힘을 가질 수 있다.

① 증권시장은 객관적인 기준이 인간의 주관성보다 합리적임을 입증한다.

② 정통 경제 이론에서는 가격의 변화가 객관적인 근거를 갖는다고 본다.

③ 기본 모델의 관점은 주가가 자본의 효율적인 배분을 가능하게 한다고 본다.

④ 증권시장의 여론을 모방하려는 경향으로 인해 주가가 변덕스런 등락을 보이기도 한다.

⑤ 기본 모델은 주가를 예측하기 위해 기업의 내재적 가치에 주목하지만 자기참조 모델은 증권시장의 여론에 주목한다.

27 다음 글에서 알 수 있는 사실이 아닌 것은?

작가 입장에서 작품에 예술적인 통일성을 기하고자 한다면 시점을 일관되게 유지할 필요가 있다. 그런데 판소리는 여러 가지 형태의 시점이 마구 섞여 있다. 그렇다면 판소리 사설에서 시점이 뒤섞이는 현상이 나타나는 이유는 무엇일까?

주지하다시피 판소리 광대는 일인 다역의 연출자다. 혼자 모든 인물들의 역할뿐 아니라 서술자의 역할도 수행해야 하고, 나아가 소도구를 운용하거나 효과음을 내는 역할까지 수행해야 한다. 이처럼 판소리 광대는 예술 내적 세계를 모두 조망하면서 공연 중에 현재 공연에 대해 논평을 하는 등 자신의 예술 세계를 연출하는 존재가 되기도 한다. 또한 판소리 광대는 내적 독백이나 등장인물의 대사를 표현할 때 인물의 미묘한 감정 변화까지 포착하여 흉내 낸다. 그런 반면에 서술자의 발화 부분에서는 인물의 모방에서 완전히 탈피하여 전지적 입장에서 진술하게 된다. 이런 전지적 입장의 진술 대목은 한 인물의 목소리에서 빠져나와 다른 인물의 목소리로 옮겨가는 중간에 짧게 위치하고 있기 때문에 앞뒤 인물의 목소리 흔적들이 묻어날 가능성이 높다. 그런데 이런 현상을 판소리 광대의 미숙한 연행술로 보거나 철저하게 계획된 것이라고 볼 수는 없다. 그것은 인물 모방 충동이 강한 광대에 의해 수행되는 판소리 연행 관습의 산물일 뿐이다.

판소리 사설의 시점 혼합 현상 이면에는 이러한 연행적 배경 외에 사회 · 문화적 배경도 작용한다. 조선 후기 사회는 사회 구조의 변화에 힘입어 구성 주체들이 자신 있게 자기의 존재를 드러내고 기탄없이 자신의 목소리를 높였던 시대이며 이러한 사회적 분위기가 판소리 등장인물의 목소리에도 반영되었다고 할 수 있다. 즉, 판소리의 시점 혼합 현상에는 당대의 사회적 상황 또는 당대인들의 의식 구조가 반영되어 있는 것이다.

원래 시점이란 대상을 바라보는 주체의 위치를 나타내는 용어로서 문학 작품보다는 회화를 통해 이해하기가 훨씬 수월하다. 따라서 판소리 사설의 시점 혼합 현상과 비슷한 현상이 조선 후기 회화에서도 나타나고 있다는 점에 주목할 필요가 있다. 예를 들어 장면을 바라보는 구경꾼을 배치한 그림들은 대개가 복합 시점의 구성이라고 볼 수 있다. 조선 후기 풍속화나 산수화 속의 장면은 주로 화가가 액자 바깥에서 볼 수 있는 것을 반영하지만 액자 내부의 관찰자가 느낀 체험도 일정 부분 반영하는 것이다. 이때 화가는 액자 내부 시점을 통해 대상을 재해석하는데 이러한 재해석이 그의 세계관이고 현실 인식이며 예술적 능력이 되는 것이다. 이를 판소리에 비하자면 액자 외부의 시점은 서술자의 목소리, 액자 내부의 시점은 극중 인물의 목소리에 해당한다고 할 수 있다.

① 시점은 문학 작품보다 회화에서 이해하기 쉽다.
② 판소리 사설에는 당대의 사회상이 반영되어 있다.
③ 판소리 광대는 인물 모방 충동이 강한 예술인이다.
④ 판소리의 시점 혼합 현상은 작품의 예술적 통일성에 기여한다.
⑤ 조선 후기 회화에서도 판소리와 유사한 시점 혼합 현상이 나타난다.

28 다음 글을 읽은 독자가 〈보기〉에 대해 보인 반응으로 적절한 것은?

말을 하는 사람은 언어에 자신의 의도를 담고, 듣는 사람은 그 언어를 통해 상대방의 생각을 알게 된다. 이런 행위가 잘 되었을 때는 의사소통이 원활하게 이루어진다. 그런데 실생활에서는 의사소통이 원활하게 이루어지지 않는 경우가 흔하다. 이것은 주로 개념을 정확히 이해하지 못하거나, 말하는 이의 의도를 제대로 파악하지 못하거나, 혹은 말하는 사람이 문법적인 오류를 범했을 때에 일어난다.

먼저 낱말의 개념을 정확하게 이해하지 못해 벌어지는 일을 살펴보자. 예를 들어 학생들에게 '상대성 이론'의 의미가 무엇인지를 물었을 때, 어떤 학생들은 '상대적 개념', 운운하며 대답을 시작한다. 상대성 이론은 물리적 현상을 의미하는 개념으로 말 그대로 '상대성 이론'이다. 그런데 이를 두고 '남자'라는 낱말에 대해 '여자'라는 낱말이 존재한다는 식의 대응 관계를 의미하는 '상대적 이론'이라고 하는 것은 잘못된 것이다. 여기서 학생들은 개념에 대한 정확한 이해 없이 두 개념의 차이를 혼동하여 그만 실수를 범하고 만 것이다.

다음으로 우리는 말하는 이의 의도한 바를 제대로 파악하지 못해서 의사소통에 어려움을 겪기도 한다. 우리가 흔히 경험하는 일이지만, 축구장에서 앉을 자리를 찾는 사람은 으레 "여기 자리 있습니까?"하고 묻는다. 이때 질문을 듣는 사람은 심한 당혹감에 사로잡힌다. 그것이 주인 없는 빈 좌석일 때, "자리 있다."라고 말해야 할지 "자리 없다."라고 말해야 할지 망설여지기 때문이다. 이러한 경우 상대방의 의도를 파악하지 못해 엉뚱한 대답을 하기도 한다. 하지만 질문자가 상대방의 입장에서 물은 질문이라는 것을 알면 쉽게 대답할 수 있다.

때로는 듣는 사람이 아닌 말하는 사람의 잘못으로 의사소통에 문제가 생기기도 한다. 보통 일상생활에서 고민이 있는 친구에게 간혹 "○○에게 상의해 봐."라는 말을 하곤 한다. 우리 국어에서 '상의하다'라는 말은 한쪽이 일방적으로 상대의 의견을 듣는다는 의미가 아니라 서로 의견을 주고받는다는 의미이다. 하지만 이 말은 문법적으로 오류가 있기 때문에 본래의 의도와는 다르게 받아들일 수 있다. 즉, ○○와 의견을 교환하는 것이 아니라 일방적으로 ○○의 의견을 수용하라는 뜻으로 받아들여질 수 있는 것이다. 따라서 한 방향의 의사 전달만을 의미하는 '―에게'를 쓰는 것은 적절하지 않으며 "○○와 상의해 봐."로 수정해야 한다. 만약에 문법적인 오류를 범한 이 말을 그대로 받아들인다면 본래의 의도를 적절하게 이해했다고 볼 수 없는 것이다.

우리는 언어를 통해 상대방의 생각을 이해하고 그에 따라 반응을 하게 된다. 그런데 상대방의 말을 정확하게 이해하지 못하면 적절한 반응을 할 수 없어 의사소통이 곤란해진다. 따라서 우리는 항상 이러한 사실을 염두에 두고 언어생활을 해 나가는 것이 필요하다. 이를 위해 평소에 낱말의 정확한 개념에 대한 배경 지식을 넓히고, 말하는 사람의 의도를 깊이 있게 살펴보면서 상대방이 문법적으로 실수를 하는지 여부를 꼼꼼히 따져보아야 한다.

> **보기**
>
> 강사가 헤겔의 변증법에서는 '운동의 주체가 자기 본래의 모습에서 벗어나 대립되는 상황으로 변하여 달라지는 일'을 '자기 소외'라고 한다고 말하자, 듣는 사람이 과거에 '자기가 소외'되어 따돌림을 받았던 경험을 떠올린다.

① 화자가 개념의 정의를 잘못 전달하여 의사소통에 문제가 생겼군.
② 청자가 화자의 말을 주의 깊게 듣지 못해 의사소통에 문제가 생겼군.
③ 청자가 화자의 말을 자기 편의대로 받아들여 의사소통에 문제가 생겼군.
④ 청자가 낱말의 개념을 정확하게 이해하지 못해 의사소통에 문제가 생겼군.
⑤ 화자가 청자의 수준에 맞는 표현을 사용하지 못해 의사소통에 문제가 생겼군.

29 다음 글의 내용과 일치하지 않는 것은?

경제질서는 국가 간의 교역과 상호투자 등을 원활히 하기 위해 각 국가가 준수할 규범들을 제정하고 이를 이행시키면서 이루어진 질서이다. 경제질서는 교역 당사국 모두에 직접적인 이익을 가져다주기 때문에 비교적 잘 지켜지고 있다. 특히 1995년 WTO가 발족되어 안보질서보다도 더 정교한 질서로 자리를 잡고 있다. 경제질서를 준수하게 하는 힘은 준수하지 않았을 때 가해지는 불이익으로, 다른 나라들의 집단적 경제제재가 그에 해당된다. 자연보호질서는 경제질서의 한 종류로, 자원보호질서와 환경보호질서로 나뉜다. 이 두 가지 질서는 다음과 같은 생각에서 제안된 범세계적 운동이다. 자원보호질서는 유한한 자원을 모두 소비하면 후세 사람들이 살아갈 수 없으므로 재생 가능한 자원을 많이 사용하고 가능한 한 자원을 재활용하자는 생각이다. 환경보호질서는 하나밖에 없는 지구의 원모습을 지켜 후손에게 물려주어야 한다는 생각이다. 자원보호질서는 부존자원의 낭비를 막기 위해 사용 물질의 양에 대한 규제를 주도하는 질서이고, 환경보호질서는 글자 그대로 환경을 쾌적한 상태로 유지하려는 질서이다. 이 두 가지 질서는 서로 연관되어 있으나 지키려는 내용에서 다르다. 자원보호질서는 사람이 사용하는 물자의 양을 통제하기 위한 질서이고, 환경보호질서는 환경의 원형보존을 위한 질서이다.

경제질서와는 달리 공공질서는 일부가 아닌 모든 구성국들에 이익을 가져다주는 국제질서이다. 국가 간의 교류 및 협력을 위해서는 서로 간의 의사소통, 인적·물적 교류 등이 원활히 이루어져야 한다. 이러한 거래, 교류, 접촉 등을 원활하게 하는 공동규범들이 공공질서를 이룬다. 공공질서는 모든 구성국에 편익을 주는 공공재를 창출하고 유지하려는 구성국들의 공동노력으로 이루어진다.

가장 새롭게 등장한 국제질서는 인권보호질서이다. 웨스트팔리아체제라 부르는 주권국가 중심의 현 국제정치질서에서는 주권존중, 내정불간섭 원칙이 엄격히 지켜진다. 그래서 자국 정부에 의한 자국민 학살, 탄압, 인권유린 등이 국외에서는 외면되어 왔다. 그러나 정부에 의한 인민학살의 피해나, 다민족국가에서의 자국 내 소수민족 탄압이 용인될 수 없는 상태에까지 이르게 됨에 따라 점차로 인권보호를 위한 인도주의적 개입의 당위가 논의되기 시작하고 있다. 이러한 흐름 속에서 국제연합인권위원회 및 각종 NGO 등의 노력으로 국제사회에서 공동 개입하여 인권보호를 이루어내자는 운동이 일어나고 있다. 이러한 노력의 결과 하나의 새로운 국제질서인 인권보호질서가 자리를 잡아가고 있다. 인권보호질서는 아직 형성과정에 있으며, 또한 주권국가 중심의 현 국제정치질서와 충돌하므로 앞으로도 쉽게 자리를 잡기는 어려우리라 예상된다. 그러나 21세기에 접어들면서 '세계시민의식'이 급속히 확산되고 있는 점을 감안한다면, 어떤 국가도 결코 무시할 수 없는 국제질서로 발전하리라 생각한다.

① 교역 당사국에 직접 이익을 주기 때문에 WTO에 의한 경제 질서가 비교적 잘 유지되고 있다.

② 세계시민의식의 확산과 더불어 등장한 인권보호질서는 내정불간섭 원칙의 엄격한 준수를 요구한다.

③ 세계적 차원에서 유한한 자원의 낭비를 규제하고 자원을 재활용하기 위해 자원보호질서가 제안되었다.

④ 인적·물적 교류를 원활하게 하는 공동규범으로 이루어진 공공질서는 그 구성국들에 이익을 가져다준다.

⑤ 자연보호질서의 하위질서인 환경보호질서는 지구를 쾌적한 상태로 유지하고 후세에 원형대로 물려주려는 것이다.

30 다음 글을 읽고, 글의 구조를 올바르게 파악한 것은?

㉠ 역사 속에서 사건들이 진행해 나가는 거대한 도식 또는 규칙성을 인간이 발견할 수 있다는 생각은 분류와 연관과 무엇보다도 예측에서 자연과학이 이룩한 성공에서 깊은 인상을 받은 사람들을 자연스럽게 매혹시켰다.

㉡ 따라서 그들은 과학적 방법을 적용함으로써, 다시 말해 형이상학적 또는 경험적 체계로 무장하고 스스로 주장하기에 자기들이 보유하고 있는 사실에 관한 확실하거나 또는 사실상 확실한 지식의 섬을 기반으로 삼아 발진함으로써 과거 안에 있는 빈틈들을 메울 수 있도록 역사적 지식을 확장할 길을 구하였다.

㉢ 알려진 바에서 출발하여 알지 못했던 것을 주장함으로써 또는 조금 아는 것을 기반으로 그보다 더 조금밖에 몰랐던 것에 관하여 주장함으로써 여타 분야에서나 역사의 분야에서 많은 성취가 있었고 있으리라는 점에는 의문의 여지가 없다.

㉣ 그런데 과거나 미래에 관한 특정 가설들이 태어나도록 일조하거나 증명하는 데에 어떤 전체적인 도식이나 규칙성의 발견이 도움을 주는 정도가 실제로 얼마나 되든지 상관없이, 그 발상은 우리 시대의 관점을 결정하는 데에도 일정한 역할을 해왔고, 그 역할을 점점 더 강화해 나가고 있다.

㉤ 그 발상은 인간 존재들의 활동과 성격을 관찰하고 서술하는 방법에만 영향을 미친 것이 아니라, 그들을 대하는 도덕적, 정치적, 종교적 자세에도 영향을 미쳐왔다.

㉥ 왜냐하면 사람들은 '왜' 그리고 '어떻게' 그처럼 행동하고 사는 것인지를 고려하다 보면 떠오를 수밖에 없는 질문 중에 인간의 동기와 책임에 관한 질문들이 들어있기 때문이다.

---

①
　　┌ ㉠ ─ ㉡ ─ ㉢
　　└ ㉣ ─ ㉤ ─ ㉥

②
　　　　┌ ㉡ ─ ㉢
　　㉠ ┼ ㉣ ─ ㉤
　　　　└ ㉥

③
　　┌ ㉠ ─ ㉣ ─ ㉤
　　├ ㉡
　　└ ㉢ ─ ㉥

④
　　　　┌ ㉢
　　㉠ └ ㉣
　　　　┌ ㉤
　　㉡ └ ㉥

⑤
　　　　┌ ㉡ ─ ㉢
　　㉠ ┼ ㉣
　　　　└ ㉤ ─ ㉥

☑ 오답 Check! ○ ✕

01 주머니 속에 흰 공 5개, 검은 공 4개가 들어 있다. 여기에서 2개의 공을 꺼낼 때, 모두 흰 공이거나 또는 모두 검은 공일 확률은?

① $\dfrac{2}{5}$ ② $\dfrac{4}{9}$

③ $\dfrac{3}{5}$ ④ $\dfrac{5}{9}$

⑤ $\dfrac{7}{9}$

☑ 오답 Check! ○ ✕

02 한나는 집에서 학교까지 자전거를 타고 등교하는 데 50분이 걸린다. 학교에서 수업을 마친 후에는 버스를 타고 학원으로 이동하는 데 15분이 소요된다. 자전거의 평균 속력은 6km/h, 버스는 40km/h라고 할 때 한나가 집에서 학교를 거쳐 학원까지 이동한 총 거리는?

① 5km ② 8km

③ 10km ④ 15km

⑤ 30km

☑ 오답 Check! ○ ✕

03 10명의 학생 중 2명의 임원을 뽑고 남은 학생들 중 2명의 당번을 뽑는다고 할 때, 나올 수 있는 경우의 수는?

① 1,024가지 ② 1,180가지

③ 1,260가지 ④ 1,320가지

⑤ 1,640가지

04 반지름이 30cm인 피자 한 판을 아빠, 엄마, 누나, 동생이 나누어 먹었다. 엄마와 동생이 먹은 피자의 양은 아빠와 누나가 먹은 피자의 양과 같고, 아빠는 동생보다 피자를 4배 더 많이 먹었다. 엄마가 먹은 피자의 넓이가 375πcm²일 때 아빠가 먹은 피자의 중심각의 크기는?

① $\dfrac{\pi}{6}$ ② $\dfrac{\pi}{3}$

③ $\dfrac{\pi}{2}$ ④ $\dfrac{2\pi}{3}$

⑤ $\dfrac{5\pi}{6}$

05 민경이는 등산복과 등산화를 납품 받아 판매한다. 등산복 한 벌을 판매했을 때 얻는 이익은 2,000원, 등산화 한 켤레를 판매했을 때 얻는 이익은 5,000원이다. 민경이는 총 40개의 제품을 판매했으며 판매수수료는 제품 1개당 1,500원이라고 한다. 판매이익이 11만 원일 때 등산화 판매로 얻은 이익은?

① 3,500원   ② 5,000원

③ 25,000원   ④ 35,000원

⑤ 50,000원

06 내일은 축구경기가 있는 날인데 비가 올 확률은 $\dfrac{2}{5}$이다. 비가 온다면 이길 확률이 $\dfrac{1}{3}$, 오지 않는다면 이길 확률이 $\dfrac{1}{4}$일 때, 이길 확률은?

① $\dfrac{4}{15}$ ② $\dfrac{11}{60}$

③ $\dfrac{3}{10}$ ④ $\dfrac{13}{60}$

⑤ $\dfrac{17}{60}$

07 일의 자리 숫자가 3인 두 자리 자연수가 있다. 이 자연수는 각 자리 숫자의 곱의 5배보다 12가 작다고 할 때, 이 자연수는 무엇인가?

① 13

② 23

③ 33

④ 43

⑤ 53

08 미숫가루는 우유와 3 : 7의 비율로 섞여야 가장 맛이 좋다고 한다. 맨 처음 미숫가루와 우유를 섞어 300g 이었는데 우유와 미숫가루의 비율이 6 : 4이어서, 우유를 더 섞어 3 : 7의 비율이 되었다. 우유는 얼마나 더 섞은 것인가?

① 80g

② 85g

③ 90g

④ 95g

⑤ 100g

09 다음은 세계 경제성장률과 세계경제에 영향을 미치는 주요나라의 경제성장률 전망이다. 이 자료에 의거해 판단한 내용 중 옳지 않은 것은?

〈경제성장률 실적 및 전망〉

구분	2017	2018	전망			2020 전망
			2018. 6	2018. 9	2019. 4	
세계	2.8%	▽0.7%	5.3%	3.9%	3.5%	4.1%
선진국	0.2%	▽3.7%	3.2%	1.6%	1.4%	2.0%
개도국	6.0%	2.8%	7.5%	6.2%	5.7%	6.0%
미국	0.0%	▽3.5%	3.0%	1.7%	2.1%	2.4%
유럽	0.5%	▽4.3%	1.9%	1.4%	▽0.3%	0.9%
일본	▽1.2%	▽6.3%	4.4%	▽0.7%	2.0%	1.7%
중국	9.6%	9.2%	10.4%	9.2%	8.2%	8.8%
인도	6.4%	6.8%	10.6%	7.2%	6.9%	7.3%

※ 2020년 전망은 2019년 4월의 보고서상 전망치율

① 2020년 경제 전망은 전년도에 비해 조사국 모두 나빠질 것이라는 비관적인 예측을 하고 있다.

② 중국의 경제성장률 유형에 가장 부합하는 형태는 개도국이다.

③ 조사기간 중 경제성장률이 다른 나라에 비해 월등히 높은 나라는 중국이다.

④ 조사대상국 중 2020년 세계 경제성장률에 미치지 못하는 나라는 모두 3개국이다.

⑤ 2017년 대비 2020년의 전망의 차이가 두 번째로 높은 나라는 미국이다.

☑ 오답 Check! ○ ✕

10 다음은 산업통상자원부에서 제시한 우표 발행 현황이다. 이 자료를 보고 해석한 내용 중 옳은 것은?

〈우표 발행 현황〉

(단위 : 천 장)

구분	2014	2015	2016	2017	2018
보통우표	163,000	164,000	69,000	111,000	105,200
기념우표	47,180	58,050	43,900	35,560	33,630
나만의 우표	7,700	2,368	1,000	2,380	1,908
합계	217,880	224,418	113,900	148,940	140,738

① 2016년 전체 발행 수에 비해 나만의 우표가 차지하고 있는 비율은 1% 이상이다.

② 기념우표는 국가적인 특별한 업적에 대해 기념할만한 일이 있을 때 발행하는 것인데 이의 발행 수효가 나만의 우표 발행 수효와 등락폭을 같이 한다는 점을 보면 국가적 기념업적은 개인의 기념사안과 일치한다고 볼 수 있다.

③ 모든 종류의 우표 발행 수가 가장 적은 년도는 2016년이다.

④ 보통우표와 기념우표 발행 수가 가장 큰 차이를 보이는 해는 2014년이다.

⑤ 2018년 기념우표가 차지하고 있는 비중은 30% 이상이다.

11 다음은 한국축산업중앙회가 발표한 도매시장의 소 종류별·등급별 경락두수에 대한 자료이다. 이 자료를 보고 올바르게 판단한 것은?

〈도매시장의 소 종류별·등급별 경락두수〉

(단위 : 마리)

구분	한우	육우	젖소	계
1++등급	9,006	144	1	9,151
1+등급	30,083	1,388	27	31,498
1등급	39,817	6,313	189	46,319
2등급	35,241	23,399	1,221	59,861
3등급	26,427	34,996	7,901	69,324
D등급	3,634	726	16,545	20,905
계	144,208	66,966	25,884	237,058

① 육우가 1++등급을 받는 비율보다 한우가 D등급을 받는 비율이 더 낮다.

② 한우가 1등급을 받는 비율이 육우가 2등급을 받는 비율보다 더 높다.

③ 육우는 3등급 이하의 판정을 받은 경우가 50%를 넘는다.

④ 젖소가 1등급 이상을 받는 비율보다 육우가 1++등급을 받는 비율이 더 낮다.

⑤ D등급을 차지하고 있는 한우의 비율은 1등급을 차지하고 있는 육우의 비율보다 낮다.

12 다음 표는 5종류 작물(A ~ E)의 재배 특성에 대한 자료이다. 이에 근거한 〈보기〉의 설명 중 옳은 것을 모두 고르면?

작물 \ 재배 특성	1m²당 파종 씨앗 수 (개)	발아율(%)	1m²당 연간 수확물 (개)	수확물 개당 무게 (g)
A	60	25	40	20
B	80	25	100	15
C	50	20	30	30
D	25	20	10	60
E	50	16	20	50

※ 발아율(%) = $\dfrac{\text{발아한 씨앗 수}}{\text{파종 씨앗 수}} \times 100$

※ 연간 수확물(개) = 1m²당 연간 수확물(개) × 재배면적(m²)

보기

ㄱ. 20m²의 밭에 C의 씨앗을 파종할 때, 발아한 씨앗 수는 200개이다.

ㄴ. 100m²의 밭 전체면적을 $\dfrac{1}{5}$씩 나누어 서로 다른 작물의 씨앗을 각각 파종하면, 밭 전체 연간 수확물의 총무게는 94kg 이하이다.

ㄷ. 5종류의 작물을 각각 연간 3kg씩 수확하기 위해 필요한 밭의 총면적은 16m²보다 작다.

ㄹ. 100m²의 밭 전체면적 절반에 E의 씨앗을 파종하고 남은 면적을 $\dfrac{1}{4}$씩 나누어 나머지 작물의 씨앗을 각각 파종하면, 밭 전체 연간 수확물의 총무게는 96kg 이상이다.

① ㄱ, ㄷ   ② ㄱ, ㄹ

③ ㄴ, ㄷ   ④ ㄴ, ㄹ

⑤ ㄷ, ㄹ

13 다음은 남북협력기금의 집행현황에 관한 자료이다. 이에 대한 해석으로 옳지 않은 것은?

〈남북협력기금의 집행현황〉

(단위 : 백만 원)

유형	단위 사업	세부사업	2014	2015	2016	2017	2018	합계
경상 사업	남북교류 협력지원	인적왕래 지원	1,698	2,721	–	–	30	4,449
		사회문화 협력지원	6,908	3,847	3,029	2,119	2,587	18,490
		교역경협 보험	–	–	–	–	4,377	4,377
	합계		8,606	6,568	3,029	2,119	6,994	27,316
융자 사업	인도적 지원 사업(융자)	인도적 지원사업 (융자)	140,479	12	–	–	–	140,491
	남북교류 협력지원	교역경협 자금대출	56,631	10,807	15,416	–	–	82,854
		경협 기반 조성(유상)	83,369	25,820	8,596	3,703	5,489	126,977
	경수로 사업	경수로사업 대출	–	–	–	–	–	–
	합계		280,479	36,639	24,012	3,703	5,489	350,322
총계			715,736	231,204	100,021	44,681	35,189	1,126,831

① 2014년에 비해 2018년 금액이 증가한 사업은 하나도 없다.

② 경상사업 중 남북교류 협력지원사업의 세부사업 집행액은 해마다 감소했다.

③ 5년간 가장 많은 금액을 집행한 분야는 인도적 지원사업(융자)이다.

④ 2년 이상 사업을 집행하지 않은 분야와 집행한 분야의 수는 같다.

⑤ 2014년에 집행액이 없는 세부사업을 제외하고, 2014년 집행액이 2014~2018년 집행액 합계의 1/3 이하인 세부사업은 없다.

14 다음은 2018년 10월 우리나라 출입국 사무소에 신고한 외국인 입국 목적별 인원이다. 이 자료를 보고 판단한 내용 중 옳은 것은?

〈외국인 입국 목적별 인원〉

(단위 : 명)

국적	관광	상용	공용	기타	합계	전년 동기(2017년 10월)
네덜란드	14,412	474	16	4,376	19,278	19,108
뉴질랜드	17,205	494	6	3,869	21,574	21,232
말레이시아	96,722	878	24	17,642	115,266	74,594
미국	411,979	9,561	13,316	125,204	560,060	558,640
영국	70,723	3,188	48	14,367	88,326	82,386
인도	16,758	20,619	97	40,028	77,502	74,843
일본	2,588,167	15,800	813	47,447	2,652,227	2,518,314
중국	1,097,050	83,217	2,619	596,582	1,779,468	1,619,944
캐나다	70,145	921	44	31,832	102,942	100,413
필리핀	70,728	2,295	684	205,987	279,694	254,162

① 2018년 10월 입국객의 50% 이상이 관광목적인 나라는 모두 6개국이다.

② 전년 동기 대비 입국자 수가 가장 많이 증가한 나라는 일본이다.

③ 인도인의 경우 30% 이상이 상용목적으로 입국했다.

④ 전년 동기 대비 입국자 수가 감소한 나라는 1개 이상이다.

⑤ 미국인의 공용목적 입국자 비율은 3% 미만이다.

15 다음 표를 바르게 해석한 것은?

〈직업별 취업자 수〉

(단위 : 천 명, %)

구분	전체	전문 · 기술 · 행정관리직	사무직	서비스 · 판매직	농림어업직	기능 · 기계조작 단순노무직
2014년	20,817(100)	3,529(16.9)	2,568(12.4)	4,688(22.5)	2,319(11.1)	7,714(37.1)
2015년	21,106(100)	3,687(17.4)	2,572(12.2)	4,868(23.1)	2,273(10.8)	7,706(36.5)
2016년	19,994(100)	3,735(18.7)	2,418(12.1)	4,736(23.7)	2,364(11.8)	6,741(33.7)
2017년	20,281(100)	3,863(19.1)	2,219(10.9)	4,819(23.8)	2,217(10.9)	7,162(35.3)
2018년	21,395(100)	3,935(18.4)	2,376(11.1)	5,043(23.6)	2,406(11.2)	7,634(35.7)

① 전체 직업별 취업자 수에 있어서 서비스 · 판매직에 종사하고 있는 사람들이 가장 많다.

② 2014년과 비교할 때 2018년에는 사무직에 취업하고 있는 사람만 줄어들었다.

③ 2015년에 비해 2016년에 전체 취업자 수가 감소했지만 취업자가 증가한 직종도 있다.

④ 2014년부터 2018년까지 농림어업직 취업자가 전체 직업별 취업자 중에서 일관되게 가장 작은 비중을 차지하고 있다.

⑤ 2016년에 모든 직종 취업자 수가 줄었다가, 2017년에 모든 직종 취업자 수가 늘었다.

16 다음 자료를 보고 이해한 것으로 옳지 않은 것은?

〈정보통신기기 수출입 현황〉

(단위 : 억 달러)

구분	연도	2014	2015	2016	2017	2018
수출액	전자부품	578	655	637	627	913
	컴퓨터 및 주변기기	119	128	97	70	77
	통신 및 방송기기	271	307	360	310	278
	영상 및 음향기기	103	94	90	80	105
	광자기 매체	9	11	11	11	15
	소계	1,080	1,195	1,195	1,098	1,388
수입액	전자부품	367	415	435	373	444
	컴퓨터 및 주변기기	80	86	85	72	93
	통신 및 방송기기	51	56	66	55	69
	영상 및 음향기기	27	29	32	26	29
	광자기 매체	12	15	14	10	17
	소계	537	601	632	536	652

① 2014년부터 2018까지 매해 수출액이 수입액을 초과하는 분야는 3개 분야이다.

② 2014년 대비 2018년 수출액이 감소한 분야는 있지만 수입액이 감소한 분야는 없다.

③ 2014년 대비 2018년 광자기 매체의 수출액 증가율은 수입액 증가율보다 크다.

④ 2014년 대비 2018년 수출 · 수입액의 증가율을 볼 때, 가장 큰 증가율을 보인 분야는 전자부품 수출액이다.

⑤ 2014년 대비 2018년 영상 및 음향기기의 수출 및 수입액의 증가율 중 수입액의 증가율이 더 높다.

17 다음은 1985 ∼ 2015년 우리나라 제조업 상위 3개 업종 종사자 수를 나타낸 그래프이다. 다음 자료를 분산형 그래프로 변형하려고 할 때 가장 적절한 것은?

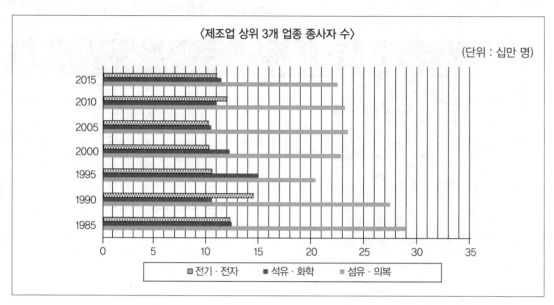

①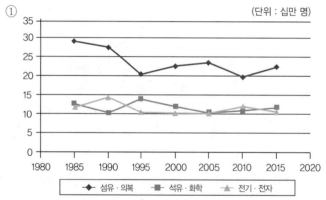

②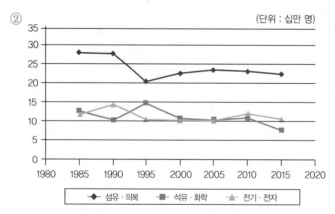

③

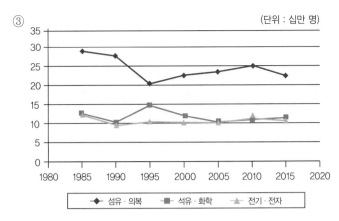

(단위 : 십만 명)

④

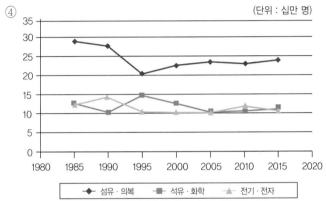

(단위 : 십만 명)

⑤

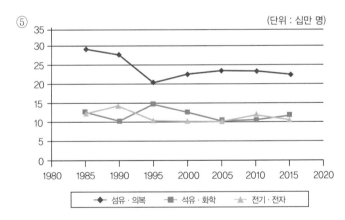

(단위 : 십만 명)

18 다음은 장래의 연령별 인구에 대한 표이다. 다음 표에 대한 해석으로 옳지 않은 것은?

〈장래의 연령별 인구〉

(단위 : 명, %)

구분		2000	2010	2011	2020	2030	2040	2050
인구 수	0 ~ 14세	9,911	7,907	7,643	6,118	5,525	4,777	3,763
	15 ~ 64세	33,702	35,611	35,808	35,506	31,299	26,525	22,424
	65세 이상	3,395	5,357	5,537	7,701	11,811	15,041	16,156
구성비	0 ~ 14세	21	16	16	12	11	10	8.9
	15 ~ 64세	72	73	73	72	64	57	53
	65세 이상	7	11	11	16	24	33	38.2
	계	100	100	100	100	100	100	100

① 저출산으로 인해, 14세 이하 인구는 점점 감소하고 있다.

② 15 ~ 64세 인구는 2000년 이후 계속 감소하고 있다.

③ 65세 이상 인구 구성비는 2000년과 비교했을 때, 2050년에는 5배 이상이 될 것이다.

④ 65세 이상 인구 구성비가 14세 이하 인구 구성비보다 높아지는 시기는 2020년이 될 것이다.

⑤ 총 인구는 2030년 이후 계속 감소할 것이다.

19 다음 표는 우리나라 7대 도시의 주차장 수용가능 차량 대수 현황이다. A부터 K까지의 자료는 소실된 상태이다. 이에 대한 설명 중 옳은 것을 모두 고르면?

〈7대 도시 주차장 수용가능 차량 대수 현황〉

(단위 : 대)

구분	노상주차장			노외주차장			부설 주차장	전체
	유료	무료	소계	공영	민영	소계		
7대 도시 전체	248,234	206,460	454,694	108,234	232,029	340,263	4,481,351	5,276,308
서울	196,032	–	196,032	39,746	83,144	122,890	2,312,538	2,631,460
부산	A	B	83,278	C	59,468	D	474,241	629,749
대구	8,397	81,917	90,314	9,953	26,535	36,488	E	F
인천	3,362	43,918	47,280	13,660	17,899	31,559	469,977	548,816
광주	815	12,939	13,754	2,885	17,112	19,997	231,977	265,728
대전	I	7,849	H	J	13,907	23,758	K	G
울산	1,192	14,018	15,210	19,377	13,964	33,341	217,794	266,345

※ 전체 주차장은 노상, 노외, 부설주차장으로 구성됨

ㄱ. 대전의 공영 노외주차장의 수용가능 차량 대수는 7대 도시 공영 노외주차장의 평균 수용가능 차량 대수보다 많다.

ㄴ. 대구, 인천, 광주는 각각 노상주차장 중 유료주차장 수용가능 차량 대수가 차지하는 비율이 노외주차장 중 공영주차장 수용가능 차량 대수가 차지하는 비율보다 낮다.

ㄷ. 서울의 부설주차장 수용가능 차량 대수는 전국 부설주차장 수용가능 차량 대수의 50% 이상을 차지한다.

ㄹ. 각 도시의 전체 주차장 수용가능 차량 대수 중 노외주차장 수용가능 차량 대수가 차지하는 비율은 부산이 광주보다 높다.

① ㄱ, ㄴ   ② ㄱ, ㄷ
③ ㄴ, ㄷ   ④ ㄴ, ㄹ
⑤ ㄷ, ㄹ

20 다음은 어느 나라의 세율 체계에 관한 자료이다. 다음 설명 중 옳지 않은 것을 모두 고르면?

가구주만 소득이 있는 경우와 가구주와 배우자 모두 소득이 있는 경우, 적용되는 세율 체계가 다르다. 부부 중 가구주만 소득이 있는 경우에는 〈표 1〉과 같이 소득수준이 증가함에 따라 더 높은 소득세율을 적용하는 단일누진세율방식을 택하고 있다. 한편, 가구주와 배우자 모두 소득이 있는 경우에는 〈표 2〉와 같이 15,000달러와 60,000달러를 기준으로 그 범위 내에 속하는 소득에 대해 각각 다른 소득세율을 부과하는 한계소득 세율방식을 적용한다.

〈표 1〉 단일누진세율 체계

(단위 : 달러, %)

소득수준	소득세율	납세액
0 ~ 15,000	10	소득액×0.1
15,000초과 ~ 60,000	15	소득액×0.15
60,000 초과	25	소득액×0.25

〈표 2〉 한계소득세율 체계 및 적용례

(단위 : 달러, %)

소득구간	과세대상소득	소득세율	납세액
0 ~ 15,000	15,000	10	1,500
15,000초과 ~ 60,000	45,000	15	6,750
60,000 초과	40,000	25	10,000
총 납세액			18,250

※ 적용례는 부부합산소득이 100,000달러인 경우

ㄱ. 가구주만 60,000달러를 버는 경우 내야 할 세금은 8,250달러이다.
ㄴ. 가구주만 50,000달러를 버는 경우보다 맞벌이 부부가 45,000달러를 버는 경우 납세 후 남은 소득이 더 많다.
ㄷ. 부부합산소득이 15,000달러 이하일 때는 단일누진세율 체계를 적용하더라도 내야할 세금은 변화가 없다.
ㄹ. 부부합산소득이 160,000달러인 맞벌이 가구의 경우 내야 할 세금은 36,500달러이다.
ㅁ. 부부합산소득이 100,000달러인 맞벌이 가구는 가구주 혼자 100,000달러를 버는 경우보다 세금을 6,750달러 적게 낸다.

① ㄱ, ㄴ, ㄷ
② ㄱ, ㄴ, ㄹ
③ ㄱ, ㄹ, ㅁ
④ ㄴ, ㄹ, ㅁ
⑤ ㄷ, ㄹ, ㅁ

21 다음은 보건복지부에서 발표한 '어린이집 연도별 보육아동현황'이다. 이 자료를 보고 판단한 것 중 옳지 않은 것은?

〈어린이집 연도별 보육아동현황〉

(단위 : 명)

구분		계	국·공립 어린이집	법인 어린이집	민간 어린이집			가정 어린이집	부모협동 어린이집	직장 어린이집
					소계	법인 외	민간 개인			
2018	계	1,348,729	143,035	112,668	757,323	50,676	70,664	308,410	2,286	24,987
	남	699,806	73,850	59,408	392,505	26,341	366,164	159,878	1,248	12,917
	여	648,932	69,185	53,280	364,818	24,335	340,483	148,532	1,038	12,070
2017	계	1,279,910	137,604	114,054	723,017	51,126	671,891	281,436	1,898	21,901
	남	665,305	71,195	60,124	375,690	26,846	348,844	146,009	1,051	11,236
	여	614,605	66,409	53,930	347,327	24,280	323,047	135,427	847	10,665
2016		1,175,049	129,656	112,338	675,763	52,718	623,045	236,743	1,655	18,794
2015		1,135,502	123,405	113,894	669,465	53,818	615,647	210,438	1,491	16,809
2014		1,099,933	119,141	118,211	668,390	55,906	612,484	177,623	1,444	15,124
2013		1,040,361	114,547	120,551	641,137	58,808	582,329	148,240	1,238	14,538

① 법인 어린이집과 보육아동 증감현상이 같은 곳은 법인 외 민간 어린이집이다.

② 2013년 대비 2018년 국·공립 어린이집의 보육아동 증가율은 20%가 넘는다.

③ 2017년과 2018년 모두 남 아동수가 여 아동수보다 모든 보육시설에서 많다.

④ 어린이집 총 보육 아동수와 가정 어린이집 보육 아동수는 매년 증가하고 있다.

⑤ 2013년 대비 2018년 부모협동 어린이집의 보육아동 증가율과 가장 유사한 것은 직장 어린이집이다.

22 다음 자료를 보고 판단한 것 중 옳지 않은 것은?

<경제활동 참가율>

(단위 : %)

| 구분 | 2012 | 2013 | 2014 | 2015 | 2016 | | | | | 2017 |
					연 간	1/4분기	2/4분기	3/4분기	4/4분기	1/4분기
경제 활동 참가율	61.8	61.5	60.8	61.0	61.1	59.9	62.0	61.5	61.1	60.1
남성	74.0	73.5	73.1	73.0	73.1	72.2	73.8	73.3	73.2	72.3
여성	50.2	50.0	49.2	49.4	49.7	48.1	50.8	50.1	49.6	48.5

① '17년 1/4분기 경제활동 참가율은 60.1%로 전년 동기 대비 0.2%p 상승했다.

② '17년 1/4분기 여성경제활동 참가율은 48.5%로 남성(72.3%)에 비해 낮은 수준이나, 전년 동기 대비 0.4%p 상승했다.

③ 남녀 경제활동 참가율의 합이 가장 높았던 때는 '16년 2/4분기이다.

④ 조사기간 중 경제활동 참가율이 가장 낮은 때는 여성경제활동 참가율이 가장 낮은 때이다.

⑤ 남녀 모두 경제활동 참가율이 가장 높았던 때와 가장 낮았던 때의 차이는 2%p 이하이다.

23 다음은 국민연금공단에서 발표한 2011~2018년까지의 통계이다. 이 자료를 보고 판단한 것 중 옳지 않은 것은?

(단위 : 개소, 명)

구분	총 가입자	사업장	사업장 가입자
2011년	16,277,826	250,729	5,951,918
2012년	16,498,932	287,092	6,288,014
2013년	17,181,778	423,032	6,958,794
2014년	17,070,217	573,727	7,580,649
2015년	17,124,449	646,805	7,950,493
2016년	17,739,939	773,862	8,604,823
2017년	18,266,742	856,178	9,149,209
2018년	18,335,409	921,597	9,493,444

① 조사기간 동안 사업장과 사업장 가입자의 수는 꾸준히 증가하고 있다.
② 전년 대비 사업장이 가장 많이 증가한 해는 2016년이다.
③ 2018년의 경우 사업장 가입자는 총 가입자의 50%를 넘는다.
④ 2011년 대비 2018년 사업장 가입자의 증가율은 50% 이상이다.
⑤ 전년 대비 총 가입자가 가장 많이 증가한 해는 2017년이다.

※ 다음은 2015년부터 2017년까지 OECD 23개국의 실업률을 기록한 것이다. 다음의 물음에 답하시오. [24~25]

〈서유럽지역 OECD 국가의 실업률〉

(단위 : %)

구분	오스트리아	벨기에	덴마크	프랑스	독일	이탈리아	룩셈부르크	포르투갈	스페인	스위스	영국
2015	4.3	8.2	5.4	9.5	9.1	8.4	3.7	6.2	11.1	4.2	4.9
2016	4.9	8.4	5.5	9.6	9.5	8.0	5.1	6.7	10.6	4.4	4.7
2017	5	8	5	10	9	7.7	4.5	7.6	9.2	4.5	4.8

〈동 · 북유럽 · 북미지역 OECD 국가의 실업률〉

(단위 : %)

구분	동유럽			북유럽			북미	
	체코	헝가리	폴란드	핀란드	노르웨이	스웨덴	미국	캐나다
2015	7.8	5.9	19.6	9.0	4.5	5.6	6.0	7.6
2016	8.3	6.1	19.0	8.9	4.4	6.4	5.5	7.2
2017	7.9	7.2	17.7	8.4	4.6	6.5	5.1	6.8

〈아시아 · 오세아니아지역 OECD 국가, OECD · EU-15의 실업률〉

(단위 : %)

구분	호주	일본	한국	뉴질랜드	OECD 전체 평균	EU-15 평균
2015	6.1	5.3	3.6	4.6	7.1	8.0
2016	5.5	4.7	3.7	3.9	6.9	8.1
2017	5.1	4.4	3.7	3.7	6.6	7.9

※ EU-15는 조사 당시 OECD 회원국인 EU 15개국을 가리킴

※ 실업률 $= \dfrac{\text{실업자 수}}{\text{경제활동인구}} \times 100$

24 위의 표에 대한 설명 중 옳은 것을 모두 고르면?

ㄱ. 2017년에 지역별로 실업률이 가장 높은 국가들의 경우, 서유럽지역을 제외하고는 2016년과 2017년의 실업률
  이 전년 대비 매년 감소했다.
ㄴ. 2015년에 한국의 경제활동인구가 3,000만 명, 2017년에 3,500만 명이라고 할 경우, 2015년부터 2017년까지
  한국의 실업자 수는 30만 명 이상 증가하였다.
ㄷ. 서유럽지역의 경우, 실업률이 전년 대비 매년 증가한 국가 수가 전년 대비 매년 감소한 국가 수보다 많다.
ㄹ. 2015년 서유럽지역에서 실업률이 가장 높은 국가의 실업률은 같은 해 동유럽지역에서 실업률이 가장 높은 국
  가의 실업률보다 낮다.
ㅁ. 2017년 프랑스와 영국의 경제활동인구가 각각 4,000만 명이라고 할 경우, 프랑스 실업자 수와 영국 실업자 수
  의 차이는 200만 명 이하이다.

① ㄱ, ㄷ, ㄹ 　　　　　　　　　② ㄱ, ㄷ, ㅁ
③ ㄱ, ㄹ, ㅁ 　　　　　　　　　④ ㄴ, ㄷ, ㄹ
⑤ ㄴ, ㄷ, ㅁ

25 2015년부터 2016년까지의 기간, 그리고 2016년부터 2017년까지의 기간 각각의 실업률 증감 방향이
OECD 전체 및 EU-15 실업률 평균의 증감 방향과 동일하게 나타난 국가들을 바르게 짝지은 것은?

	〈OECD 전체 평균〉	〈EU-15 평균〉
①	호주, 노르웨이	오스트리아, 프랑스
②	미국, 스웨덴	독일, 룩셈부르크
③	일본, 헝가리	핀란드, 캐나다
④	스페인, 폴란드	포르투갈, 영국
⑤	이탈리아, 뉴질랜드	체코, 덴마크

※ 실제시험에서는 한 가지 유형으로 25문항이 출제되었으나, 본 모의고사에서는 기출 유형을 섞었습니다.

※ 다음 제시된 도형을 〈조건〉에 따라 변화시켰을 때 물음표에 들어갈 알맞은 도형을 고르시오. [1~13]

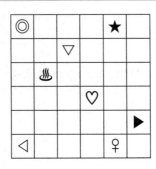

규칙 1 : 각 도형은 1초마다 아래로 한 칸씩 이동한다.
규칙 2 : 바닥에 닿은 도형은 더 이상 내려가지 않는다.

☑ 오답 Check! ○ ✕

01

조건
1초 후 → 시계 방향 90° 회전 → 1초 후 → ?

①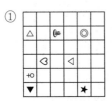

②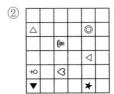

③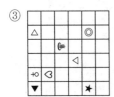

④

⑤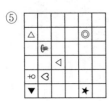

02

1초 후 → 시계 반대 방향 90° 회전 → 2초 후 → ?

①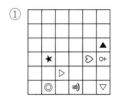

②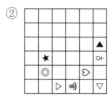

③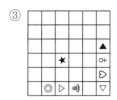

④

⑤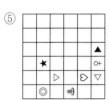

03

180° 회전 → 2초 후 → 시계 방향 90° 회전 → ?

①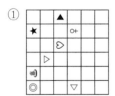

②

③

④

⑤

PART 2

최종점검 모의고사

04

조건

3초 후 → 180° 회전 → 2초 후 → ?

①

②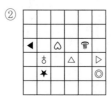

③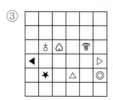

④

⑤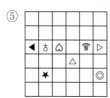

05

조건

2초 후 → 시계 방향 90° 회전 → 1초 후 → ?

①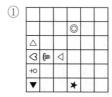

②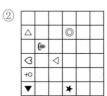

③

④

⑤

06

> **조건**
>
> 시계 방향 90° 회전 → 2초 후 → 시계 방향 90° 회전 → ?

① ② ③ ④ ⑤

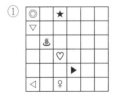

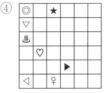

07

> **조건**
>
> 시계 반대 방향 90° 회전 → 2초 후 → 시계 방향 90° 회전 → ?

① ② ③ ④ ⑤

PART 2

최종점검 모의고사

08

1초 후 → 180° 회전 → 3초 후 → ?

①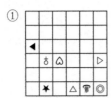

②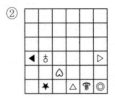

③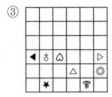

④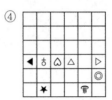

⑤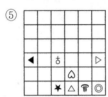

09

시계 반대 방향 90° 회전 → 1초 후 → 시계 반대 방향 90° 회전 → ?

①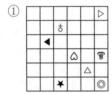

②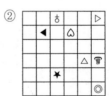

③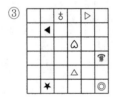

④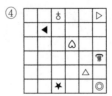

⑤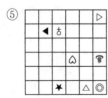

10

180° 회전 → 1초 후 → 시계 반대 방향 90° 회전 → ?

①

②

③

④

⑤

11

2초 후 → 180° 회전 → 1초 후 → 시계 반대 방향 90° 회전 → ?

①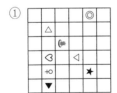

②

③

④

⑤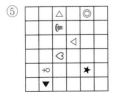

12

조건

1초 후 → 180° 회전 → 2초 후 → 시계 방향 90° 회전 → ?

①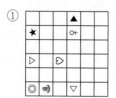

②

③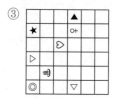

④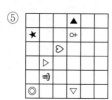

⑤

13

조건

2초 후 → 시계 반대 방향 90° 회전 → 3초 후 → 시계 방향 90° 회전 → ?

①

②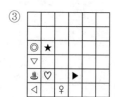

③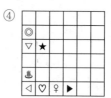

④

⑤

※ 다음은 두 도형을 완전히 겹쳐지게 하여 새로운 도형을 만드는 과정을 나타낸 것이다. 물음표에 들어갈 도형으로
알맞은 것을 고르시오(단, 각 보기의 도형은 회전이 가능하다). **[14~25]**

☑ 오답 Check! ○ ✕

14

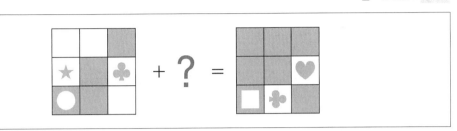

☑ 오답 Check! ○ ✕

15

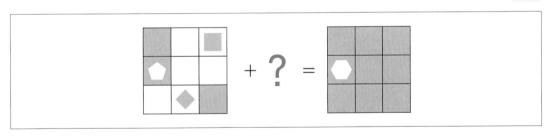

16

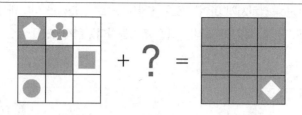

①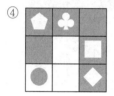

②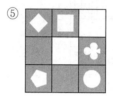

③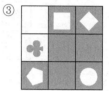

④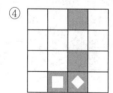

⑤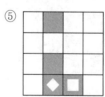

17

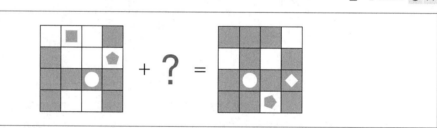

①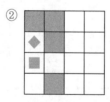

②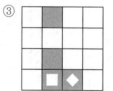

③

④

⑤

18

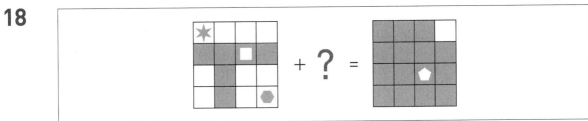

① 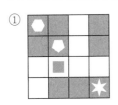　② 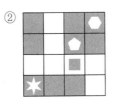　③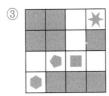

④ 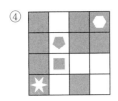　⑤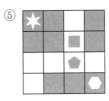

19

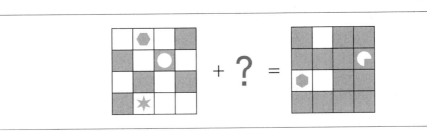

① 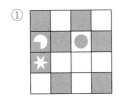　② 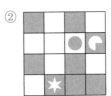　③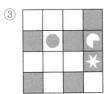

④ 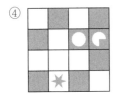　⑤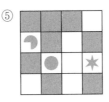

20

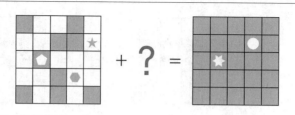

①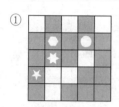

②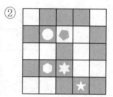

③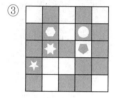

④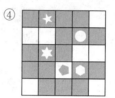

⑤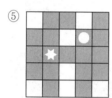

21

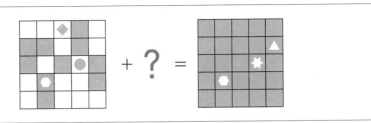

①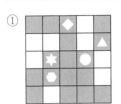

②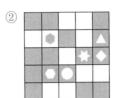

③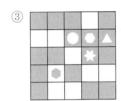

④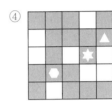

⑤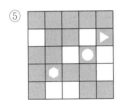

22

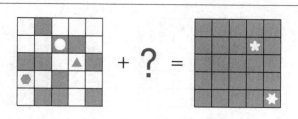

①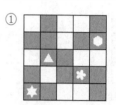

②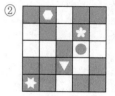

③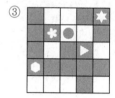

④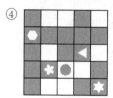

⑤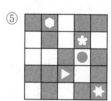

23

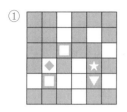

①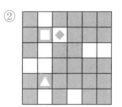

②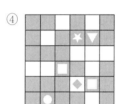

③

④

⑤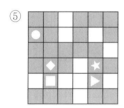

24

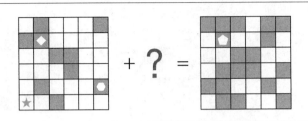

①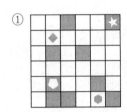

②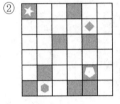

③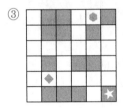

④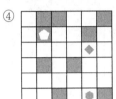

⑤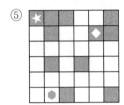

25

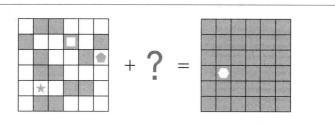

①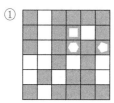

②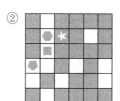

③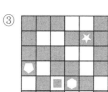

④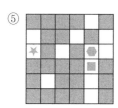

⑤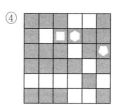

PART 3

인성검사

인성검사

개인이 업무를 수행하면서 능률적인 성과물을 만들기 위해서는 개인의 능력과 경험 그리고 회사에서의 교육 및 훈련 등이 필요하지만, 개인의 성격이나 성향 역시 중요하다. 여러 직무분석 연구에서 나온 결과들에 따르면, 직무에서의 성공과 관련된 특성들 중 최고 70% 이상이 능력보다는 성격과 관련이 있다고 한다. 따라서 최근 기업들은 인성검사의 비중을 높이고 있는 추세이다.

현재 기업들은 인성검사를 KIRBS(한국행동과학연구소)나 SHL Korea(한국에스에이치엘) 등의 전문기관에 의뢰해서 시행하고 있다. 전문기관에 따라서 인성검사 방법에 차이가 있고, 보안을 위해서 인성검사를 의뢰한 기업을 공개하지 않을 수 있기 때문에 특정 기업의 인성검사를 정확하게 알 수 없지만, 지원자들이 후기에 올린 문제를 통해 인성검사 유형을 예상할 수 있다.

여기에서는 코오롱그룹의 인성검사와 수검요령 및 검사 시 유의사항에 대해 간략하게 정리하였다. 또한 인성검사 모의연습을 통해 실제 시험 유형을 확인할 수 있도록 하였다.

1. 코오롱그룹 인성검사

코오롱그룹의 인재상과 적합한 인재인지 평가하는 테스트로, 지원자의 개인 성향이나 인성에 관한 질문으로 구성되어 있다.

(1) 문항 수 : 약 300문항(상황판단검사 포함)

(2) 시간 : 70분

(3) 유형

① 각 문제에 대해, 자신의 성격에 맞게 '예', '아니오'를 선택하는 유형
② 각 문제의 상황에 따라 자신의 성격과 가장 가까운 것(Best)과 가장 먼 것(Worst)을 선택하는 유형

2. 인성검사 수검요령

인성검사는 특별한 수검요령이 없다. 다시 말하면 모범답안이 없고, 정답이 없다는 이야기이다. 국어문제처럼 말의 뜻을 풀이하는 것도 아니다. 굳이 수검요령을 말하자면, 진실하고 솔직한 내 생각이 최고의 답변이라고 할 수 있을 것이다.

인성검사에서 가장 중요한 것은 첫째, 솔직한 답변이다. 내가 지금까지 경험을 통해서 축적되어온 내 생각과 행동을 거짓 없이 솔직하게 기재를 하는 것이다. 예를 들어, '나는 타인의 물건을 훔치고 싶은 충동을 느껴본 적이 있다.'란 질문에 피검사자들은 많은 생각을 하게 된다. 생각해 보라. 유년기에 또는 성인이 되어서 타인의 물건을 훔

치는 일을 저지른 적은 없더라도, 훔치고 싶은 충동은 누구나 조금이라도 느껴보았을 것이다. 그런데 이 질문에 고민을 하는 사람이 간혹 있다.

과연 이 질문에 '예'라고 대답하면 담당 검사관들이 나를 사회적으로 문제가 있는 사람으로 여기지는 않을까 하는 생각에 '아니오'라는 답을 기재하게 된다. 이런 솔직하지 않은 답변이 답변의 신뢰와 솔직함을 나타내는 타당성 척도에 좋지 않은 점수를 주게 된다.

둘째, 일관성 있는 답변이다. 인성검사의 수많은 질문 문항 중에는 비슷한 뜻의 질문이 여러 개 숨어 있는 경우가 많이 있다. 그 질문들은 피검사자의 솔직한 답변과 심리적인 상태를 알아보기 위해 내포되어 있는 문항들이다. 가령 '나는 유년시절 타인의 물건을 훔친 적이 있다.'라는 질문에 '예'라고 대답했는데, '나는 유년시절 타인의 물건을 훔쳐보고 싶은 충동을 느껴본 적이 있다.'라는 질문에는 '아니오'라는 답을 기재한다면 어떻겠는가. 일관성 없이 '대충 기재하자'라는 식의 심리적 무성의성 답변이 되거나, 정신적으로 문제가 있는 사람으로 보일 수 있다.

인성검사는 많은 문항수를 풀기 때문에 피검사자들은 지루함과 따분함, 반복된 의미의 질문에 의한 인내 상실 등이 나타날 수 있다. 그러나 인내를 가지고 솔직하게 내 생각을 대답하는 것이 무엇보다 중요한 요령이 될 것이다.

3. 인성검사 시 유의사항

(1) 충분한 휴식으로 불안을 없애고 정서적인 안정을 취한다. 심신이 안정되어야 자신의 마음을 표현할 수 있다.

(2) 생각나는 대로 솔직하게 응답한다. 자신을 너무 과대포장하지도, 너무 낮추지도 마라. 답변을 꾸미면 답변 신뢰도가 떨어지게 구성돼 있어 불리한 평가를 받게 되므로 솔직하게 답하도록 한다.

(3) 검사문항에 대해 지나치게 생각해서는 안 된다. 지나치게 몰두하면 엉뚱한 답변이 나올 수 있으므로 불필요한 생각은 삼간다.

(4) 검사시간에 너무 신경 쓸 필요는 없다. 인성검사는 시간제한이 없는 경우가 많으며 시간제한이 있다 해도 충분한 시간이다.

(5) 인성검사는 대개 문항수가 많기에 자칫 건너뛰는 경우가 있는데, 가능한 한 모든 문항에 답해야 한다. 응답하지 않은 문항이 많을 경우 평가자가 정확한 평가를 내리지 못해 불리한 평가를 받을 수 있기 때문이다.

4. 인성검사 모의연습

※ 다음 질문을 읽고, '예', '아니오'에 ○표 하시오. [1~225]

번호	질문	응답	
1	문화재 위원과 체육대회 위원 중 체육대회 위원을 하고 싶다.	예	아니오
2	보고 들은 것을 문장으로 옮기기를 좋아한다.	예	아니오
3	남에게 뭔가 가르쳐주는 일이 좋다.	예	아니오
4	많은 사람과 장시간 함께 있으면 피곤하다.	예	아니오
5	엉뚱한 일을 하기 좋아하고 발상도 개성적이다.	예	아니오
6	전표 계산 또는 장부 기입 같은 일을 싫증내지 않고 할 수 있다.	예	아니오
7	책이나 신문을 열심히 읽는 편이다.	예	아니오
8	신경이 예민한 편이며, 감수성도 예민하다.	예	아니오
9	연회석에서 망설임 없이 노래를 부르거나 장기를 보이는 편이다.	예	아니오
10	즐거운 캠프를 위해 계획세우기를 좋아한다.	예	아니오
11	데이터를 분류하거나 통계 내는 일을 싫어하지는 않는다.	예	아니오
12	드라마나 소설 속의 등장인물의 생활과 사고방식에 흥미가 있다.	예	아니오
13	자신의 미적 표현력을 살리면 상당히 좋은 작품이 나올 것 같다.	예	아니오
14	화려한 것을 좋아하며 주위의 평판에 신경을 쓰는 편이다.	예	아니오
15	여럿이서 여행할 기회가 있다면 즐겁게 참가한다.	예	아니오
16	여행 소감을 쓰기를 좋아한다.	예	아니오
17	상품 전시회에서 상품설명을 한다면 잘 할 수 있을 것 같다.	예	아니오
18	변화가 적고 손이 많이 가는 일도 꾸준히 하는 편이다.	예	아니오
19	신제품 홍보에 흥미가 있다.	예	아니오
20	열차 시간표 한 페이지 정도라면 정확하게 옮겨 쓸 자신이 있다.	예	아니오
21	자신의 장래에 대해 자주 생각해본다.	예	아니오
22	혼자 있는 것에 익숙하다.	예	아니오
23	별 근심이 없다.	예	아니오
24	나의 환경에 아주 만족한다.	예	아니오
25	상품을 고를 때 디자인과 색에 신경을 많이 쓴다.	예	아니오
26	극단이나 탤런트 양성소에서 공부해보고 싶다는 생각을 한 적 있다.	예	아니오
27	외출할 때 날씨가 좋지 않아도 그다지 신경을 쓰지 않는다.	예	아니오
28	손님을 불러들이는 호객행위도 마음만 먹으면 할 수 있을 것 같다.	예	아니오
29	신중하고 주의 깊은 편이다.	예	아니오
30	하루 종일 책상 앞에 앉아 있어도 지루해하지 않는 편이다.	예	아니오
31	알기 쉽게 요점을 정리한 다음 남에게 잘 설명하는 편이다.	예	아니오
32	생물 시간보다는 미술 시간에 흥미가 있다.	예	아니오
33	남이 자신에게 상담을 해오는 경우가 많다.	예	아니오

번호	질문	응답	
34	친목회나 송년회 등의 총무 역할을 좋아하는 편이다.	예	아니오
35	실패하든 성공하든 그 원인은 꼭 분석한다.	예	아니오
36	실내장식품이나 액세서리 등에 관심이 많다.	예	아니오
37	남에게 보이기 좋아하고 지기 싫어하는 편이다.	예	아니오
38	대자연 속에서 마음대로 몸을 움직이는 일이 좋다.	예	아니오
39	파티나 모임에서 자연스럽게 돌아다니며 인사하는 성격이다.	예	아니오
40	무슨 일에 쉽게 구애받는 편이며 장인의식도 강하다.	예	아니오
41	우리나라 분재를 파리에서 파는 방법 따위를 생각하기 좋아한다.	예	아니오
42	하루 종일 돌아다녀도 그다지 피곤을 느끼지 않는다.	예	아니오
43	컴퓨터의 키보드 조작도 연습하면 잘 할 수 있을 것 같다.	예	아니오
44	자동차나 모터보트 등의 운전에 흥미를 갖고 있다	예	아니오
45	유명 연예인의 인기 비결을 곧잘 생각해본다.	예	아니오
46	과자나 빵을 판매하는 일보다 만드는 일이 나에게 맞을 것 같다.	예	아니오
47	대체로 걱정하거나 고민하지 않는다.	예	아니오
48	비판적인 말을 들어도 쉽게 상처받지 않는다.	예	아니오
49	초등학교 선생님보다는 등대지기가 더 재미있을 것 같다.	예	아니오
50	남의 생일이나 명절 때 선물을 사러 다니는 일이 귀찮게 느껴진다.	예	아니오
51	조심스러운 성격이라고 생각한다.	예	아니오
52	사물을 신중하게 생각하는 편이다.	예	아니오
53	동작이 기민한 편이다.	예	아니오
54	포기하지 않고 노력하는 것이 중요하다.	예	아니오
55	일주일의 예정을 만드는 것을 좋아한다.	예	아니오
56	노력의 여하보다 결과가 중요하다.	예	아니오
57	자기주장이 강하다.	예	아니오
58	장래의 일을 생각하면 불안해질 때가 있다.	예	아니오
59	소외감을 느낄 때가 있다.	예	아니오
60	훌쩍 여행을 떠나고 싶을 때가 자주 있다.	예	아니오
61	대인관계가 귀찮다고 느낄 때가 있다.	예	아니오
62	자신의 권리를 주장하는 편이다.	예	아니오
63	낙천가라고 생각한다.	예	아니오
64	싸움을 한 적이 없다.	예	아니오
65	자신의 의견을 상대에게 잘 주장하지 못한다.	예	아니오
66	좀처럼 결단하지 못하는 경우가 있다.	예	아니오
67	하나의 취미를 오래 지속하는 편이다.	예	아니오
68	한 번 시작한 일은 끝을 맺는다.	예	아니오

번호	질문	응답	
69	행동으로 옮기기까지 시간이 걸린다.	예	아니오
70	다른 사람들이 하지 못하는 일을 하고 싶다.	예	아니오
71	해야 할 일은 신속하게 처리한다.	예	아니오
72	병이 아닌지 걱정이 들 때가 있다.	예	아니오
73	다른 사람의 충고를 기분 좋게 듣는 편이다.	예	아니오
74	다른 사람에게 의존적이 될 때가 많다.	예	아니오
75	타인에게 간섭받는 것은 싫다.	예	아니오
76	자의식과잉이라는 생각이 들 때가 있다.	예	아니오
77	수다를 좋아한다.	예	아니오
78	잘못된 일을 한 적이 한 번도 없다.	예	아니오
79	모르는 사람과 이야기하는 것은 용기가 필요하다.	예	아니오
80	끙끙거리며 생각할 때가 있다.	예	아니오
81	다른 사람에게 항상 움직이고 있다는 말을 듣는다.	예	아니오
82	매사에 얽매인다.	예	아니오
83	잘하지 못하는 게임은 하지 않으려고 한다.	예	아니오
84	어떠한 일이 있어도 출세하고 싶다.	예	아니오
85	막무가내라는 말을 들을 때가 많다.	예	아니오
86	신경이 예민한 편이라고 생각한다.	예	아니오
87	쉽게 침울해한다.	예	아니오
88	쉽게 싫증을 내는 편이다.	예	아니오
89	옆에 사람이 있으면 싫다.	예	아니오
90	토론에서 이길 자신이 있다.	예	아니오
91	친구들과 남의 이야기를 하는 것을 좋아한다.	예	아니오
92	푸념을 한 적이 없다.	예	아니오
93	남과 친해지려면 용기가 필요하다.	예	아니오
94	통찰력이 있다고 생각한다.	예	아니오
95	집에서 가만히 있으면 기분이 우울해진다.	예	아니오
96	매사에 느긋하고 차분하게 대처한다.	예	아니오
97	좋은 생각이 떠올라도 실행하기 전에 여러모로 검토한다.	예	아니오
98	누구나 권력자를 동경하고 있다고 생각한다.	예	아니오
99	몸으로 부딪혀 도전하는 편이다.	예	아니오
100	당황하면 갑자기 땀이 나서 신경 쓰일 때가 있다.	예	아니오
101	친구들은 나를 진지한 사람으로 생각하고 있다.	예	아니오
102	감정적으로 될 때가 많다.	예	아니오
103	다른 사람의 일에 관심이 없다.	예	아니오

번호	질문	응답	
104	다른 사람으로부터 지적받는 것은 싫다.	예	아니오
105	지루하면 마구 떠들고 싶어진다.	예	아니오
106	부모에게 불평을 한 적이 한 번도 없다.	예	아니오
107	내성적이라고 생각한다.	예	아니오
108	돌다리도 두들기고 건너는 타입이라고 생각한다.	예	아니오
109	굳이 말하자면 시원시원하다.	예	아니오
110	나는 끈기가 강하다.	예	아니오
111	전망을 세우고 행동할 때가 많다.	예	아니오
112	일에는 결과가 중요하다고 생각한다.	예	아니오
113	활력이 있다.	예	아니오
114	항상 천재지변을 당하지 않을까 걱정하고 있다.	예	아니오
115	때로는 후회할 때도 있다.	예	아니오
116	다른 사람에게 위해를 가할 것 같은 기분이 든 때가 있다.	예	아니오
117	진정으로 마음을 허락할 수 있는 사람은 없다.	예	아니오
118	기다리는 것에 짜증내는 편이다.	예	아니오
119	친구들로부터 줏대 없는 사람이라는 말을 듣는다.	예	아니오
120	사물을 과장해서 말한 적은 없다.	예	아니오
121	인간관계가 폐쇄적이라는 말을 듣는다.	예	아니오
122	매사에 신중한 편이라고 생각한다.	예	아니오
123	눈을 뜨면 바로 일어난다.	예	아니오
124	난관에 봉착해도 포기하지 않고 열심히 해본다.	예	아니오
125	실행하기 전에 재확인할 때가 많다.	예	아니오
126	리더로서 인정을 받고 싶다.	예	아니오
127	어떤 일이 있어도 의욕을 가지고 열심히 하는 편이다.	예	아니오
128	다른 사람의 감정에 민감하다.	예	아니오
129	다른 사람들이 남을 배려하는 마음씨가 있다는 말을 한다.	예	아니오
130	사소한 일로 우는 일이 많다.	예	아니오
131	반대에 부딪혀도 자신의 의견을 바꾸는 일은 없다.	예	아니오
132	누구와도 편하게 이야기할 수 있다.	예	아니오
133	가만히 있지 못할 정도로 침착하지 못할 때가 있다.	예	아니오
134	다른 사람을 싫어한 적은 한 번도 없다.	예	아니오
135	그룹 내에서는 누군가의 주도하에 따라가는 경우가 많다.	예	아니오
136	차분하다는 말을 듣는다.	예	아니오
137	스포츠 선수가 되고 싶다고 생각한 적이 있다.	예	아니오
138	모두가 싫증을 내는 일에도 혼자서 열심히 한다.	예	아니오

번호	질문	응답	
139	휴일은 세부적인 계획을 세우고 보낸다.	예	아니오
140	완성된 것보다 미완성인 것에 흥미가 있다.	예	아니오
141	잘하지 못하는 것이라도 자진해서 한다.	예	아니오
142	가만히 있지 못할 정도로 불안해질 때가 많다.	예	아니오
143	자주 깊은 생각에 잠긴다.	예	아니오
144	이유도 없이 다른 사람과 부딪힐 때가 있다.	예	아니오
145	타인의 일에는 별로 관여하고 싶지 않다고 생각한다.	예	아니오
146	무슨 일이든 자신을 가지고 행동한다.	예	아니오
147	유명인과 서로 아는 사람이 되고 싶다.	예	아니오
148	지금까지 후회를 한 적이 없다.	예	아니오
149	의견이 다른 사람과는 어울리지 않는다.	예	아니오
150	무슨 일이든 생각해 보지 않으면 만족하지 못한다.	예	아니오
151	다소 무리를 하더라도 피로해지지 않는다.	예	아니오
152	굳이 말하자면 장거리 주자에 어울린다고 생각한다.	예	아니오
153	여행을 가기 전에는 세세한 계획을 세운다.	예	아니오
154	능력을 살릴 수 있는 일을 하고 싶다.	예	아니오
155	시원시원하다고 생각한다.	예	아니오
156	굳이 말하자면 자의식과잉이다.	예	아니오
157	자신을 쓸모없는 인간이라고 생각할 때가 있다.	예	아니오
158	주위의 영향을 쉽게 받는다.	예	아니오
159	지인을 발견해도 만나고 싶지 않을 때가 많다.	예	아니오
160	다수의 반대가 있더라도 자신의 생각대로 행동한다.	예	아니오
161	번화한 곳에 외출하는 것을 좋아한다.	예	아니오
162	지금까지 다른 사람의 마음에 상처준 일이 없다.	예	아니오
163	다른 사람에게 자신이 소개되는 것을 좋아한다.	예	아니오
164	실행하기 전에 재고하는 경우가 많다.	예	아니오
165	몸을 움직이는 것을 좋아한다.	예	아니오
166	나는 완고한 편이라고 생각한다.	예	아니오
167	신중하게 생각하는 편이다.	예	아니오
168	커다란 일을 해보고 싶다.	예	아니오
169	계획을 생각하기보다 빨리 실행하고 싶어 한다.	예	아니오
170	작은 소리도 신경 쓰인다.	예	아니오
171	나는 자질구레한 걱정이 많다.	예	아니오
172	이유도 없이 화가 치밀 때가 있다.	예	아니오
173	융통성이 없는 편이다.	예	아니오

번호	질문	응답	
174	나는 다른 사람보다 기가 세다.	예	아니오
175	다른 사람보다 쉽게 우쭐해진다.	예	아니오
176	다른 사람을 의심한 적이 한 번도 없다.	예	아니오
177	어색해지면 입을 다무는 경우가 많다.	예	아니오
178	하루의 행동을 반성하는 경우가 많다.	예	아니오
179	격렬한 운동도 그다지 힘들어하지 않는다.	예	아니오
180	새로운 일에 첫발을 좀처럼 떼지 못한다.	예	아니오
181	앞으로의 일을 생각하지 않으면 진정이 되지 않는다.	예	아니오
182	인생에서 중요한 것은 높은 목표를 갖는 것이다.	예	아니오
183	무슨 일이든 선수를 쳐야 이긴다고 생각한다.	예	아니오
184	다른 사람이 나를 어떻게 생각하는지 궁금할 때가 많다.	예	아니오
185	침울해지면서 아무것도 손에 잡히지 않을 때가 있다.	예	아니오
186	어린 시절로 돌아가고 싶을 때가 있다.	예	아니오
187	아는 사람을 발견해도 피해버릴 때가 있다.	예	아니오
188	굳이 말하자면 기가 센 편이다.	예	아니오
189	성격이 밝다는 말을 듣는다.	예	아니오
190	다른 사람이 부럽다고 생각한 적이 한 번도 없다.	예	아니오
191.	결점을 지적 받아도 아무렇지 않다.	예	아니오
192	피곤하더라도 밝게 행동한다.	예	아니오
193	실패했던 경험을 생각하면서 고민하는 편이다.	예	아니오
194	언제나 생기가 있다.	예	아니오
195	선배의 지적을 순수하게 받아들일 수 있다.	예	아니오
196	매일 목표가 있는 생활을 하고 있다.	예	아니오
197	열등감으로 자주 고민한다.	예	아니오
198	남에게 무시당하면 화가 난다.	예	아니오
199	무엇이든지 하면 된다고 생각하는 편이다.	예	아니오
200	자신의 존재를 과시하고 싶다.	예	아니오
201	사람을 많이 만나는 것을 좋아한다.	예	아니오
202	사람들이 당신에게 말수가 적다고 하는 편이다.	예	아니오
203	특정한 사람과 교제를 하는 타입이다.	예	아니오
204	친구에게 먼저 말을 하는 편이다.	예	아니오
205	친구만 있으면 된다고 생각한다.	예	아니오
206	많은 사람 앞에서 말하는 것이 서툴다.	예	아니오
207	반 편성과 교실 이동을 싫어한다.	예	아니오
208	다과회 등에서 자주 책임을 맡는다.	예	아니오

번호	질문	응답	
209	새 팀 분위기에 쉽게 적응하지 못하는 편이다.	예	아니오
210	누구하고나 친하게 교제한다.	예	아니오
211	충동구매는 절대 하지 않는다.	예	아니오
212	컨디션에 따라 기분이 잘 변한다.	예	아니오
213	옷 입는 취향이 오랫동안 바뀌지 않고 그대로이다.	예	아니오
214	남의 물건이 좋아 보인다.	예	아니오
215	광고를 보면 그 물건을 사고 싶다.	예	아니오
216	자신이 낙천주의자라고 생각한다.	예	아니오
217	에스컬레이터에서도 걷지 않는다.	예	아니오
218	꾸물대는 것을 싫어한다.	예	아니오
219	고민이 생겨도 심각하게 생각하지 않는다.	예	아니오
220	반성하는 일이 거의 없다.	예	아니오
221	남의 말을 호의적으로 받아들인다.	예	아니오
222	혼자 있을 때가 편안하다.	예	아니오
223	친구에게 불만이 있다.	예	아니오
224	남의 말을 좋은 쪽으로 해석한다.	예	아니오
225	남의 의견을 절대 참고하지 않는다.	예	아니오

상황판단검사

※ 상황판단검사의 평가기준은 기업의 인재상 및 요구능력에 따라 달라질 수 있으므로, 별도의 해설을 싣지 않으니 참고하시기 바랍니다.

유형맛보기

A사원의 직속 상사는 B대리이다. A사원은 항상 B대리의 업무 지시에 따라 업무를 수행해왔다. 그러던 어느 날 C이사가 직접 A사원에게 지시를 내렸다. 그러나 C이사가 내린 지시는 B대리가 내렸던 지시와 대립하는 내용이다. 당신이 A사원이라면 이 상황에서 어떻게 할 것인가?

① C이사의 직급이 더 높으므로 C이사의 지시에 따른다.
② B대리에게 이 사실을 말하고 C이사의 지시를 무시한다.
③ C이사에게 B대리의 지시와 다름을 말하되 C이사가 고집할 경우 이에 따른다.
④ D부장에게 이 사실을 말하고 도움을 요청한다.

해설 ▶ C이사가 직급은 더 높지만, A사원의 직속 상사는 B대리이다. 따라서 이 상황에서는 양자에 대한 배려가 모두 필요하다. B대리에게 이러한 상황을 살짝 귀띔하는 한편, C이사에게도 이러한 상황을 공손히 말하여 상황을 풀어나가야 한다.

※ 문제에서 주어진 상황에 따라 자신의 성격과 가장 가까운 것(Best)과 가장 먼 것(Worst)을 하나씩 선택하시오.
[1~20]

01 A대리는 누구보다 열심히 프로젝트 발표를 준비해왔다. 그러나 발표 당일 상사인 T팀장은 이번에 새로 입사한 U사원에게 발표할 것을 지시하고 있다. 발표를 준비해온 것은 A대리이지만, U사원이 얼굴도 예쁘고 말도 잘하기 때문에 U사원이 하는 발표가 훨씬 더 설득력이 있을 거라는 이유에서이다. 이런 상황에서 당신이 A대리라면 어떻게 할 것인가?

① U사원을 찾아가 발표를 못 하겠다고 말하게 시킨다.
② T팀장에게 개인적으로 찾아가 발표를 잘 할 수 있다고 설득한다.
③ U사원의 발표 도중에 끼어들어 준비했던 발표를 마치도록 한다.
④ 외모 때문에 자신의 능력을 인정받지 못했으므로 성형 수술을 한다.

02 S대리는 최근 들어 회사 생활의 어려움을 느끼고 있다. S대리가 속한 팀의 팀장인 R이 팀원들을 지나치게 편애하기 때문이다. 이에 따라 팀별로 회의를 진행할 때마다 S대리가 아무리 좋은 아이디어를 내더라도 R팀장은 듣는 둥 마는 둥 하지만 R팀장이 아끼는 O대리가 내는 아이디어라면 R팀장은 칭찬부터 하고 본다. R팀장의 편애로 인해 팀 성과 또한 형편없는 상황이다. 이런 상황에서 당신이 S대리라면 어떻게 할 것인가?

① R팀장의 부당함을 인사과에 신고하도록 한다.
② O대리를 찾아가 절대 아이디어를 내지 못하도록 한다.
③ 팀 회의 자리에서 R팀장의 태도를 시정할 것을 요구한다.
④ O대리에게 R팀장의 태도 시정을 건의해 달라고 요청한다.

03 사원 H는 최근에 다른 부서 F로 이동하게 되었다. 그러나 새로운 부서 F는 이전 부서 S와 달리 업무 분위기가 지나치게 경직되어 있다. 가령 부서 F에서 회의를 진행할 때면 U부장의 입김이 너무 세서 사원들은 아이디어를 내기조차 어려운 상황이며 대리들도 사원과 다를 바 없이 U부장의 비위를 맞추기에만 혈안이다. 이런 상황에서 당신이 사원 H라면 어떻게 할 것인가?

① 다른 대리들처럼 U부장의 비위를 맞추기 위해 열심히 아부한다.
② 기존에 일했던 부서 S로 이동해 달라고 요청한다.
③ U부장과 친한 기존 부서 S의 E부장을 찾아가 조심스레 건의해 달라고 요청한다.
④ F부서의 다른 사원들과 합세하여 U부장을 찾아가 건의해본다.

04 대리 V에게는 직속 후배인 사원 W가 있다. 사원 W는 명문대 출신으로 업무 능력이 상당히 뛰어나다. 그러나 자신의 뛰어난 업무 능력만을 믿고 상사의 주의를 제대로 듣지 않은 채 제멋대로 업무를 해석하여 처리하는 경우가 있어 문제를 일으킬 때가 종종 있다. 상사로서 대리 V는 사원 W에 대해 적절히 주의하라고 경고해야 하는 상황이다. 당신이 대리 V라면 어떻게 할 것인가?

① 부장 G를 모셔와 사원 W가 따끔하게 혼날 수 있도록 한다.
② 개인적인 자리를 빌려 사원 W에게 주의하라고 엄격하게 경고한다.
③ 사원 W가 어디까지 막가는지 지켜보도록 한다.
④ 사원 W에게 커피 심부름을 계속 시켜서 소심하게 복수한다.

05 S는 최근에 새로운 부서 R의 팀장으로 이동하였다. 그러나 R부서의 사원들은 새롭게 부임한 팀장인 S보다 부서 실무에 능통한 T대리에 의존하는 상황이다. 게다가 S는 우연한 기회에 R부서의 직원들이 자신이 내린 지시보다 T대리가 내린 지시를 참고하여 업무를 수행하고 있음을 알게 되었다. 이런 상황에서 당신이 S라면 어떻게 할 것인가?

① 개인적으로 T대리에게 주의하라고 경고한 뒤에, T대리의 도움을 받아 팀장의 역할을 다한다.
② T대리만 빼놓고 단체 회식을 해서 친목을 다진다.
③ 회의 시간에 R부서 내 사원들을 대상으로 훈계한다.
④ 자신만 없으면 잘 돌아가는 부서이므로 다른 부서로 옮기도록 한다.

06 사원 A는 거래처 직원 Y와의 저녁 약속을 앞둔 상황이다. 그러나 부장인 R이 계속해서 사원 A를 포함한 같은 부서의 모든 사원에게 추가 업무 지시를 내리고 있어 거래처 직원 Y와의 약속 이전에 맡은 업무를 다 끝낼 수 있을지 불확실한 상황이다. 이런 상황에서 당신이 사원 A라면 어떻게 할 것인가?

① 거래처 직원 Y에게 전화를 걸어 약속을 일단 미루도록 한다.
② 퇴근 시간이 되면 부장 R에게 거래처 약속을 들어 퇴근해버린다.
③ 동료에게 양해를 구하고 다음에 동료의 업무를 도와주기로 한다.
④ 거래처 직원 Y와의 약속에 조금 늦더라도 맡은 업무는 모두 끝내도록 한다.

07 인사팀에서 일하고 있는 A는 이번 신입사원 공개 채용에서 면접관으로 참여하게 되었다. 면접에 응시한 지원자 S에 대해 채점을 하는 도중 A는 인사팀 상사인 P가 특정 지원자와 잘 아는 사이라며 부당하게 점수를 매기는 것을 목격했다. 그 결과 능력도 뛰어나고 업무에도 적합해 보이는 지원자 X가 아닌 S가 근소한 차이로 최종 합격을 하게 되었다. 이런 상황에서 당신이 A라면 어떻게 할 것인가?

① 상사인 P을 찾아가 위 사실을 말하고 협박한다.
② P보다 상사인 T를 찾아가 P에 대해 말하고 적절한 조치를 취하도록 요구한다.
③ 상사인 P의 뜻이므로 모르는 척 넘어가도록 한다.
④ 지원자 S의 점수를 몰래 바꾸어 놓는다.

08 사원 A의 팀장인 T는 매우 열정적인 사람으로 하나의 업무가 끝나기도 전에 새로운 업무를 또다시 벌이곤 한다. T의 지시에 따라 팀원들은 모두 일사불란하게 움직이며 성과를 높이고 있다. 그러나 자발적인 야근 을 이어가며 업무를 수행하는 팀원들과 달리 팀장 T는 항상 퇴근 시간이 되면 바로 퇴근을 해버린다. 이런 상황에서 당신이 사원 A라면 어떻게 할 것인가?

① 상사의 퇴근 시간에 대해서 절대 언급하지 않는 것이 좋다.
② 다른 사원들과 T팀장에 대해 이야기하면서 스트레스를 풀도록 한다.
③ T팀장에게 더는 새로운 업무를 벌이지 말라고 단단히 주의를 준다.
④ T팀장을 따라 정시에 퇴근하도록 한다.

09 P가 속한 회사 Q는 관행상 리베이트가 자주 이루어지는 회사이다. 그러나 얼마 전 정부에서 대대적인 리 베이트 단속을 선포함에 따라 당분간 P의 회사 Q는 리베이트를 금지하는 등 회사 방침을 수정한 상황이 다. 그런데 P가 오랫동안 담당해온 중요한 거래처에서 정부 발표나 회사 방침을 모두 무시한 채 리베이트 를 요구하고 있다. 이런 상황에서 당신이 P라면 어떻게 할 것인가?

① 회사의 방침을 들어 리베이트 요구를 정중하게 거절한다.
② 상사인 B에게 전화를 걸어 도움을 요청한다.
③ 리베이트 요구를 거절하는 대신 거래처에 유리한 조건을 제시한다.
④ 정부 발표를 자세히 말하여 자발적으로 리베이트를 포기하도록 한다.

10 팀장 K의 팀은 유난히 회의가 많은 편이다. 게다가 지나치게 길어지는 회의로 인해 어떤 날은 맡은 업무를 끝내기 곤란할 정도이다. 그러나 매일같이 회의가 길어지는 이유는 다름 아닌 농담과 잡담 때문이다. K가 생각하기에는 평소에 사원들끼리 주고받는 농담과 잡담들만 줄인다면 업무에 방해받지 않을 정도로 회의 시간을 줄일 수 있을 것 같다. 이런 상황에서 당신이 K라면 어떻게 할 것인가?

① 온라인 메신저를 통해 회의를 대신할 것을 제안한다.
② 매일 회의를 진행하는 것이 아니라 특정 요일에만 회의를 진행하자고 제안한다.
③ 사무실의 책상 배치를 변경하여 항상 이야기하면서 업무를 처리하도록 한다.
④ 상벌점제를 도입하여 회의 시간에 농담하는 경우 벌점을 매기도록 한다.

11 G사원은 최근 들어 회사 생활에 불편함을 느끼고 있다. 상사인 H대리가 업무 수행에 있어 불필요한 신체 접촉을 시도한다거나, 업무 시간 외에도 사적으로 연락이 오기 때문이다. 게다가 H대리는 자신이 상사라는 점을 들어 개인적인 만남을 강요할 때도 있다. 그러나 G사원은 애인도 있는데다가 상사인 H대리와 불편한 관계가 되고 싶지 않은 상황이다. 당신이 G사원이라면 어떻게 할 것인가?

① 애인에게 모두 이야기한 뒤 H대리를 몰래 처리하도록 주문한다.
② F부장을 찾아가 사실대로 이야기하고 H대리에게 공개적인 사과를 받아낸다.
③ H대리를 개인적으로 만나서 단단히 주의를 주고 지켜본다.
④ 회사 생활에 불편함을 느끼고 있기 때문에 퇴사한다.

12 C사원은 어느 시골에 위치한 A/S센터에서 근무 중이다. 그러던 어느 날 B라는 노인이 A/S센터에 찾아왔다. B는 무상 수리 기간이 지난 제품을 가지고 와서 막무가내로 무상으로 수리를 해달라며 언성을 높이고 있는 상황이다. 당신이 C사원이라면 어떻게 할 것인가?

① 시골은 일하기 피곤하다고 생각하고, 전근을 신청한다.
② 무상 수리 기간이 지나서 절대로 무상으로 수리해 드릴 수 없다고 말한다.
③ 본인의 비용으로 수리해 드리고 좋은 일 했다고 생각한다.
④ 억지를 부리는 노인이 안타깝지만, 방해가 되므로 경찰을 부른다.

13 어느 날 A사원은 평소와 달리 업무상의 실수를 저질렀다. 이를 발견한 B팀장이 다른 사원이 모두 지켜보는 가운데서 A사원을 큰 소리로 꾸짖기 시작했다. 그러나 B팀장은 업무상의 실수에 대해서만 꾸짖는 것이 아니라 이와 전혀 상관이 없는 A사원의 사생활에 해당하는 결점까지 들추어가며 욕을 하는 상황이다. 당신이 A사원이라면 어떻게 하겠는가?

① 내가 잘못한 것이니 어쩔 수 없다고 생각한다.
② 팀장에게 반박할 말을 생각한다.
③ 회사 게시판에 익명으로 글을 올려 부당함을 호소해야겠다고 생각한다.
④ 일단은 참고 다음에 서운했던 마음을 풀어야겠다고 생각한다.

14　대리인 A는 집안에 급한 일이 생겨서 월차를 쓰려고 한다. 그러나 A대리의 부서에 처리해야 할 업무가 쌓여 있는 상황이라 월차를 쓰기에는 눈치가 보인다. 게다가 A대리의 상사인 B과장은 A대리가 월차를 쓰지 못하도록 은근슬쩍 압박을 주는 상황이다. 당신이 A대리라면 어떻게 하겠는가?

① 월차는 당연한 나의 권리이니 신경 쓰지 않고 쓴다.
② 팀장에게 사정을 말하고 양해를 구한다.
③ 월차를 쓰고 전날까지 야근해서라도 일을 다 끝낸다.
④ 가족들에게 사정을 말하고 월차를 포기한다.

15　S사원은 사무실에서 입사 동기인 T사원의 옆자리에 앉아 있다. 그래서 그런지 업무시간마다 T사원이 자꾸 잡담을 건다. T사원이 하는 이야기가 재미없는 것은 아니지만 아무래도 업무 시간이다 보니 상사의 눈치가 보이는 것이 사실이다. 당신이 S사원이라면 어떻게 할 것인가?

① 모른 척한다.
② 나중에 따로 조용히 그러지 말라고 말한다.
③ 상급자에게 말을 하여 바로잡도록 한다.
④ 다른 동료 직원에게 대신 말해 달라고 부탁한다.

16　W사원은 부지런한 편이라 항상 출근 시간보다 10분 전에 출근을 한다. W사원이 속한 부서의 상관인 R팀장은 종종 출근 시간보다 늦곤 한다. 이를 잘 아는 동료 V사원은 출근 시간이 가까워질 때마다 R팀장의 출근 여부를 물어보고 상사인 R팀장이 출근하기 전에 지각한다. R팀장은 이를 전혀 알아차리지 못하고 있다. 당신이 W사원이라면 어떻게 할 것인가?

① 그러지 말라고 V사원에게 주의를 시킨다.
② 나중에 술자리에서 R팀장에게 V사원에 대해 말을 한다.
③ 옆 직원에게 이러한 사항을 토로한다.
④ R팀장의 상사인 U부장에게 사실대로 이야기해서 시정하게 한다.

17 A대리는 자신이 다니고 있는 B회사와 거래 관계에 있는 바이어로부터 성의의 표시로 조그마한 선물을 하나 받게 되었다. 나중에 알아보니, 선물의 시가는 3만 2천 원이다. 그러나 회사의 윤리 규정에서 허용하는 선물의 금액은 3만 원이다. 당신이 A대리라면 어떻게 하겠는가?

① 즉시 선물을 돌려주고 회사의 윤리 규정을 설명한다.
② 거절하면 바이어가 불쾌할 수 있으므로 그냥 받는다.
③ 일단은 선물을 받고 상사에게 보고한다.
④ 선물을 감사히 받고, 나중에 사비로 3만 2천 원 상당의 선물을 한다.

18 J대리는 오랫동안 같은 부서에서 근무해 왔던 여사원 G와의 개인적인 자리에서 서로 좋은 감정을 느끼고 있음을 알게 되었고, 둘은 곧 사귀게 되었다. 그러나 회사 방침상 사내연애는 금지 사항이다. 이런 상황에서 당신이 J대리라면 어떻게 할 것인가?

① 사내연애 금지는 비합리적이므로 몰래 사귄다.
② 연애사실을 공개하고 회사규정을 수정할 것을 요구한다.
③ 연애를 포기한다.
④ 본인이 퇴사한다.

19 K사원은 G팀에 속해있다. 그러나 G팀의 팀원들은 왠지 모르게 K사원을 따돌리는 느낌이다. 팀 회의를 진행할 때 K사원이 내는 아이디어를 가볍게 듣고 넘긴다거나 K사원과 점심 식사를 피하는 등 은근슬쩍 왕따를 시키고 있다. 당신이 K사원이라면 어떻게 하겠는가?

① 팀장에게 보고한다.
② 익명으로 회사 게시판에 글을 올린다.
③ 회사 감찰반에 투서한다.
④ 팀원들과 인간적으로 친해지려고 노력한다.

20 어느 날 아침, 출근하던 A사원은 신장개업을 한 식당을 발견했다. 당신이 A사원이라면 신장개업한 식당을 보고 어떤 생각을 할 것 같은가?

① 아무 생각도 하지 않는다.
② 또 망하려는 가게 하나 생겼구나 생각한다.
③ 성공하기를 바라는 마음을 가진다.
④ 친한 동료 B에게 말하여 함께 가본다.

PART

4

면접

01 면접 실전 대책 및 유형

1. 면접 실전 대책

(1) 면접 대비사항

① 사전지식을 충분히 갖는다.

필기시험에서 합격 또는 서류전형에서의 합격통지가 온 후 면접시험 날짜가 정해지는 것이 보통이다. 이때 수험자는 면접시험을 대비해 사전에 자기가 지원한 계열 또는 업무에 대해 폭넓은 지식을 가질 필요가 있다.

② 충분한 수면을 취한다.

충분한 수면으로 안정감을 유지하고 첫 출발의 신선한 마음가짐을 갖는다.

③ 얼굴을 생기 있게 한다.

첫인상은 면접에 있어서 가장 결정적인 당락요인이다. 면접관에게 좋은 인상을 줄 수 있도록 화장하는 것도 필요하다. 면접관들이 가장 좋아하는 인상은 얼굴에 생기가 있고 눈동자가 살아 있는 사람, 즉 기가 살아 있는 사람이다.

④ 아침에 인터넷에 의한 정보나 신문을 읽는다.

그날의 뉴스가 면접 질문 대상에 오를 수가 있다. 특히 경제면, 정치면, 문화면 등을 유의해서 보아둘 필요가 있다.

(2) 면접 시 옷차림

면접에서 옷차림은 간결하고 단정한 느낌을 주는 것이 가장 중요하다. 색상과 디자인 면에서 지나치게 화려하거나, 노출이 심한 디자인은 자칫 면접관의 눈살을 찌푸리게 할 수 있다. 단정한 차림을 유지하면서 자신만의 독특한 멋을 연출하는 것, 지원하는 회사의 분위기를 파악했다는 센스를 보여주는 것 또한 코디네이션의 포인트다.

> **복장 점검**
>
> • 구두는 잘 닦여 있는가?
> • 옷은 깨끗이 다려져 있으며 스커트 길이는 적당한가?
> • 손톱은 길지 않고 깨끗한가?
> • 머리는 흐트러짐 없이 단정한가?

(3) 면접요령

① 첫인상을 중요시한다.

상대에게 인상을 좋게 주지 않으면 어떠한 얘기를 해도 이쪽의 기분이 충분히 전달되지 않을 수 있다. 예를 들면 '저 친구는 표정이 없고 무엇을 생각하고 있는지 전혀 알 길이 없다.' 이렇게 생각되면 최악의 상태다. 우선 청결한 복장, 바른 자세로 침착하게 들어가서 건강하고 신선한 이미지를 주어야 한다.

② 좋은 표정을 짓는다.

얘기를 할 때의 표정은 중요한 사항 중의 하나다. 거울 앞에서는 웃는 얼굴을 연습해 본다. 웃는 얼굴은 상대를 편안하게 만들고 특히 면접 등 긴박한 분위기에서는 천금의 값이 있다 할 것이다. 그렇다고 하여 항상 웃고만 있어서는 안 된다. 자기의 할 얘기를 진정으로 전하고 싶을 때는 정상적인 얼굴로 상대의 눈을 바라보며 얘기한다. 면접을 볼 때 눈을 감고 있으면 마이너스 이미지를 주게 된다.

③ 결론부터 이야기한다.

자기의 의사나 생각을 상대에게 정확하게 전달하기 위해서는 먼저 무엇을 말하고자 하는가를 명확히 결정해 두어야 한다. 대답을 할 경우에는 결론을 먼저 이야기하고 나서 그에 따르는 설명과 이유를 나중에 덧붙이면 논지(論旨)가 명확해지고 이야기가 깔끔하게 정리된다. 한 가지 사실을 이야기하거나 설명하는 데는 3분이면 충분하다. 복잡한 이야기라도 어느 정도의 길이로 요약해서 이야기하면 상대도 이해하기 쉽고 자기도 정리할 수 있다. 긴 이야기는 오히려 상대를 불쾌하게 할 수가 있다.

④ 질문의 요지를 파악한다.

면접 때의 이야기는 간결성만으로는 부족하다. 상대의 질문이나 이야기에 대해 적절하고 필요한 대답을 하지 않으면 대화는 끊어지고 자기의 생각도 제대로 표현하지 못하여 면접자로 하여금 수험생의 인품이나 사고방식 등을 명확히 파악할 수 없도록 만들게 된다. 무엇을 묻고 있는지, 무슨 이야기를 하고 있는지 그 요점을 정확히 알아내야 한다.

면접에서 고득점을 받을 수 있는 성공요령(10가지)

1. 자기 자신을 겸허하게 판단하라.
2. 지원한 회사에 대해 100% 이해하라.
3. 실전과 같은 연습으로 감각을 익혀라.
4. 단답형 답변보다는 구체적으로 이야기를 풀어나가라.
5. 거짓말을 하지 마라.
6. 면접시간 동안 대화의 흐름을 유지하라.
7. 친밀감과 신뢰를 구축하라.
8. 상대방의 말을 성실하게 들어라.
9. 근로조건에 대한 이야기를 풀어나갈 준비를 하라.
10. 끝까지 긴장을 풀지 마라.

(4) 면접 시 주의사항

① 지각은 있을 수 없다.

면접 당일에 시간을 맞추지 못하여 지각하는 것은 있을 수 없는 일이다. 신용사회에서 약속을 못 지키는 사람은 좋은 평가를 받을 수 없다. 면접일에는 지정시간 10~20분쯤 전에 미리 면접장에 도착해 마음을 가라앉히고 준비해야 한다.

② 손가락을 움직이지 마라.

면접 시에 손가락을 까딱거리거나 만지작거리는 행동은 유난히 눈에 띌 뿐만 아니라 면접관의 눈에 거슬리기 마련이다. 다리를 떠는 행동은 말할 것도 없다. 불안정하거나 산만하다는 느낌을 줄 수 있으므로 주의할 필요가 있다.

③ 옷매무새를 자주 고치지 마라.

여성의 경우 외모에 너무 신경 쓴 나머지 머리를 계속 쓸어 올리거나, 깃과 치마 끝을 만지작거리는 경우가 많다. 미니스커트를 입고 와서 면접시간 내내 치마 끝을 내리는 행위는 면접관으로 하여금 인상을 찌푸리게 만든다. 인사담당자의 말에 의하면 이런 사람이 의외로 많다고 한다.

④ 너무 큰 소리로 말하지 마라.

면접관과의 거리가 어느 정도 떨어져 있기 때문에 작은 소리로 웅얼거리는 것은 안 좋다. 그러나 너무 큰 소리로 소리를 질러가며 말하는 사람은 오히려 거북스럽게 느껴진다.

⑤ 성의 있는 응답 자세를 보여라.

사소한 질문에 대해서도 성의 있는 응답 자세는 면접관에게 성실하다는 인상을 심어준다.

⑥ 기타 사항

　㉠ 앉으라고 할 때까지 앉지 마라. 의자로 재빠르게 다가와 앉으면 무례한 사람처럼 보이기 쉽다.

　㉡ 응답 시 너무 말을 꾸미지 마라.

　㉢ 질문이 떨어지자마자 바쁘게 대답하지 마라.

　㉣ 혹시 잘못 대답하였다고 해서 혀를 내밀거나 머리를 긁지 마라.

　㉤ 머리카락에 손대지 마라. 정서불안으로 보이기 쉽다.

　㉥ 면접실에 타인이 들어올 때 절대로 일어서지 마라.

　㉦ 동종업계나 라이벌 회사에 대해 비난하지 마라.

　㉧ 인사관리자 책상에 있는 서류를 보지 마라.

　㉨ 농담을 하지 마라. 쾌활한 것은 좋지만 지나치게 경망스러운 태도는 취업에 대한 의지가 부족하게 보인다.

　㉩ 질문에 대해 대답할 말이 생각나지 않는다고 천장을 쳐다보거나 고개를 푹 숙이고 바닥을 내려다보지 마라.

　㉪ 면접위원이 서류를 검토하는 동안 말하지 마라.

　㉫ 과장이나 허세로 면접위원을 압도하려 하지 마라.

　㉬ 최종 결정이 이루어지기 전까지 급여에 대해 언급하지 마라.

　㉭ 은연중에 연고를 과시하지 마라.

- 약속된 면접시간 10분 전에 도착하도록 스케줄을 짤 수 있다.
- 면접실에 들어가서 공손히 인사한 후 또렷한 목소리로 자기 수험번호와 성명을 말할 수 있다.
- 앉으라고 할 때까지는 의자에 앉지 않는다는 것을 알고 있다.
- 자신에 대해 3분간 이야기할 수 있는 준비가 되어 있다.
- 자신의 긍정적인 면을 상대방에게 바르게 전달할 수 있다.

2. 면접의 유형

과거 천편일률적인 일대일 면접과 달리 면접에는 다양한 유형이 도입되어 현재는 "면접은 이렇게 보는 것이다."라고 말할 수 있는 정해진 유형이 없어졌다. 그러나 현재까지는 집단 면접과 다대일 면접이 보편적으로 진행되고 있으므로 어느 정도 유형을 파악하여 사전에 대비가 가능하다. 면접의 기본인 단독 면접부터, 다대일 면접, 집단 면접, PT 면접의 유형과 그 대책에 대해 알아보자.

(1) 단독 면접

단독 면접이란 응시자와 면접관이 1 대 1로 마주하는 형식을 말한다. 면접관 한 사람과 지원자 한 사람이 마주 앉아 자유로운 화제를 가지고 질의응답을 되풀이하는 방식이다. 이 방식은 면접의 가장 기본적인 방법으로 소요시간은 10~20분 정도가 일반적이다.

① 단독 면접의 장점

필기시험 등으로 판단할 수 없는 성품이나 능력을 알아내는 데 가장 적합하다고 평가받아 온 면접방식으로 지원자 한 사람 한 사람에 대해 여러 면에서 비교적 폭넓게 파악할 수 있다. 지원자의 입장에서는 한 사람의 면접관만을 대하는 것이므로 상대방에게 집중할 수 있으며, 긴장감도 다른 면접방식에 비해서는 적은 편이다.

② 단독 면접의 단점

면접관의 주관이 강하게 작용해 객관성을 저해할 소지가 있으며, 면접 평가표를 활용한다 하더라도 일면적인 평가에 그칠 가능성을 배제할 수 없다. 또한 시간이 많이 소요되는 것도 단점이다.

개별 면접 평가표

평가항목	면접요소	체크 포인트	평가
용모, 태도, 건강	• 외모, 인상, 복장 • 태도(인사성, 활달성, 안정감) • 건강(젊음, 혈색, 체형 등)	• 입실 순간 전반적 인상 • 눈빛, 혈색, 체형, 복장 및 전체적 인상 • 보행 모습, 앉는 자세, 질문대답 관찰 • 인사성, 안정성, 활달성 • 병역면제 사유, 지병 보유, 평소 건강 등(입사지원서 기타란 참고)	
사회성	• 가정환경 및 학교생활 • 가치관, 사국관 • 생활태도	• 성장과정, 가훈, 가풍, 은사, 동아리활동, 아르바이트, 여가선용 방법 등 • 생활신조, 좌우명, 신앙생활 및 바람직한 직장 인상 등 • 귀가시간, 주량, 흡연정도, 취미생활, 월평균 독서량 등	
논리성	• 표현력 • 발표내용의 정연성 • 사고능력의 범위	• 정확한 어휘구사, 문제의 핵심접근 정도, 애매한 표현 유무 • 음색, 어조 등 • 질문의 이해도, 일관성 있는 답변 • 자기소개서 작성의 논리성 • 사고방식의 다양성 및 편중 여부	
지식 정도	• 전공지식 • 외국어 • 일반상식	• 전공 관련 기초지식 및 응용테스트 • 자기소개 및 지원동기의 외국어 발표 • 시사용어, 최신 이슈에 대한 질문	
조직적응 및 발전 가능성	• 사고방식의 긍정적 여부 • 적극성, 협조성 • 리더십 및 입사 후 포부, 창의성	• 학생운동 참여 이유, 제반 경제상황에 대한 견해, 노사관계 개념 등 • 야간/휴일근무, 지방근무, 적성에 맞지 않는 업무 등 • 리더 경험, 친구 관계, 입사 후 목표 직위, 맡고 싶은 업무, 당사의 TV선전 문구 등에 관한 질문 등	

개별 면접 평가항목별 등급 및 환산점수

등급	환산점수			평가
A(20~18)	A+(20)	A(19)	A-(18)	면접요소 각 부분에 탁월함
B(16~14)	B+(16)	B(15)	B-(14)	대체로 우수함
C(12~10)	C+(12)	C(11)	C-(10)	요소별 부족한 여지가 있음
D(8~6)	D+(8)	D(7)	D-(6)	전반적으로 심하게 부족함

종합 의견

(2) 다대일 면접

다대일 면접은 일반적으로 가장 많이 사용되는 면접방법으로 보통 2~5명의 면접관이 1명의 지원자에게 질문하는 형태의 면접방법이다. 면접관이 여러 명이므로 다각도에서 질문을 하여 지원자에 대한 정보를 많이 알아낼 수 있다는 점 때문에 선호하는 면접방법이다.

하지만 지원자의 입장에서는 질문도 면접관에 따라 각양각색이고 동료 지원자가 없으므로 숨 돌릴 틈도 없게 느껴진다. 또한 관찰하는 눈도 많아서 조그만 실수라도 지나치는 법이 없기 때문에 정신적 압박과 긴장감이 높은 면접방법이다. 따라서 지원자는 긴장을 풀고 한 시험관이 묻더라도 면접관 전원을 향해 대답한다는 기분으로 또박또박 대답하는 자세가 필요하다.

① 다대일 면접의 장점

면접관이 집중적인 질문과 다양한 관찰을 통해 지원자가 과연 조직에 필요한 인물인가를 완벽히 검증할 수 있다.

② 다대일 면접의 단점

면접시간이 보통 10~30분 정도로 긴 편이고 지원자에게 지나친 긴장감을 조성하는 면접방법이다.

다대일 면접 준비 Point

질문을 들을 때 시선은 면접관을 향하고 다른 데로 돌리지 말아야 하며, 대답할 때에도 고개를 숙이거나 입속에서 우물거리는 소극적인 태도는 피하도록 한다. 면접관과 대등하다는 마음가짐으로 편안한 태도를 유지하면 대답도 자연스러운 상태에서 좀 더 충실히 할 수 있고, 이에 따라 면접관이 받는 인상도 달라진다.

---

(3) 집단 면접

집단 면접은 다수의 면접관이 여러 명의 지원자를 한꺼번에 평가하는 방식으로 짧은 시간에 능률적으로 면접을 진행할 수 있다. 각 지원자에 대한 질문내용, 질문횟수, 시간배분이 똑같지는 않으며, 모두에게 같은 질문이 주어지기도 하고, 각각 다른 질문을 받기도 한다.

또 어떤 지원자가 한 대답에 대한 의견을 묻는 등 그때그때의 분위기나 면접관의 의향에 따라 변수가 많다. 집단 면접은 지원자의 입장에서는 개별 면접에 비해 긴장감은 다소 덜한 반면에 다른 지원자들과의 비교가 확실하게 나타나므로 지원자는 몸가짐이나 표현력·논리성 등이 결여되지 않도록 자신의 생각이나 의견을 솔직하게 발표하여 집단 속에 묻히거나 밀려나지 않도록 주의해야 한다.

① 집단 면접의 장점

집단 면접의 장점은 면접관이 지원자 한 사람에 대한 관찰시간이 상대적으로 길고, 비교 평가가 가능하기 때문에 결과적으로 평가의 객관성과 신뢰성을 높일 수 있다는 점이며, 지원자는 동료들과 함께 면접을 받기 때문에 긴장감이 다소 덜하다는 것을 들 수 있다. 또한 동료가 답변하는 것을 들으며, 자신의 답변 방식이나 자세를 조정할 수 있다는 것도 큰 이점이다.

② 집단 면접의 단점

응답하는 순서에 따라 지원자마다 유리하고 불리한 점이 있고, 면접관의 입장에서는 각각의 개인적인 문제를 깊게 다루기가 곤란하다는 것이 단점이다.

너무 자기 과시를 하지 않는 것이 좋다. 대답은 자신이 말하고 싶은 내용을 간단명료하게 말해야 한다. 내용이 없는 발언을 한다거나 대답을 질질 끄는 태도는 좋지 않다. 또 말하는 중에 내용이 주제에서 벗어나거나 자기중심적으로만 말하는 것도 피해야 한다. 집단 면접에 대비하기 위해서는 평소에 설득력을 지닌 자신의 논리력을 계발하는 데 힘써야 하며, 다른 사람 앞에서 자신의 의견을 조리 있게 개진할 수 있는 발표력을 갖추는 데에도 많은 노력을 기울여야 한다.

- 실력에는 큰 차이가 없다는 것을 기억하라.
- 동료 지원자들과 서로 협조하라.
- 답변하지 않을 때의 자세가 중요하다.
- 개성 표현은 좋지만 튀는 것은 위험하다.

(4) 집단 토론식 면접

집단 토론식 면접은 집단 면접과 형태는 유사하지만 질의응답이 아니라 지원자들끼리의 토론이 중심이 되는 면접방법으로 최근 들어 급증세를 보이고 있다.

이는 공통의 주제에 대해 다양한 견해들이 개진되고 결론을 도출하는 과정, 즉 토론을 통해 지원자의 다양한 면에 대한 평가가 가능하다는 집단 토론식 면접의 장점이 널리 확산된 데 따른 것으로 보인다.

사실 집단 토론식 면접을 활용하면 주제와 관련된 지식 정도와 이해력, 판단력, 설득력, 협동성은 물론 리더십, 조직 적응력, 적극성과 대인관계 능력 등을 파악하는 것이 용이하다고 한다.

토론식 면접에서는 자신의 의견을 명확히 제시하면서도 상대방의 의견을 경청하는 토론의 기본자세가 필수적이며, 지나친 경쟁심이나 자기 과시욕은 접어두는 것이 좋다.

또한 집단 토론의 목적이 결론을 도출하는 과정에 있다는 것을 감안하여 무리하게 자신의 주장을 관철시키기보다 오히려 토론의 질을 높이는 데 기여하는 것이 좋은 인상을 줄 수 있다는 점을 알아야 한다. 취업 희망자들은 토론식 면접이 급속도로 확산되는 추세임을 감안해 특히 철저한 준비를 해야 한다.

평소에 신문의 사설이나 매스컴 등의 토론 프로그램을 주의 깊게 보면서 논리 전개 방식을 비롯한 토론 과정을 익히도록 하고, 친구들과 함께 간단한 주제를 놓고 토론을 진행해 볼 필요가 있다. 또한 사회 · 시사문제에 대해 자기 나름대로의 관점을 정립해두는 것도 꼭 필요하다.

- 토론은 정답이 없다는 것을 명심한다.
- 내 주장을 강조하지 않는다.
- 남이 말할 때 끼어들지 않는다.
- 필기구를 준비하여 메모하면서 면접에 임한다.
- 주제에 자신이 없다면 첫 번째 발언자가 되지 않는다.
- 자신의 입장을 먼저 밝힌다.
- 상대측의 사소한 발언에 집착하지 않고 전체적인 의미에 초점을 놓치지 말아야 한다.
- 남의 의견을 경청한다.
- 예상 밖의 반론에 당황스럽다 하더라도 유연함을 잃지 말아야 한다.

집단 토론 면접 평가표

이름	학과	지원회사	지원부서

평가요소	평가항목	평가점수	
주도성	• 토론에 영향을 끼친 발언을 했는가? • 논점사항에 적절한 의견제시가 있었는가? • 적절한 항목에서 다음 단계로 토론을 진행했는가? • 선두에 나서 발언을 했는가?	매우 좋음	+4
			+3
		비교적 좋음	+2
			+1
		보통	0
	• 뒤를 좇아 의사를 발표했는가? • 의견개진이 주목받지 못했는가? • 묻기 전에는 발표를 하지 않는가? • 남의 의견을 묻지 않고 자기만 말했는가?	주도성 부족	−1
			−2
		주도성 결여	−3
			−4
협동성	• 토론이 단절되지 않도록 노력했는가? • 남에게 좋은 의견을 끌어냈는가? • 집단의 목표를 우선했는가?	매우 좋음	+4
			+3
		비교적 협동적	+2
			+1
		보통	0
	• 자기주장만 앞세웠는가? • 남의 의견이나 기분은 제쳐 놓았는가? • 목표에 어긋나는 방향으로 비판했는가? • 자기논조에 의거, 목표를 잃었는가?	협동성 부족	−1
			−2
		협동성 결여	−3
			−4
공헌도	• 적절한 논점을 제시했는가? • 핵심사항에 핵심의견을 제시했는가? • 논점해결에 도움이 되는 지식을 제공했는가? • 난잡한 토론을 풀고 의견을 한데 모았는가?	매우 좋음	+4
			+3
		비교적 좋음	+2
			+1
		보통	0
	• 논점에서 벗어나는 의견이 나왔는가? • 주제와 다른 의견이 나왔는가? • 나왔던 논조를 반복하지 않았는가? • 핵심을 벗어나 엉뚱한 방향으로 토론을 끌고 가지 않았는가?	공헌도 부족	−1
			−2
		공헌도 결여	−3
			−4
총점			

종합 의견

(5) PT 면접

PT 면접, 즉 프레젠테이션 면접은 최근 들어 집단 토론 면접과 더불어 그 활용도가 점차 커지고 있다. PT 면접은 기업마다 특성이 다르고 인재상이 다른 만큼 인성 면접만으로는 알 수 없는 지원자의 문제해결 능력, 전문성, 창의성, 기본 실무능력, 논리성 등을 관찰하는 데 중점을 두는 면접으로, 지원자 간의 변별력이 높아 대부분의 기업에서 적용하고 있으며, 확산되는 추세이다.

면접 시간은 기업별로 차이가 있지만, 전공 및 전문 지식, 시사성 관련 주제를 제시한 다음 보통 20~50분 정도 준비하여 5분가량 발표할 시간을 준다. 면접관과 지원자의 단순한 질의응답식이 아닌, 주제에 대해 일정 시간 동안 지원자의 발언과 발표하는 모습 등을 관찰하게 된다. 정확한 답이나 지식보다는 논리적 사고와 의사표현력이 더 중시되기 때문에 자신의 생각을 어떻게 설명하느냐가 매우 중요하다.

PT 면접에서는 같은 주제라도 직무별로 평가요소가 달리 나타난다. 예를 들어, 영업직은 설득력과 의사소통 능력에 중점을 둘 수 있겠고, 관리직은 신뢰성과 창의성 등을 더 중요하게 평가한다.

PT 면접 준비 Point

- 면접관의 관심과 주의를 집중시키고, 발표 태도에 유의한다.
- 모의 면접이나 거울 면접으로 미리 점검한다.
- PT 내용은 세 가지 정도로 정리해서 말한다.
- PT 내용에는 자신의 생각이 담겨 있어야 한다.
- PT 중간에 자문자답 방식을 활용한다.
- 평소 지원하는 업계의 동향이나 직무에 대한 전문지식을 쌓아둔다.
- 부적절한 용어 사용이나 무리한 주장 등은 하지 않는다.

코오롱그룹 실제 면접

코오롱그룹의 면접전형은 기본적으로 1차 실무진면접, 2차 임원면접으로 실시되며 인성, 기본역량, 실무능력 등을 평가하여 코오롱 인재상에 부합하는 지원자를 선발한다.

1. 1차 면접

(1) Case 가상회의 면접

① 면접위원 : 2명

② 면접시간 : 자료분석 30~40분, 발표 및 질의응답 15분

③ 면접형태 : 多 대 一

④ 면접내용 : 가상의 Case 과제를 받아 40분간 과제 분석 후, 면접실로 이동하여 면접관과 가상회의 면접을 진행한다.

> **기출질문**
>
> • IT기업이 물류산업에서 가질 수 있는 강점에 대해 설명해 보시오.
> • 2, 3차 물류와 4차 물류의 차이점을 설명해 보시오.
> • 만약 본인이 롤스로이스 딜러라면 한정된 예산으로 어떠한 마케팅을 펼칠지 설명해 보시오.
> • 그린 IT 개념을 설명하고 기업 측면에서 장단점과 활용 방안에 대해 논하시오.
> • 주어진 자료를 분석하여 향후 미래 수립을 통한 코오롱그룹의 건전성을 찾으시오.
> • 친환경기술을 건축에 적용하는 방안에 대해 논하시오.
> • 미래 주택시장의 변화를 예측하고 주거 관련 어플리케이션을 기획하시오.
> • ICBM의 개념을 설명하고 코오롱 계열사와 연계하여 사업 아이디어를 제시하시오.
> • SNS를 통한 패션 사업 활성화 방안을 제시하시오.

(2) 직무/영어 면접

① 면접위원 : 3~4명

② 면접시간 : 20분

③ 면접형태 : 多 대 多, 一 대 多

④ 면접내용 : 인사 후 자리에 앉으면 자기소개를 진행하며, 이후 개별 질문으로 이어진다. 개별 질문은 이력서와 자기소개서에 적힌 내용과 관련된 질문이 대부분이다. 직무에 따라 영어 면접, 혹은 실무 면접이 되기도 한다.

기출질문

- 전공은 MD쪽에 가까운데 마케팅에 지원한 이유는 무엇인가?
- 본사로 들어오고 싶은 생각은 있는가?
- 코오롱그룹의 기업 이미지는 어떠하다고 생각하는가?
- 패션 일을 하고 싶은데 지금은 금융업계에서 일하고 있는 이유가 무엇인가?
- 이탈리아어는 어느 정도 구사할 수 있는가?
- 회사에 이탈리아 브랜드가 있는데 뭔지 알고 있는가?
- 본인의 선배들이 회사에 많이 있는데 연락하는 사람이 있는가?
- 테크니컬 디렉터가 어떤 일을 하는지 알고 있는가?
- 터파기 공사 중 탑다운 공법에 대해 논하시오.
- 본인만의 스트레스 해소법은?
- 왜 본인을 합격시켜야 하는가?
- IT 분야 판매 제품이 무엇이 있는지 아는가?
- 영업이 무엇이라고 생각하는가?
- 주량은 어떻게 되는가?
- 원하는 부서가 아닌 다른 부서로 가게 된다면 어떻겠는가?
- 자신의 장단점을 한 가지씩 말해 보시오.
- 토익 성적이 좋다고 회화를 잘한다고 할 수는 없다. 영어 공부를 어떻게 했는가?
- 학점이 우수한데 학창시절에 공부만 했는가?
- 20년 후 본인의 모습을 말해 보시오.
- 품질관리와 생산관리 업무에서 4M이란 무엇인가?
- 품질관리와 품질보증의 차이점은 무엇인가?
- 전기 배선 안전 규정을 알고 있는가?
- 안전 스프링클러 직렬형의 장점과 단점에 대해 말해 보시오.
- 콘크리트 타설 시 유의 사항을 시공 측면과 구조 측면으로 나누어 설명하시오.
- 열역학 법칙에 대해 설명해 보시오.
- 기계설비의 구매부터 시공까지 일련의 과정에 대해 설명해 보시오.
- 서중콘크리트와 한중콘크리트에 대해 설명하시오.
- 시퀀스 회로에서 인터락 회로가 무엇인가? 실제 사용되는 예를 말해 보시오.

2. 2차 면접

(1) 면접위원 : 5~7명

(2) 면접시간 : 20분

(3) 면접형태 : 多 대 多

(4) 면접내용 : 개인이력과 자기소개서를 기반으로 한 질문이 주를 이룬다. 따라서 자신의 지원 동기, 강점 등과 코오롱그룹의 기업문화, 사업방향을 연계시킨다면 좋은 인상을 심어줄 수 있을 것이다.

기출질문

- 지원한 업무에 대해 소개하고 해당 업무를 위해 필요한 역량에 대해 설명해 보시오.
- 자신의 역량 이상의 일을 경험한 적이 있는가? 있다면 어떻게 해결했는지 설명해 보시오.
- 과거 직장에서 주로 했던 업무와 그 경험을 어떻게 지원한 업무와 연결할 것인가?
- 이전 회사에서 이직하려는 이유는 무엇인가?
- 인턴 활동 때 어떤 일을 했는가? 인턴 활동을 통해 배운 것은 무엇인가?
- 캐드 자격증을 취득한 이유는 무엇인가?
- 토익 점수가 없는 이유는 무엇인가?
- 타임오프제와 복수노조에 대해 어떻게 생각하는가?
- 1차 면접 시 PT 주제를 말하고, 간략히 요약해서 다시 발표를 해 보시오.
- 성적이 낮은데 이유가 무엇인가?
- 빅데이터에 대해 아는 대로 말해 보시오.
- 둘 중에 한 명을 꼭 떨어뜨려야 한다. 누가 떨어져야 한다고 생각하는가? 그 이유는 무엇인가?
- Industry 4.0시대에 맞춰 회사가 나아가야 할 방향은 무엇인가?
- 다른 사람들과 협업하면서 어려웠던 경험을 말해 보시오.
- 남들이 반대하는 상황에서 높은 목표를 세우고 달성한 경험이 있는가?
- 국립중앙박물관에 가면 어떤 전시실을 가장 먼저 관람할지 말해 보시오.

I wish you the best of luck!

I wish you the best of luck!

I wish you the best of luck!

시대고시만의 특별한 학습 서비스!

시대고시기획에서는 수험생 여러분의 합격을 끝까지 책임지기 위하여
"시대PLUS" 서비스를 통해
약 100개 분야에 걸쳐 약 2,500개 강의 & 2,000개 자료를 무료로 제공합니다.

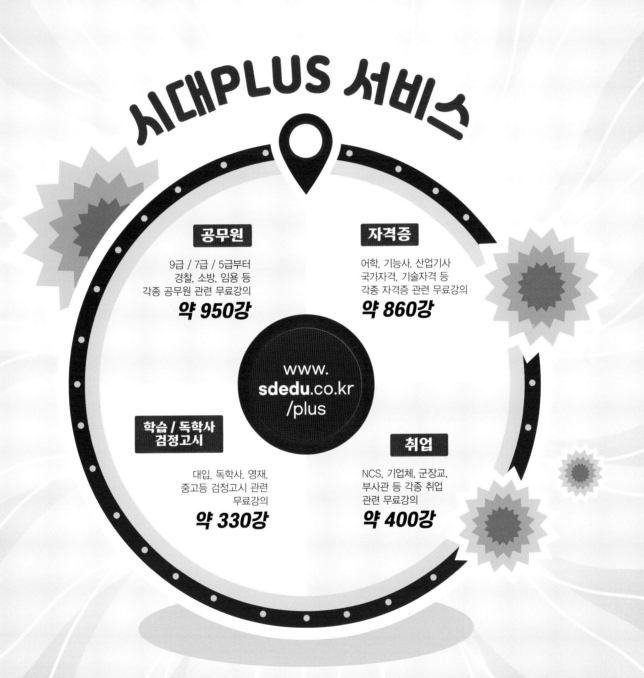

시대PLUS 서비스

공무원

9급 / 7급 / 5급부터
경찰, 소방, 임용 등
각종 공무원 관련 무료강의
약 950강

자격증

어학, 기능사, 산업기사
국가자격, 기술자격 등
각종 자격증 관련 무료강의
약 860강

www.
sdedu.co.kr
/plus

**학습 / 독학사
검정고시**

대입, 독학사, 영재,
중고등 검정고시 관련
무료강의
약 330강

취업

NCS, 기업체, 군장교,
부사관 등 각종 취업
관련 무료강의
약 400강

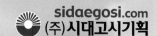

코오롱그룹
인적성검사

최신기출유형 ＋ **모의고사 3회**

★ 오프라인 모의고사 2회 + 온라인 모의고사 1회

2 0 2 0 하 반 기 채 용 대 비

단기완성
정답 및 해설

편저 SD적성검사연구소

(주)시대고시기획

최신기출문제

정답 및 해설

주요기업 최신기출문제 정답 및 해설

01 언어

01	02	03	04	05	06	07	08										
④	③	③	②	①	③	①	②										

01 정답 ④

제시된 글에서는 자기 과시의 사회적 현상을 통해 등장한 신조어 '있어빌리티'와 '있어빌리티'를 활용한 마케팅 전략에 관해 설명하고 있다.

02 정답 ③

제시된 글은 치매의 정의, 증상, 특성 등에 대한 내용이다. 따라서 '치매의 의미'가 글의 주제로 적절하다.

03 정답 ③

제시된 글은 지구 온난화의 위협을 비교적 덜 받는 것으로 여겨졌던 동남극의 덴먼 빙하가 지구 온난화의 위협을 받고 있다는 연구 결과를 이야기하는 내용이다. 따라서 (나) 비교적 지구 온난화의 위협을 덜 받는 것으로 생각되어 온 동남극 → (다) 동남극 덴먼 빙하에 대한 조사를 통해 드러난 지구 온난화 위협의 증거 → (가) 한 연구팀의 덴먼 빙하 누적 얼음 손실량 조사와 지반선 측정 → (마) 비대칭성을 보이는 빙상의 육지−바다 접점 지반선 후퇴 → (라) 빙하의 동쪽 측면과 서쪽 측면의 다른 역할에 따른 결과의 순서로 배열되어야 한다.

04 정답 ②

첫 번째 문장에서는 신비적 경험이 살아갈 수 있는 힘으로 밝혀진다면 그가 다른 방식으로 살아야 한다고 주장할 근거는 어디에도 없다고 하였으며, 이어지는 내용은 신비적 경험이 신비주의자들에게 살아갈 힘이 된다는 근거를 제시하고 있다. 따라서 보기 중 빈칸에 들어갈 내용으로 '신비주의자들의 삶의 방식이 수정되어야 할 불합리한 것이라고 주장할 수는 없다.'가 가장 적절하다.

05 정답 ①

제시문의 마지막 문단에 따르면 레드 와인의 탄닌 성분이 위벽에 부담을 줄 수 있으므로 스파클링 와인이나 화이트 와인을 먼저 마신 후 레드 와인을 마시는 것이 좋다. 따라서 레드 와인의 효능으로 위벽 보호는 적절하지 않다.

오답분석
② 마지막 문단에 따르면 레드 와인은 위액의 분비를 촉진하여 식욕을 촉진시킨다.
③ 세 번째 문단에 따르면 레드 와인에 함유된 항산화 성분이 노화 방지에 도움을 준다.
④ 네 번째 문단에 따르면 레드 와인에 함유된 레버라트롤 성분을 통해 기억력이 향상될 수 있다.
⑤ 다섯 번째 문단에 따르면 레드 와인에 함유된 퀘르세틴과 갈산이 체내의 면역력을 높인다.

06 정답 ③

(나)의 설립 목적은 신발을 신지 못한 채 살아가는 아이들을 돕기 위한 것이었고, 이러한 설립 목적은 가난으로 고통 받는 제3세계의 아이들이라는 코즈(Cause)와 연계되어 소비자들은 제품 구매 시 만족감과 충족감을 얻을 수 있었다.

오답분석

① · ⑤ 코즈 마케팅은 기업이 추구하는 사익과 사회가 추구하는 공익을 동시에 얻는 것을 목표로 하므로 기업의 실익을 얻으면서 공익과의 접점을 찾는 마케팅 기법으로 볼 수 있다.

② · ④ 코즈 마케팅은 기업의 노력에 대한 소비자의 호의적인 반응과 그로 인한 기업의 이미지가 제품 구매에 영향을 미친다. 즉, 기업과 소비자의 관계가 중요한 역할을 하므로 소비자의 공감을 얻어낼 수 있어야 성공적으로 적용할 수 있다.

07 정답 ①

'미국 사회에서 동양계~구성된다.'에서 '모범적 소수 인종'의 인종적 정체성은 백인의 특성이 장점이라고 생각하는 것과 동양인의 특성이 단점이라고 생각하는 것의 사이에서 구성된다. 따라서 '모범적 소수 인종'은 특유의 인종적 정체성을 내면화하고 있음을 추론할 수 있다.

오답분석

② 제시문의 논점은 '동양계 미국인 학생들(모범적 소수 인종)'이 성공적인 학교생활을 통해 주류 사회에 동화되고 있는 것이 사실인지 여부이다. 그에 따라 사회적 삶에서 인종주의의 영향이 약화될 수 있는지에 대한 문제이다. 따라서 '모범적 소수 인종'의 성공이 일시적 · 허구적인지에 대한 논점은 확인할 수 없다.

③ 동양계 미국인 학생들은 인종적인 차별을 의식하고 있다고 말할 수 있지만 소수 인종 모두가 의식하고 있는지는 제시문을 통해서 추측할 수 없다.

④ 인종차별을 의식하는 것은 알 수 있지만 한정된 자원의 배분을 놓고 갈등하는지는 알 수 없다.

08 정답 ②

그래프는 로봇이나 인간이 아닌 존재의 인간과의 유사성과 그에 대한 인간의 호감도 사이의 상관관계를 나타내므로 (a)는 인간의 호감도, (b)는 인간과의 유사성을 의미한다. 따라서 인간과의 유사성은 산업용 로봇보다 인간의 신체와 유사한 형태를 지닌 휴머노이드 로봇에서 더 높게 나타난다.

오답분석

① (a) : 인간의 호감도

③ (c) : 처음에는 로봇이 인간과 비슷한 모양을 하고 있을수록 인간이 아닌 존재로부터 인간성을 발견하기 때문에 인간이 호감을 느끼는 구간

④ (d) : 불쾌한 골짜기 구간

02 수리

01	02	03	04	05	06	07	08	09	10	11	12	13	14	15	16	17	18		
③	②	⑤	①	④	⑤	③	②	④	④	②	⑤	④	③	④	④	①	③		

01 정답 ③

처음 5% 소금물의 양을 xg이라고 하자.

$$\frac{\frac{5}{100} \times x + 40}{x + 40} \times 100 = 25$$

$$\rightarrow 5x + 4,000 = 25x + 1,000$$

$$\rightarrow 20x = 3,000$$

$$\rightarrow x = 150$$

02 정답 ②

주어진 7명의 점수 합은 $78 + 86 + 61 + 74 + 62 + 67 + 76 = 504$점이고 9명의 총점은 $72 \times 9 = 648$점이다. 따라서 나머지 2명의 점수 합은 $648 - 504 = 144$점이다. 50점 이상만이 합격했으므로 2명 중 1명의 최소 점수는 50점이고 나머지 1명의 최대 점수는 $144 - 50 = 94$점이다. 따라서 9명 중 최고점은 94점이고 중앙값은 74점일 때의 차이가 20점으로 가장 크다.

03 정답 ⑤

욕조에 물을 가득 채웠을 때 물의 양을 1이라고 하면 A는 1분에 $\frac{1 \times 75\%}{18} = \frac{0.75}{18}$만큼 채울 수 있고 B는 1분에 $\frac{0.75}{18} \times 1.5$만큼 채울 수 있다. A가 15분간 욕조를 채운 양은 $\frac{0.75}{18} \times 15$이고, 욕조를 가득 채우기까지 남은 양은 $1 - \frac{0.75}{18} \times 15$이다.

따라서 남은 양을 B가 채웠을 때 걸리는 시간은 $\dfrac{1 - \frac{0.75}{18} \times 15}{\frac{0.75}{18} \times 1.5} = \dfrac{18 - 0.75 \times 15}{0.75 \times 1.5} = \dfrac{18 - 11.25}{1.125} = \dfrac{6.75}{1.125} = 6$분이다.

04 정답 ①

작년 직원 중 안경을 쓴 사람을 x명, 안경을 쓰지 않은 사람은 y명이라고 하면 $x + y = 45$이고, $y = 45 - x$이다.
또한 올해는 작년보다 $58 - 45 = 13$명 증가하였으므로 다음과 같다.

$$x \times 0.2 + (45 - x) \times 0.4 = 13$$

$$\rightarrow -0.2x = 13 - 45 \times 0.4$$

$$\rightarrow -0.2x = -5$$

$$\rightarrow x = 25$$

따라서 올해 입사한 사람 중 안경을 쓴 사람의 수는 $x \times 0.2 = 25 \times 0.2 = 5$명이다.

05 정답 ④

A가 목적지까지 이동하는 거리와 걸리는 시간을 계산하면 다음과 같다.

- 이동거리 : $0.8 + 36 \times \dfrac{8}{60} = 5.6 \text{km}$

- 소요시간 : $12 + 8 = 20$분

따라서 자전거를 이용해 같은 시간 동안 같은 경로로 이동할 때 평균 속력은 $5.6 \div 20 = 0.28 \text{km/}$분이다.

06 정답 ⑤

X경로의 거리를 $x \text{km}$, Y경로의 거리를 $y \text{km}$, A의 이동 속력을 $r \text{km/h}$, B의 이동 속력은 $z \text{km/h}$라 하자.

$\dfrac{x}{r} = \dfrac{x}{z} + 1 \cdots$ ㉠

$\dfrac{x}{r} + 1 = \dfrac{y}{z} \cdots$ ㉡

$x + 160 = y$이므로 ㉡에 대입하면 $\dfrac{x}{r} + 1 = \dfrac{x+160}{z}$이고, 이를 ㉠과 연립하면 $\dfrac{x}{z} + 1 + 1 = \dfrac{x+160}{z} \rightarrow 2 = \dfrac{160}{z} \rightarrow z = 80$이다.

07 정답 ③

영희는 철수보다 높은 수가 적힌 카드를 뽑는 경우는 다음과 같다.

구분	철수	영희
카드에 적힌 수	1	2~9
	2	3~9
	⋮	⋮
	8	9

따라서 영희가 철수보다 큰 수가 적힌 카드를 뽑는 모든 경우의 수는 1부터 8까지의 합이므로 등차수열의 합 공식에 의해 $\dfrac{8 \times 9}{2} = 36$가지이다.

08 정답 ②

대리는 X프로젝트와 Z프로젝트를 선택할 수 있으며, 사원은 Z프로젝트와 Z프로젝트를 선택할 수 있으므로, 대리와 사원은 한 사람당 2가지의 선택권이 있다. 대리 2명, 사원 3명이 프로젝트를 선택하여 진행하는 경우의 수는 $(2 \times 2) \times (2 \times 2 \times 2) = 2^2 \times 2^3 = 2^5 = 32$가지이다.

09 정답 ④

- 자리에 앉는 경우의 수 : 6!가지
- E를 포함한 4명은 지정석에 앉지 않고 나머지 2명은 지정석에 앉을 경우의 수 : 먼저 E를 제외한 나머지 5명 중 2명이 지정석에 앉을 경우의 수는 $_5C_2$가지이다.

A, B가 지정석에 앉았다고 가정하고 나머지 E를 포함한 4명이 지정석에 앉지 않는 경우의 수를 구하면 다음과 같다.

구분	C 지정석	D 지정석	E 지정석	F 지정석
경우 1	D	C	F	E
경우 2	D	E	F	C
경우 3	D	F	C	E
경우 4	E	C	F	D
경우 5	E	F	C	D
경우 6	E	F	D	C
경우 7	F	C	D	E
경우 8	F	E	C	D
경우 9	F	E	D	C

따라서 E를 포함한 4명은 지정석에 앉지 않고 나머지 2명은 지정석에 앉을 경우의 수는 $_5C_2 \times 9$가지이다.

$$\therefore \frac{_5C_2 \times 9}{6!} = \frac{5 \times 4 \div 2 \times 9}{6 \times 5 \times 4 \times 3 \times 2 \times 1} = \frac{1}{8}$$

10 정답 ④

B사원의 속력보다 2배 빠른 A사원이 30걸음 걸었을 때 B사원은 $30 \div 2 = 15$걸음을 걸을 수 있다. 그런데 B사원이 20걸음을 걸어 올라갔으므로 A사원의 $(20 \div 15)$배의 시간이 걸렸다. 에스컬레이터가 일정한 속력으로 움직이고 있을 때 A사원이 올라가는 동안 움직인 에스컬레이터 계단의 수를 x개라고 하자. 올라가는 시간이 $(20 \div 15)$배가 걸린 B사원이 올라가는 동안 움직인 계단의 수는 $(20 \div 15)x$개다. 에스컬레이터가 움직인 계단의 수와 실제 두 사원이 걸어 올라간 계단의 수를 합하면 에스컬레이터의 항상 일정하게 보이는 계단의 수이다.

$30 + x = 20 + (20 \div 15)x$

$\rightarrow x = 30$

따라서 에스컬레이터의 항상 일정하게 보이는 계단의 수는 $30 + 30 = 60$개이다.

11 정답 ②

나누는 수보다 남는 수가 2씩 적으므로 3, 4, 5, 6의 공배수보다 2 적은 수가 조건을 만족하는 자연수이다. 3, 4, 5, 6의 최소공배수는 60이므로 100보다 작은 자연수는 $60 - 2 = 58$이다.

따라서 $58 = 7 \times 8 + 2$이므로 58을 7로 나눴을 때 나머지는 2이다.

12 정답 ⑤

L씨는 휴일 오후 3시에 택시를 타고 서울에서 경기도 맛집으로 이동 중이다. 택시요금 계산표에 따라 경기도 진입 전까지 기본요금으로 2km까지 3,800원이며, $4.64-2=2.64$km는 주간 거리요금으로 $\frac{2,640}{132}\times100=2,000$원이다. 경기도에 진입 후 맛집에 도착까지 거리는 $12.56-4.64=7.92$km로 시계외 할증이 적용되어 심야 거리요금으로 계산하면 $\frac{7,920}{132}\times120=7,200$원이고, 경기도 진입 후 8분의 시간요금은 $\frac{8\times60}{30}\times120=1,920$원이다.

따라서 L씨가 가족과 맛집에 도착하여 지불하는 택시요금은 $3,800+2,000+7,200+1,920=14,920$원이다.

13 정답 ④

• 1~3번째 자리 조합 경우의 수

　1~3번째 자리에는 영문자를 배치할 수 있으며, 1번째 자리에 가능한 문자는 주어진 영문자 A, B, C 모두 올 수 있다. 2번째 자리에는 1번째 자리에 배치한 영문자를 제외한 두 개의 영문자가 올 수 있고 3번째 자리에는 2번째 자리에 배치한 영문자를 제외한 두 개의 영문자가 올 수 있으므로 총 $3\times2\times2$가지이다.

• 4~6번째 자리 조합 경우의 수

　4~6번째 자리에는 숫자를 배치할 수 있으며, 중복 사용이 가능하고 연속으로 배치할 수 있으므로 $3\times3\times3$가지이다.

∴ $(3\times2\times2)\times(3\times3\times3)=324$가지

14 정답 ③

이란에서 3월 16일부터 19일까지 발생한 확진자 수는 다음과 같다.

구분	3월 16일	3월 17일	3월 18일	3월 19일
확진자 수(명)	$13,938-12,729=1,209$	$14,991-13,938=1,053$	$16,169-14,991=1,178$	$17,361-16,169=1,192$

따라서 발생한 확진자가 가장 많은 날은 16일이고, 두 번째로 많은 날은 19일이다.

[오답분석]
① 3월 14일부터 18일까지 새로 양성판정을 받은 확진자 수 평균을 구하려면 3월 18일 누적 확진자 수에서 3월 13일 누적 확진자 수를 빼고 5일로 나눠야 한다. 따라서 이탈리아의 평균은 $\frac{31,506-15,113}{5}=3,278.6$명이고, 독일은 $\frac{11,164-2,451}{5}=1,742.6$명이므로 이탈리아는 독일의 2배인 $1,742.6\times2=3,485.2$명보다 적다.
② 스페인에서 100만 명당 확진자 수의 40%는 $3,690\times0.4=1,476$명이다. 이 인원보다 적은 국가는 이란(891명)과 영국(1,383명)이다.
④ 100만 명당 확진자 수가 세 번째로 적은 국가는 독일이며, 3월 17일에 발생한 확진자 수는 $7,511-6,344=1,167$명이다.

15 정답 ④

2018년 해외주식 수익률(5.4%)보다 낮은 자산은 국내주식(1.3%), 국내채권(4.4%), 해외채권(1.5%)이다. 따라서 2019년 말 자산별 비중 및 계획에서 국내주식, 국내채권, 해외채권의 비중 합은 19.2＋49.5＋4.0＝72.7%이다.

오답분석

① 2018~2019년 동안 국내와 해외의 주식 및 채권 수익률 합을 구하면 다음과 같다.

구분	2018년	2019년
국내주식＋국내채권	1.3＋4.4＝5.7%	5.6＋1.8＝7.4%
해외주식＋해외채권	5.4＋1.5＝6.9%	10.1＋4＝14.1%

따라서 매년 주식 및 채권 수익률 합은 국내보다 해외가 높다.

② 해외주식의 경우 2018년도보다 2019년도 수익률이 2배 가까이 올랐지만 자산 비중을 보면 2018년 말에 계획한 비중과 2019년 말에 계획한 비중이 같다. 따라서 수익률에 비례하여 자산 투자 비중을 높이지 않았다.

③ 2018년 말과 2019년 말에 그 다음해를 대비하여 자산별 투자 비중이 높은 순서는 '국내채권－국내주식－해외주식－대체투자－해외채권' 순서로 같다.

16 정답 ④

지자체 부서명이 '미세먼지대책과'인 곳은 경기와 충남지역이므로 두 지역의 보급대수 합은 6,000＋2,820＝8,820대이다.

오답분석

① 서울지역의 지자체 부서명은 '기후대기과'이며, 이와 같은 지역은 부산, 광주, 충북, 경남으로 총 4개 지역이다.

② 지방보조금이 700만 원 이상인 곳은 대전, 충북, 충남, 전북, 전남, 경북, 경남 총 7곳이며, 전체 지역인 17곳의 $\frac{7}{17} \times 100 ≒ 41.2\%$를 차지한다.

③ 전기차 보급대수가 두 번째로 많은 지역은 서울(11,254대)이고, 다섯 번째로 적은 지역은 광주(1,200대)이다. 두 지역의 보급대수 차이는 11,254－1,200＝10,054대이다.

17 정답 ①

해상 교통서비스 수입액이 많은 국가부터 차례대로 나열하면 '인도－미국－한국－브라질－멕시코－이탈리아－터키' 순서이다.

18 정답 ③

해상 교통서비스 수입보다 항공 교통서비스 수입이 더 높은 국가는 미국과 이탈리아이다.

오답분석

① 터키의 교통서비스 수입에서 항공 수입이 차지하는 비중은 $\frac{4,003}{10,157} \times 100 ≒ 39.4\%$이다.

② 교통서비스 수입액이 첫 번째(미국)와 두 번째(인도)로 높은 국가의 차이는 94,344－77,256＝17,088백만 달러이다.

④ 제시된 자료를 통해 확인할 수 있다.

01	02	03	04	05	06	07	08	09	10									
②	③	⑤	④	④	①	④	②	②	④									

01 정답 ②

행위와 결과의 관계이다.

'소독'은 '세균'을 없애고, '탈취'는 '냄새'를 없앤다.

02 정답 ③

'뇌까리다'와 '지껄이다'는 각각 '아무렇게나 되는대로 마구 지껄이다.'와 '약간 큰 소리로 떠들썩하게 이야기하다.'라는 의미로 유의 관계이다. 따라서 빈칸에는 '복되고 길한 일이 일어날 조짐이 있다.'는 뜻의 '상서롭다'와 유의 관계인 '운이 좋거나 일이 상서롭다.'는 뜻의 '길하다'가 오는 것이 적절하다.

오답분석

① 망하다 : 개인, 가정, 단체 따위가 제 구실을 하지 못하고 끝장이 나다.

② 성하다 : 물건이 본디 모습대로 멀쩡하다.

④ 실하다 : 실속 있고 넉넉하다.

⑤ 달하다 : 일정한 표준, 수량, 정도 따위에 이르다.

03 정답 ⑤

'초췌하다'와 '수척하다'는 각각 '병, 근심, 고생 따위로 얼굴이나 몸이 여위고 파리하다.'와 '몸이 몹시 야위고 마른 듯하다.'는 뜻의 유의 관계이다. 따라서 빈칸에는 '능력이나 품성 따위를 길러 쌓거나 갖춤'이란 뜻의 '함양'과 유의 관계인 '길러 자라게 함'이란 뜻의 '육성'이 오는 것이 적절하다.

오답분석

① 집합 : 사람들을 한곳으로 모으거나 모임

② 활용 : 충분히 잘 이용함

③ 결실 : 일의 결과가 잘 맺어짐

④ 도출 : 어떤 생각이나 결론, 반응 따위를 이끌어냄

04 정답 ④

제시된 명제와 그 대우 명제를 정리하면 다음과 같다. [ ]는 대우 명제이다.

• 액션영화 ○ → 팝콘 ○ [팝콘 ×→ 액션영화 ×]

• 커피 ×→ 콜라 × [콜라 ○ → 커피 ○]

• 콜라 ×→ 액션영화 ○ [액션영화 ×→ 콜라 ○]

• 팝콘 ○ → 나쵸 × [나쵸 ○ → 팝콘 ×]

• 애니메이션 ○ → 커피 × [커피 ○ → 애니메이션 ×]

위 조건을 정리하면 '애니메이션 ○ → 커피 ×→ 콜라 ×→ 액션영화 ○ → 팝콘 ○'이고, 따라서 ④는 참이다.

05 정답 ④

'피자를 좋아하는 사람'을 p, '치킨을 좋아하는 사람'을 q, '감자튀김을 좋아하는 사람'을 r, '나'를 s라고 하면, 첫 번째 명제는 $p \to q$, 두 번째 명제는 $q \to r$, 세 번째 명제는 $s \to p$이다. 따라서 $s \to p \to q \to r$이 성립하고 ④가 적절하다.

06 정답 ①

'갈매기'를 p, '육식을 하는 새'를 q, '바닷가에 사는 새'를 r, '헤엄을 치는 새'를 s라고 하면, 첫 번째 명제는 $p \rightarrow q$, 세 번째 명제는 $r \rightarrow p$, 네 번째 명제는 $s \rightarrow q$이다. 따라서 $s \rightarrow r \rightarrow p \rightarrow q$가 되려면 $s \rightarrow r$이 필요하고 이에 따라 네 번째 명제인 $s \rightarrow q$가 성립된다. 참인 명제의 대우 역시 참이므로 '바닷가에 살지 않는 새는 헤엄을 치지 않는다.'가 답이 된다.

07 정답 ④

두 번째 조건에 의해, B는 항상 1과 5 사이에 앉는다. E가 4와 5 사이에 앉으면 2와 3 사이에는 A, C, D 중 누구나 앉을 수 있다.

오답분석
① A가 1과 2 사이에 앉으면 네 번째 조건에 의해, E는 4와 5 사이에 앉는다. 그러면 C는 3 옆에 앉고 D는 1 옆에 앉을 수 없게 된다. 이는 세 번째 조건과 모순이 된다.
② D가 4와 5 사이에 앉으면 네 번째 조건에 의해, E는 1과 2 사이에 앉는다. 그러면 C는 3 옆에 앉고 D는 1 옆에 앉을 수 없게 된다. 이는 세 번째 조건과 모순이 된다.
③ C가 2와 3 사이에 앉으면 세 번째 조건에 의해, D는 1과 2 사이에 앉는다. 또한 네 번째 조건에 의해, E는 3과 4 사이에 앉을 수 없다. 따라서 A는 반드시 3과 4 사이에 앉는다.

08 정답 ②

〈조건〉에 따르면 A를 기준으로 오른쪽으로 돌았을 때 'A → D → F → B → C → E'와 'A → D → F → C → B → E' 두 가지 경우의 수가 생긴다. 두 경우에서 A와 D는 늘 붙어 있으므로 ②가 정답이다.

09 정답 ②

네 사람이 진실을 말하고 있으므로 거짓말을 하는 사람이 한 명인 경우를 찾아내면 된다. 확실하게 순서를 파악할 수 있는 C, D, E의 증언대로 자리를 배치할 경우 A는 첫 번째, C는 두 번째, D는 세 번째로 줄을 서게 된다. 이후 A와 B의 증언대로 남은 자리에 배치할 경우 B의 증언에서 모순이 발생하게 된다. 또한 B의 증언은 A의 증언과도 모순이 생기므로 B가 거짓말을 하는 것을 알 수 있다.

10 정답 ④

셔츠를 구입한 정을 기준으로 제시된 〈조건〉을 정리하면 다음과 같다.
• 정은 셔츠를 구입했으므로, 치마와 원피스를 입지 않은 을은 바지를 구입하게 된다.
• 갑은 셔츠와 치마를 입지 않으므로 을이 구입한 바지 대신 원피스를 고르게 된다.
• 병은 원피스, 바지, 셔츠 외에 남은 치마를 구입하게 된다.
따라서 정답은 ④이다.

PART

1

적성검사
정답 및 해설

다회독 마킹표

영역	유형점검		
	1st	2nd	3rd
CHAPTER 01 언어능력			
CHAPTER 02 수리능력			
CHAPTER 02 도형추리			

언어능력 정답 및 해설

01 언어추리

01	02	03	04	05	06	07	08		
②	④	①	③	③	④	④	②		

01 정답 ②

흙은 모두 색깔을 갖고 있는데 도자기는 흙으로 만들었기 때문에 '도자기 → 흙 → 모두 색깔을 가짐'의 순서로 유추가 가능하다.

02 정답 ④

문제에서 주어진 명제를 정리하면 다음과 같다.
p : 스포츠를 좋아하는 사람
q : 음악을 좋아하는 사람
r : 그림을 좋아하는 사람
s : 독서를 좋아하는 사람
$p \to q$, $r \to s$, $\sim q \to \sim s$인데, $\sim q \to \sim s$ 명제의 대우를 취하면 $s \to q$이므로 $r \to s \to q$이다. 즉, $r \to q$이다.
따라서 '그림을 좋아하는 사람은 음악을 좋아한다.'는 참이 된다.

03 정답 ①

배구를 못하는 사람은 농구도 못하고, 농구를 못하는 사람은 야구도 못한다. 즉, 배구를 못하는 사람은 야구도 못한다.

04 정답 ③

A와 C의 성적 순위에 대한 B와 E의 진술이 서로 엇갈리고 있으므로, B의 진술이 참인 경우와 E의 진술이 참인 경우로 나누어 생각해본다.
- B의 진술이 거짓이고 E의 진술이 참인 경우 : B가 거짓을 말한 것이 되어야 하므로 'B는 E보다 성적이 낮다.'도 거짓이 되어야 하는데, 만약 B가 E보다 성적이 높다면 A의 진술 중 'E는 1등이다.' 역시 거짓이 되어야 하므로 거짓이 2명 이상이 되어 모순이 된다. 따라서 B의 진술이 참이어야 한다.
- B의 진술이 참이고 E의 진술이 거짓인 경우 : 1등은 E, 2등은 D, 3등은 B, 4등은 C, 5등은 A가 되므로 모든 조건이 성립한다.

05 정답 ③

한 사람만 거짓말을 하고 있기 때문에 모두의 말을 참이라고 가정하고, 모순이 어디서 발생하는지 생각해 본다. A, B, C, D 네 명의 말에 따르면, 1등을 할 수 있는 사람은 C밖에 없는데, E의 진술과 모순이 생기는 것을 알 수 있다. E의 진술이 거짓이고, 따라서 E의 진술의 역을 참이라고 가정하면 순서는 C - E - B - A - D임을 알 수 있다.

06 정답 ④

적+흑+청=백+황+녹, 황=흑×3, 백>녹, 녹>흑, 적=백+녹이고, 유리구슬의 총 개수는 18개이므로 적=6, 흑=1, 청=2, 백=4, 황=3, 녹=2이다.

07 정답 ④

첫 번째, 세 번째를 통해 A부족이 E부족을 침공하지 않고 C부족을 침공한 것을 알 수 있고, 마지막 문장을 통해 D부족을 침공하지 않았다는 것을 알 수 있다. D부족을 침공하지 않았기 때문에 B부족을 침공했으므로 A부족이 침공할 부족은 B, C 부족이다.

08 정답 ②

- A : 연차를 쓸 수 있다.
- B : 제주도 여행을 한다.
- C : 회를 좋아한다.
- D : 배낚시를 한다.
- E : 다른 계획이 있다.
제시된 명제들을 간단히 나타내면, A → B, C → D, E → ~D(D → ~E), ~E → A이다. 이를 연립하면 D → ~E → A → B가 되므로 D → B가 성립한다. 따라서 그 대우인 '제주도 여행을 하지 않으면 배낚시를 하지 않는다.'가 답이다.

02 논리구조

01	02	03	04	05	06	07	08		
④	③	③	①	①	①	①	④		

01 정답 ④

제시문은 동양화의 특징으로 여백이 있음을 말하고, 다양한 표현 방법과 의미가 있음을 언급한 뒤 그 의의를 밝히는 내용의 글이다. 따라서 (D) 동양화의 특징인 여백 → (C) 다양한 방법으로 표현되는 여백 → (A) 여백이 표현하는 여러 가지 의미 → (B) 동양화에서의 여백의 의의 순서로 연결되어야 한다.

02 정답 ③

제시문은 추상적으로 만들어진 법을 구체적인 사건에 적용하는 데 어려움이 있다는 내용의 글이다. 따라서 (A) 크고 작은 문제를 해결하기 위해 만들어진 '법' → (C) 추상적인 규정으로 만들어질 수밖에 없는 '법' → (B) 구체적인 사건에 적용하기 위해 필요한 '법률적 삼단 논법' → (D) 법을 구체적인 사건에 적용하는 어려움과 그 이유 순서로 연결되어야 한다.

03 정답 ③

제시문은 석탄에 대한 편견이 있지만, 새롭게 주목받고 있는 청정 석탄 기술에 대해 그 원리와 장점을 담은 내용의 글이다. 따라서 (A) 석탄에 대한 편견 → (C) 새롭게 주목받는 석탄 → (D) 청정 석탄 기술의 원리 → (B) 청정 석탄 기술의 장점 순서로 연결되어야 한다.

04 정답 ①

제시문은 음악을 쉽게 복제할 수 있는 환경이 되었는데 이를 비판하는 시각이 등장했음을 소개하고, 비판적 시각에 대한 반박을 하면서 미래에 대한 기대를 나타내는 내용의 글이다. 따라서 (C) 음악을 쉽게 변모시킬 수 있게 된 환경 → (A) 음악 복제에 대한 비판적인 시선의 등장 → (D) 이를 반박하는 복제품 음악의 의의 → (B) 복제품으로 새롭게 등장한 전통에 대한 기대 순서로 연결되어야 한다.

05 정답 ①

㉠은 양반의 수 증가, ㉡은 실제가 없는 허명, ㉢은 양반의 신분이 세습됨, ㉣은 생원의 폐단을 겸하고 있음. 이 네 가지 폐단이 있으니, 모든 사람을 양반을 만들어 양반이 없는 것과 마찬가지인 효과를 내자는 ㉤의 역설적 주장을 하고 있다.

06 정답 ①

㉠은 하나의 판단을 담고 있는 명제이다. ㉡이 있음으로 해서 정당화될 수 있으므로, ㉡은 ㉠의 근거이다. 또 이와 같은 논리로 ㉢은 ㉡의 근거이며 ㉣은 ㉢의 예시이다. 그리고 ㉤은 불평등한 계약을 맺게 되는 경우를 말하고 있는데, 이는 ㉡을 강화하는 진술이므로 ㉡의 근거가 될 수 있다.
따라서 ㉠은 필자의 주장을 담고 있는 이 글의 결론이다.

07 정답 ①

(가)에서 존재를 신 ─ 물질계 ─ 지적 존재로 나누고, 각각 (나)와 (다)에서는 신과 지적 존재에 대해 설명한다. 그리고 다시 지적 존재를 (라) 짐승과 (마) 인간으로 세분하고 있다.

08 정답 ④

계승에는 긍정적 계승과 부정적 계승이 있고, 계승의 반대는 퇴화이다. 긍정적 계승에는 지속성이 두드러진다. 또한, 앞 시대의 문학은 어떻게든지 뒤 시대의 문학에 작용을 하므로 퇴화와 단절을 구별해야 한다고 주장하고 있다.

03 독해

01	02	03	04	05	06	07	08		
②	④	②	⑤	③	②	④	①		

01 정답 ②

(나)는 논제를 친근하고 익숙한 사례(리라 켜기, 말 타기 등)에 비유해서 설명하고 있다. 함축적 의미의 어휘나 개념 정의는 드러나 있지 않으므로 ②가 정답이다.

02 정답 ④

'꼭 필요한 부위에만 접착제와 대나무 못을 사용하여 목재가 수축·팽창하더라도 뒤틀림과 휘어짐이 최소화될 수 있도록 하였다.'라는 문장을 볼 때, 접착제와 대나무 못을 사용하면 수축과 팽창이 발생하지 않는다는 말은 옳지 않다.

03 정답 ②

① 셋째 문단의 'S자로 선회하며 대기권으로 재돌입하여 비교적 약한 공력 가열을 장시간 받게 되는 우주 왕복선'에서 확인할 수 있다.
③ 넷째 문단의 '어블레이션은 공력 가열에 의해 내열재가 열분해 되는 현상을 이용한 방법이다. 즉, 내열재가 분해될 때 열을 흡수함으로써 선체에서 열을 달아나게 하는 것이다.'에서 확인할 수 있다.
④ 넷째 문단의 '내열재에는 탄소섬유 등을 섞은 강화 플라스틱을 사용한다.'에서 확인할 수 있다.
⑤ 셋째 문단의 '이 타일은 우주 왕복선이 대기권에 재돌입할 때 공력 가열을 받아 1,500℃의 고온이 된다.'에서 확인할 수 있다.

04 정답 ⑤

글쓴이는 현대의 조각이 물아일체(物我一體)의 경지가 아닌, 재료 자체가 고유하게 지닌 물성(物性)을 드러내는 경향이 강하다고 보았다. 따라서 '정신의 물화(物化)'로 치닫게 되지나 않을지 염려하고 있으며, 자기의 마음을 빚어내었던 재경과 포정의 예를 통해 조각과 인간의 정신이 하나 되어야 함을 이야기하고 있다.

05 정답 ③

제시된 글에서는 고령화에 따른 사회보장, 즉 사회보험제도 중 노인 장기요양보험에 대해 설명하고 있다. 따라서 글의 주제로 '고령화와 사회보장의 필요성'이 적절하다.

06 정답 ②

제시된 글은 검무의 정의와 기원, 검무의 변천과정과 구성, 검무의 문화적 가치를 순서대로 설명하고 있다.

07 정답 ④

셋째 문단에서 혜자는 장자의 말이 '쓸데없다'고 반박하고 있다. 장자는 이에 대한 대답으로 무용하다고 생각했던 것이 유용하게 쓰일 수 있는 상대적인 진리를 역설하면서 혜자의 단면적인 시각을 반박하고 있다. 이를 통해 볼 때, 혜자는 자신이 생각하기에 본질에서 거리가 먼 것까지 진리의 가치를 부여하는 장자가 답답하게 여겨졌을 것이다.

08 정답 ①

환경 보전 단체들은 비닐봉지가 일회용으로 환경오염의 원인이 되므로 사용을 금지해야 한다고 주장하지만, 비닐봉지는 진정한 의미에서 일회용도 아니고, 사용 금지에 따른 불편이 너무 크다. 즉, 비닐봉지 사용의 단점만 알고 그 장점을 고려하지 않았기 때문에 하나는 알고 둘은 모르는 상황에 해당한다.

수리능력 정답 및 해설

01 응용계산

01	02	03	04	05	06	07	08	09	10	11	12	13	14	15	16	17			
②	①	②	③	②	③	⑤	③	①	②	③	③	④	③	⑤	②	②			

01 정답 ②

세 사람의 나이를 각각 a, b, c세라고 하면,

$a \times b \times c = 2,450$, $a+b+c=46$

$2,450 = 2 \times 5^2 \times 7^2$이므로 경우의 수를 따져봤을 때 $a+b+c=46$을 동시에 만족할 수 있는 수는 25, 14, 7이다.

따라서 최고령자의 나이는 25세이다.

02 정답 ①

1학년 학생 수를 x명, 2학년 학생 수를 y명, 3학년 학생 수를 z명이라고 하면,

$y+z=350$ …… ㉠

$x+z=250$ …… ㉡

$x+y=260$ …… ㉢

㉠－㉡ : $y-x=100$ …… ㉣

㉢, ㉣를 연립하면 $2y=360$

$\therefore x=80$, $y=180$, $z=170$

즉, 1학년 학생은 총 80명이다.

03 정답 ②

A가 이긴 횟수($=$B가 진 횟수)를 x, A가 진 횟수($=$B가 이긴 횟수)를 y라 하면,

$2x-y=11$ …… ㉠

$2y-x=2$ …… ㉡

㉠, ㉡을 연립하면

$x=8$, $y=5$

따라서 A는 8번 이겼다.

안심Touch

04 정답 ③

잘못 만들어진 소금물의 농도를 $X\%$라 하면,

$$\frac{9}{100}x+\frac{18}{100}y=\frac{12}{100}(x+y) \cdots\cdots ⊙$$

$$\frac{18}{100}x+\frac{9}{100}y=\frac{X}{100}(x+y) \cdots\cdots ⊙$$

⊙에서 $x=2y \cdots\cdots ©$

⊙을 정리하면 $(X-18)x+(X-9)y=0 \cdots\cdots @$

©을 @에 대입하면

$\therefore X=15$

05 정답 ②

$$\frac{x}{60}-\frac{x}{70}=\frac{1}{12} \rightarrow 70x-60x=350 \rightarrow 10x=350$$

$\therefore x=35\text{km}$

06 정답 ③

강을 거슬러 오를 때의 속력 : (배의 속력)－(강물의 속력)

강을 내려갈 때의 속력 : (배의 속력)＋(강물의 속력)

배의 속력을 x, 강물의 속력을 y라고 하면,

$40(x-y)=2,000$

$20(x+y)=2,000$

$x=75, \ y=25$

$\therefore 75\text{m/분}$

07 정답 ⑤

길이 80m인 두 열차가 각각 시속 40km로 마주보며 달려서 만난 후 완전히 스치고 지나가는 데 걸리는 시간은, 한 열차가 시속 80km로 160m를 가는 데 걸리는 시간과 같다. 80km/시$=\dfrac{80,000\text{m}}{3,600초}$이므로,

$\therefore$ 시간$=\dfrac{160\text{m}}{\dfrac{80,000\text{m}}{3,600초}}=7.2초$

08 정답 ③

7시 x분에 반대 방향으로 일직선을 이룬다고 하면,

시침이 움직인 각도 : $7\times30+0.5x$

분침이 움직인 각도 : $6x$

시침과 분침이 서로 반대 방향으로 일직선을 이룬다는 것은 시침의 각도가 분침의 각도보다 180도 더 크다는 것이므로,

$\rightarrow (7\times30+0.5x)-6x=180 \rightarrow x=\dfrac{60}{11}$

$\therefore$ 7시 $\dfrac{60}{11}$분

09 정답 ①

3월 1일에서 5월 25일까지 일수는 $30+30+25=85$일

$85 \div 7 = 12 \cdots 1$

그러므로 5월 25일은 토요일이다.

10 정답 ②

남은 전체 작업량을 $\frac{1}{2}$이라 하면, A기계로 4시간 작업하면 $\frac{1}{2}-\frac{4}{12}=\frac{1}{6}$이므로 작업량의 $\frac{1}{6}$은 수행해야 하므로 남은 작업량을 수행하는

데 소요 되는 시간은 $\dfrac{\frac{1}{6}}{\frac{1}{12}+\frac{1}{18}}=\frac{6}{5}=1\frac{1}{5}$이다. 따라서 작업에 소요되는 시간은 1시간 12분이다.

11 정답 ③

(판매가)$-$(원가)$=$(이익)

원가를 x라고 하면, 판매가는 $1.5x \times (1-0.2)$이므로, $1.5x \times (1-0.2)-x=1,000$

$\therefore x=5,000$

12 정답 ③

$A=0.8B$

$\therefore B=\frac{10}{8}A=1.25A$

13 정답 ④

책을 고르는 데 걸린 시간을 x시간이라 하면,

$\frac{2}{6}+x+\frac{2}{6} \leq 2 \rightarrow x \leq \frac{4}{3}$

$\therefore$ 1시간 20분

14 정답 ③

• 가장 긴변의 길이가 10이므로

  $\rightarrow 3x<10$

  $\therefore x<\frac{10}{3}$

• 가장 긴 변의 길이는 나머지 두 변 길이의 합보다 작아야 하므로

  $\rightarrow 2x+3x>10$

  $\therefore x>2$

$\therefore 2<x<\frac{10}{3}$

15 정답 ⑤

$a+b+c=5$

• $a=1$일 경우 : (1, 1, 3), (1, 2, 2), (1, 3, 1)

• $a=2$일 경우 : (2, 1, 2), (2, 2, 1)

• $a=3$일 경우 : (3, 1, 1)

∴ 6가지

16 정답 ②

• 35 → 1가지

• 40, 41, 42, 43, 45 → 5가지

• 50, 51, 52, 53, 54 → 5가지

∴ 1+5+5＝11가지

17 정답 ②

ㄱ, ㄴ, ㄷ, ㄹ 순서로 칠한다면,

• ㄱ은 4가지

• ㄴ은 ㄱ과 달라야 하므로 3가지

• ㄷ은 ㄱ, ㄴ과 달라야 하므로 2가지

• ㄹ은 ㄱ, ㄷ과 달라야 하므로 2가지

따라서 모든 경우의 수는 $4 \times 3 \times 2 \times 2 = 48$가지이다.

02 자료해석

01 　정답　 ⑤

각 품목별 전년 동월 평균가격 대비 2019년 10월 평균가격의 증감률을 구하면 다음과 같다.

- 거세우 1등급 : $\dfrac{17,895-14,683}{14,683}\times100≒21.9\%$

- 거세우 2등급 : $\dfrac{16,534-13,612}{13,612}\times100≒21.5\%$

- 거세우 3등급 : $\dfrac{14,166-12,034}{12,034}\times100≒17.7\%$

- 비거세우 1등급 : $\dfrac{18,022-15,059}{15,059}\times100≒19.7\%$

- 비거세우 2등급 : $\dfrac{16,957-13,222}{13,222}\times100≒28.2\%$

- 비거세우 3등급 : $\dfrac{14,560-11,693}{11,693}\times100≒24.5\%$

따라서 전년 동월 평균가격 대비 2019년 10월 평균가격의 증감률이 가장 큰 품목은 비거세우 2등급이다.

02 　정답　 ④

㉠ 2차 구매 시 1차와 동일한 제품을 구매하는 사람들이 다른 어떤 제품을 구매하는 사람들보다 최소한 2배 이상 높은 것으로 나타났다.

㉢ 1차에서 C를 구매한 사람들은 전체 구매자들(541명) 중 37.7%(204명)로 가장 높았고, 2차에서 C를 구매한 사람들은 전체 구매자들 중 42.7%(231명)로 가장 높았다.

오답분석

㉡ 1차에서 A를 구매한 뒤 2차에서 C를 구매한 사람들은 44명, 반대로 1차에서 C를 구매한 뒤 2차에서 A를 구매한 사람들은 17명이므로 전자의 경우가 더 많다.

03 　정답　 ③

A사와 B사의 전체 직원 수를 알 수 없으므로, 비율만으로는 판단할 수 없다.

오답분석

① 여직원 비율이 높을수록, 남직원 비율이 낮을수록 값이 작아진다. 따라서 여직원 비율이 가장 높으면서, 남직원 비율이 가장 낮은 D사가 비율이 최저이고, 남직원 비율이 여직원 비율보다 높은 A사가 비율이 최고이다.

② B, C, D사 각각 남직원보다 여직원의 비율이 높다. 따라서 B, C, D사 모두에서 남직원 수보다 여직원 수가 많다. 즉, B, C, D사의 직원 수를 다 합했을 때도 남직원 수는 여직원 수보다 적다.

④ A사의 전체 직원 수를 a명, B사의 전체 직원 수를 b명이라 하면, A사의 남직원 수는 $0.54a$, B사의 남직원 수는 $0.48a$이다.

$$\dfrac{0.54a+0.48b}{a+b}\times100=52 → 54a+48b=52(a+b)$$

∴ $a=2b$

⑤ A, B, C사의 전체 직원 수를 a명이라 하면, 여직원의 수는 각각 $0.46a$, $0.52a$명, $0.58a$명이다. 따라서 $0.46a+0.58a=2\times0.52a$이므로 옳은 설명이다.

04 정답 ④

까르보나라, 알리오올리오, 마르게리따피자, 아라비아따, 고르곤졸라피자의 할인 후 금액을 각각 a원, b원, c원, d원, e원이라 하자.

- $a+b=24{,}000$ ⋯ ㉠
- $c+d=31{,}000$ ⋯ ㉡
- $a+e=31{,}000$ ⋯ ㉢
- $c+b=28{,}000$ ⋯ ㉣
- $e+d=32{,}000$ ⋯ ㉤

㉠~㉤의 좌변과 우변을 모두 더하면

$2(a+b+c+d+e)=146{,}000$

$a+b+c+d+e=73{,}000$ ⋯ ㉥

㉥에 ㉢식과 ㉣을 대입하면

$a+b+c+d+e=(a+e)+(c+b)+d=31{,}000+28{,}000+d=73{,}000$

즉, $d=73{,}000-59{,}000=14{,}000$

따라서 아라비아따의 할인 전 금액은 $14{,}000+500=14{,}500$원이다.

05 정답 ③

㉡ 2016년에 각각 혼인한 건수와 이혼한 건수는 알 수 있지만, 2016년에 결혼한 사람들이 얼마나 이혼할지는 알 수 없다.

㉢ 인구 1,000명당 9명이 혼인한 것이다.

오답분석

㉠ 인구를 구하면, $375{,}600\div8\times1{,}000=46{,}950{,}000$

조이혼율$(x)=(116{,}700\div46{,}950{,}000)\times1{,}000 ≒ 2.5$

㉣ $y=167.1-(41.0+38.6+32.8+24.9)=29.8$

따라서 동거 기간 20년 이상은 2.75배(175%) 증가하였으므로 증가율이 가장 높다.

06 정답 ④

15세 이상 인구 중 청소년 인구만 알 수 있기 때문에 구할 수 없다. 즉, 15세 이상의 전체 인구를 알아야 구할 수 있다.

07 정답 ⑤

제시된 자료에 의하여 AJ공항의 국내선 운항 횟수는 1위, 전년 대비 국내선 운항 횟수의 증가율은 5위임을 알 수 있다.

오답분석

① '운항 횟수 상위 5개 공항', '전년 대비 운항 횟수 증가율 상위 5개 공항' 자료에 명시된 국제선 공항은 IC, KH, KP, AJ, CJ, TG 6개로 국제선 운항 공항은 최소 6개이며, 7개 이상인지 아닌지는 알 수 없다.

② 2019년 KP공항의 국내선 운항횟수는 56,309이고 2019년 KP공항의 국제선 운항횟수는 18,643이다. $56{,}309\times\dfrac{1}{3}≒18{,}770$이므로, 2019년 KP공항의 운항횟수는 국제선이 국내선의 $\dfrac{1}{3}$ 미만이다.

③ '전년 대비 운항 횟수 증가율 상위 5개 공항' 자료에 의하면 MA공항의 국내선 운항횟수의 증가율이 가장 높지만, '운항 횟수 상위 5개 공항' 자료에서 MA공항의 국내선 운항 횟수를 알 수 없으므로 운항 횟수의 증가폭을 구할 수 없다.

④ 국내선 운항 횟수 상위 5개 공항의 국내선 운항 횟수 합은 $65{,}838+56{,}309+20{,}062+5{,}638+5{,}321=153{,}168$이고, 전체 국내선 운항 횟수 대비 국내선 운항 횟수 상위 5개 공항의 국내선 운항 횟수의 비율은 $\dfrac{153{,}168}{167{,}040}\times100≒91.7\%$이다.

CHAPTER 03 도형추리 정답 및 해설

01	02	03	04	05	06	07	08		
②	①	③	⑤	③	①	②	④		

01 정답 ②

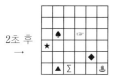

2초 후
→

시계 방향
90° 회전
→

2초 후
→

시계 방향
90° 회전
→

02 정답 ①

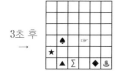

3초 후
→

시계 반대 방향
90° 회전
→

1초 후
→

180° 회전
→

03 정답 ③

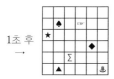

1초 후
→

180° 회전
→

2초 후
→

180° 회전
→

04 정답 ⑤

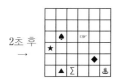

2초 후
→

시계 방향
90° 회전
→

2초 후
→

180° 회전
→

05 　정답　③

왼쪽 도형의 삼각형 그림은 오른쪽 도형에서 시계 방향으로 90° 회전되어 있기 때문에 왼쪽 도형도 시계 방향으로 90° 회전을 시키면

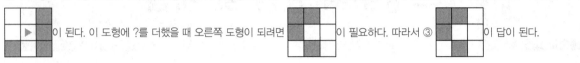 이 된다. 이 도형에 ?를 더했을 때 오른쪽 도형이 되려면 이 필요하다. 따라서 ③ 이 답이 된다.

06 　정답　①

왼쪽 도형의 전화기 그림은 오른쪽 도형에서 시계 반대 방향으로 90° 회전되어 있기 때문에 왼쪽 도형도 시계 반대 방향으로 90° 회전을 시

키면 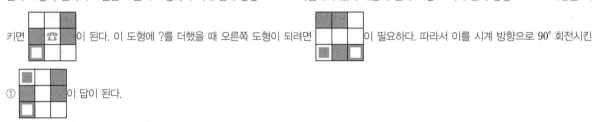 이 된다. 이 도형에 ?를 더했을 때 오른쪽 도형이 되려면 이 필요하다. 따라서 이를 시계 방향으로 90° 회전시킨

① 이 답이 된다.

07 　정답　②

오른쪽 도형의 하트 그림은 왼쪽 도형에서 맨 오른쪽 아래 칸에 해당한다. 왼쪽 도형에 ?를 더했을 때 오른쪽 도형이 되려면 이

필요하다. 따라서 이를 180° 회전시킨 ② 가 답이 된다.

08 　정답　④

오른쪽 도형의 스페이드 그림은 왼쪽 도형의 위에서 두 번째 줄 가장 오른쪽 칸이나, 마지막 줄 가운데 칸에 해당한다.

 의 경우 가능한 것은 이고, 의 경우 가능한 것은 이다. 따라서 ④ 가 답이 된다.

PART

2

최종점검 모의고사
정답 및 해설

다회독 마킹표

영역	최종점검 모의고사		
	1st	2nd	3rd
제1회 최종점검 모의고사			
제2회 최종점검 모의고사			

최종점검 모의고사

01 언어능력

01	02	03	04	05	06	07	08	09	10
⑤	①	③	④	②	③	③	②	①	①
11	12	13	14	15	16	17	18	19	20
④	④	⑤	④	③	①	③	④	①	②
21	22	23	24	25	26	27	28	29	30
①	②	③	④	②	⑤	②	③	③	③

01 정답 ⑤

우선 A의 아이가 아들이라고 하면 A의 대답은 사실인게 되는데, B, C의 아이도 아들이므로 사내아이가 2명밖에 없다는 조건에 모순된다. 그러므로 A의 아이는 딸이다. 다음에 D의 아이가 아들이라고 하면 A의 아이가 딸인 것과 일치하므로 D의 아이는 아들이어야 한다. 따라서 C의 아이도 딸이다. 그러므로 사내아이의 아버지는 B와 D이다.

02 정답 ①

1) C가 참이면 D도 참이므로 C, D는 모두 참을 말하거나 모두 거짓을 말한다. 그런데 A와 E의 진술이 서로 상치되고 있으므로 둘 중에 한 명은 참이고 다른 한 명은 거짓인데, 만약 C, D가 모두 참이면 참을 말한 사람이 적어도 3명이 되므로 2명만 참을 말한다는 조건에 맞지 않는다. 따라서 C, D는 모두 거짓을 말한다.
2) 1)에서 C와 D가 모두 거짓을 말하고, A와 E 중 1명은 참, 다른 한 명은 거짓을 말한다. 따라서 B는 참을 말한다.
3) 2)에 따라 A와 B가 참이거나 B와 E가 참이다. 그런데 A는 '나와 E만 범행 현장에 있었다.'라고 했으므로 B의 진술(참)인 '목격자는 2명이다.'와 모순된다(목격자가 2명이면 범인을 포함해서 3명이 범행 현장에 있어야 하므로). 또한 A가 참일 경우, A의 진술 중 '나와 E만 범행 현장에 있었다.'는 참이면서 E의 '나는 범행 현장에 있었고'는 거짓이 되므로 모순이 된다.
따라서 B와 E의 진술이 참이므로, E의 진술에 따라 A가 범인이다.

03 정답 ③

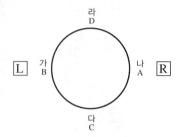

첫 번째 조건과 다섯 번째 조건에 의하여 다 직원의 위치는 시계 6시 방향이고, 9시 방향과 12시 방향은 각각 B인턴과 D인턴을 맡은 직원이 앉게 된다.

두 번째 조건에 의하여 A인턴을 맡은 직원은 3시 방향에 앉고, 세 번째 조건에 의하여 라 직원은 12시 방향에 앉아 있으므로 D인턴을 맡은 직원은 라 직원이다.

네 번째 조건에 의하여 나 직원은 3시 방향에, 가 직원은 9시 방향에 앉아 있게 되므로 A인턴을 맡은 직원은 나 직원, B인턴을 맡은 직원은 가 직원이다. 즉, 남은 C인턴은 다 직원이 맡는다.

04 정답 ④

제시된 다섯 가지 조건을 차례대로 도식화하면 다음과 같다.
- A−C
- A−B−D
- B−D−C
- D−E
- A−E−C

주어진 조건을 정리하면 진행순서는 A−B−D−E−C이다.
따라서 세 번째로 워크숍을 진행하는 부서는 D부서이다.

05 정답 ②

세 번째, 네 번째, 다섯 번째 조건에 의해, 8등이 될 수 있는 사람은 A, C이다. 첫 번째 조건을 만족해야 하므로, 8등은 A이다. 또한 두 번째 조건에 의해 B는 4등이고, 네 번째 조건에 의해 E는 5등이 된다. 마지막으로 첫 번째 조건에 의해, C는 6등이 될 수 없으므로 1, 2, 3등 중에 하나이다.

06 정답 ③

각 조건을 종합해 보면 D는 1시부터 6시까지 연습실 2에서 플루트를 연주하고, B는 연습실 3에서 첼로를 연습하며, 연습실 2에서 처음 연습하는 사람은 9시부터 1시까지, 연습실 3에서 처음 연습하는 사람은 9시부터 3시까지 연습한다. 따라서 연습실 1에서는 나머지 3명이 각각 3시간씩 연습해야 한다.

따라서 ③이 조건으로 추가되면 A와 E가 3시에 연습실 1과 연습실 3에서 끝나는 것이 되는데, A는 연습실 1을 이용할 수 없으므로 9시부터 3시까지 연습실 3에서 바이올린을 연습하고 E는 연습실 1에서 12시부터 3시까지 클라리넷을 연습한다. C도 연습실 1을 이용할 수 없으므로 연습실 2에서 9시부터 1시까지 콘트라베이스를 연습하고, 마지막 조건에 따라 G는 9시부터 12시까지 연습실 1, F는 3시부터 6시까지 연습실 1에서 바순을 연습하므로 모든 사람의 연습 장소와 연습 시간이 확정된다.

구분	연습실 1	연습실 2	연습실 3
9~10시	G	C	A
10~11시	G	C	A
11~12시	G	C	A
12~1시	E	C	A
1~2시	E	D	A
2~3시	E	D	A
3~4시	F	D	B
4~5시	F	D	B
5~6시	F	D	B

07 정답 ③

두 번째 조건에 따라 B는 6층에 입주하고, 세 번째 조건에 따라 E − D − F 순서로 높은 층에 입주해야 한다. 따라서 E는 3층 아래, D는 4층 아래에 입주가 가능하다.

이러한 결과를 표로 나타내면 다음과 같다.

구분	1	2	3	4	5	6
A				×	×	×
B	×	×	×	×	×	○
C				×	×	×
D	×	×	×	○	×	×
E				×	×	×
F	×	×	×	×	○	×

따라서 A, C, E가 입주하는 경우의 수만 따져 보면 되므로 총 3×2×1=6가지가 된다.

08 정답 ②

제시된 진료현황을 각각의 명제로 보고 이들을 수식으로 설명하면 다음과 같다(단, 명제가 참일 경우 그 대우도 참이며, ~A라는 기호는 A병원이 진료를 하지 않는다는 뜻이다).

- B병원이 진료를 하지 않을 때 A병원이 진료한다(~B → A=~A → B).
- B병원이 진료를 하면 D병원은 진료를 하지 않는다(B → ~D=D → ~B).
- A병원이 진료를 하면 C병원은 진료를 하지 않는다(A → ~C=C → ~A).
- C병원이 진료를 하지 않을 때 E병원이 진료한다(~C → E=~E → C).

이를 하나로 연결하면, 'D병원이 진료를 하면 B병원이 진료를 하지 않고, B병원이 진료를 하지 않으면 A병원은 진료를 한다. A병원이 진료를 하는 경우 C병원은 진료를 하지 않고, C병원이 진료를 하지 않으면 E병원은 진료를 한다(D → ~B → A → ~C → E).'

명제가 참일 경우 그 대우도 참이므로 ~E → C → ~A → B → ~D이다.

그런데 공휴일일 경우는 E병원이 진료를 하지 않을 때이므로 위의 명제를 참고하면 C와 B병원만이 진료를 하는 경우가 된다. 따라서 공휴일에 진료를 하는 병원은 2곳이다.

09 정답 ①

'승우가 도서관에 간다.'를 A, '민우가 도서관에 간다.'를 B, '견우가 도서관에 간다.'를 C, '연우가 도서관에 간다.'를 D, '정우가 도서관에 간다.'를 E라고 하면 '~D → E → ~A → B → C'이므로 정우가 금요일에 도서관에 가면 민우와 견우도 도서관에 간다.

10 정답 ①

먼저 Q, R이 유죄라고 가정하면 P, S, T가 무죄가 되어야 한다. 하지만 S가 무죄일 때 R이 무죄라는 조건이 성립하지 않아 오류가 발생한다.

Q, R이 무죄라고 가정하고 P가 무죄라면 Q, T도 무죄여야 하기 때문에 P, R, Q, T가 무죄라는 오류가 발생한다. 따라서 Q, R이 무죄이고 P가 유죄, S가 무죄일 때 모든 조건을 만족하기 때문에 P, T가 유죄, Q, R, S가 무죄임을 알 수 있다.

11 정답 ④

제시문은 인간의 심리 작용이 언어와 관련 없이 보편성을 가진다는 내용의 글이다.

따라서 (D) 언어는 인간의 사고를 완전히 지배하지 않음 → (B) 인간의 사고가 언어에 의해 영향 받지 않는 경우도 있음 → (A) 사고에 언어에 영향을 받지 않는 예 → (C) 예시를 통해 알 수 있는 인간 심리의 보편성 순서로 연결되어야 한다.

12 정답 ④

제시문은 자연 개발에 대한 찬반 입장과 두 입장을 모두 비판하는 입장을 소개하는 내용의 글이다.

따라서 (C) 자연 개발에 상반된 주장이 대두 → (B) 자연에 손을 대는 것이 불가피하다는 입장 → (A) 자연에 손을 대는 것을 반대하는 입장 → (D) 두 주장을 모두 비판하는 입장 순서로 연결되어야 한다.

13 정답 ⑤

제시문은 효율적 제품 생산을 위한 제품별 배치 방법의 장단점에 대한 내용의 글이다.

따라서 (C) 효율적 제품 생산을 위해 필요한 생산 설비의 효율적 배치 → (D) 효율적 배치의 한 방법인 제품별 배치 → (A) 제품별 배치 방법의 장점 → (B) 제품별 배치 방법의 단점 순서로 연결되어야 한다.

14 정답 ④

제시문은 교통시설 확충이 필요한 현 상황을 제시하고 잘못된 교통시설 확충의 문제점을 든 후 올바른 교통시설 확충에 대한 의견을 제시하고 있는 글이다.

따라서 (A) 교통시설 확충의 필요성 → (B) 교통시설 확충의 어려움 → (D) 잘못된 교통시설 확충으로 인한 부작용 → (C) 교통시설 확충을 위해 고려해야 할 사항에 대한 의견 제시 순서로 연결되어야 한다.

15 정답 ③

헤겔은 국가를 사회 문제를 해결하고 공적 질서를 확립할 최종 주체로 설정했고, 뒤르켐은 사익을 조정하고 공익과 공동체적 연대를 실현할 도덕적 개인주의의 규범에 주목하면서, 이를 수행할 주체로서 직업 단체의 역할을 강조하였다. 즉, 직업 단체가 정치적 중간 집단으로서 구성원의 이해관계를 국가에 전달하는 한편 국가를 견제해야 한다고 보았다.

16 정답 ①

제시된 문제는 우리 춤의 특징적 성격을 파악한 후 다른 상황에 적용하여 그 특성을 추론하는 것으로, 서민들의 춤이 지닌 풍자적 성격에 대한 언급은 없다.

17 정답 ③

①~⑤는 운석 충돌 이후의 영향에 대한 각종 가설이다. 그 중에서도 지문에서 다루고 있는 내용은 충돌 이후 발생한 먼지가 태양광선을 가림으로써 지구 기온이 급락(急落)하였다는 것을 전제로 하면서, 그 근거를 셋째 문단의 '급속한 기온의 변화'와 넷째 문단의 '길고 긴 겨울'에서 찾을 수 있다.

18 정답 ④

현충일이 정부기념일로 제정된 1982년이 아니라 처음 현충일로 제정된 1956년의 망종이 6월 6일이다.

19 정답 ①

〈보기〉는 결국 쟁점이 되고 있는 두 입장에서 (나)의 손을 들어준 것이다. (나)의 기본 입장은 인간의 배아 연구는 많은 위험성을 내포하고 있기에 반대한다는 것이다. 이러한 입장대로라면 앞으로 생명공학 분야의 발전에는 상당한 제약이 따를 것이므로 국가 경쟁력이 강화될 것이라는 반응은 잘못된 것이다.

20 정답 ②

넷째 문단에는 주나라가 종법 사회의 특징이 있는 사회, 즉 국가 질서가 가족 질서나 가족 이데올로기에 의해 유지되는 사회라는 내용은 있지만 종법 사회가 붕괴된 원인에 대한 내용은 없다.

21 정답 ①

오답분석

② 첫째 문단의 '독자는 작품의 의미를 수동적으로 파악한다.'라는 내용을 통해 확인할 수 있다.

③ 둘째, 넷째 문단의 '독자의 능동적 역할, 독자의 구체화를 통해 작품은 감상이 가능하다.'라는 내용을 통해 확인할 수 있다.

④ 첫째 문단의 수용미학이 등장한 배경이 고전주의 예술관과 관련된다는 내용과, 둘째 문단 '작품의 의미는 고정된 것이 아니라 독자에 의해 재생산된다.'라는 내용을 통해 확인할 수 있다.

⑤ 넷째 문단의 '작품은 독자의 구체화 과정을 통해 재생산된다.'라는 내용을 통해 확인할 수 있다.

22 정답 ③

네 번째 문단을 통해 확인할 수 있다.

23 정답 ③

제시된 글은 들뢰즈와 가타리라는 두 학자의 견해를 소개하고 있으며, 욕망, 코드화, 노마디즘 등의 용어를 설명하고 있다.

24 정답 ④

딸기는 건강에 좋지만 당도가 높으므로 혈당 조절이 필요한 사람을 마케팅 대상으로 삼는 것은 적절하지 않다.

25 정답 ②

교통사고가 났을 때에는 근거와 원인을 찾아서 진실을 밝혀야 한다. 피해가 크고 작음이 판단의 기준이 되는 것이 아니다. 어느 쪽이 가해자이고 어느 쪽이 피해자인지를 정확히 파악해야 한다.

26 정답 ⑤

글에서는 '자동차등록번호판이 훼손되거나 봉인이 없이 운행되어 자동차관리 및 불법에 이용될 소지가 있는 자동차'를 언급했을 뿐, 등록 전 임시번호판을 달아놓은 자동차에 대한 내용은 없다. 임시 번호판이란 정식으로 차량을 등록하기 전 운행이 필요한 사람들이 임시번호를 달고 운행을 하는 것으로, 허가기간(10일)과 차량 출고지 행정 구역, 임시번호가 새겨져 있다.

27 정답 ②

물가 상승으로 인해 화폐가치는 급락하지만, 풍년으로 인해 쌀값이 하락한 것은 오히려 화폐가치가 상승하는 결과를 낳는다.

28 정답 ③

빈칸 뒤의 문장이 '따라서'로 연결되어 있으므로 '사회적 제도의 발명이 필수적이다.'를 결론으로 낼 수 있는 논거가 들어있어야 한다.

29 정답 ③

제시된 글은 소금이 우리 몸에 미치는 영향에 대해서 설명하고 있다. 소금은 인체에서 신경 신호를 전달하며, 체액 농도를 유지하게 하고 소화기능을 돕는 등 다양한 역할을 하고 있다.

30 정답 ③

글의 주제는 '얼굴에 나타난 삶의 자취'로 ㉠은 글의 도입이며, ㉡·㉢·㉣은 이에 대한 일반적 진술이다. 이를 통해 ㉤과 같은 결론을 내리고 있다.

02 수리능력

01	02	03	04	05	06	07	08	09	10	11	12	13	14	15	16	17	18	19	20
④	⑤	①	④	①	④	②	②	⑤	④	④	⑤	②	④	②	②	③	③	④	③

21	22	23	24	25															
④	②	②	③	③															

01 　정답　④

㉮ : ㉯ $=31 : 24=124 : 96$

$\therefore a=96$

02 　정답　⑤

(시간)$=\dfrac{(거리)}{(속력)}$이므로 평지의 거리를 x, 평지 끝에서 언덕 꼭대기까지의 거리를 $y$km라고 하면,

$6=\dfrac{x}{4}+\dfrac{y}{3}+\dfrac{y}{6}+\dfrac{x}{4} \rightarrow \dfrac{x}{2}+\dfrac{y}{2}=6 \rightarrow x+y=12$

철수가 총 걸은 거리는 $2x+2y$이므로 24km가 된다.

03 　정답　①

광고물은 가로와 세로의 길이가 같으므로, 그 중 가장 큰 광고물이 광고판을 빈틈없이 채우기 위해서는 320과 280의 최대공약수를 구하면 된다. 즉, 가장 큰 광고물의 한 변의 길이는 40cm이다.

04 　정답　④

(A의 톱니 수)×(A의 회전수)=(B의 톱니 수)×(B의 회전수)

x : A의 톱니 수, $x-20$: B의 톱니 수

$6x=10(x-20)$

$\therefore x=50$개

05 　정답　①

$0.05x+0.12y=0.1(x+y) \rightarrow 5x+12y=10x+10y \rightarrow 5x=2y$

$\therefore x : y=2 : 5$

06 　정답　④

남자 회원의 수를 x, 여자 회원의 수를 y라고 하면,

$y=0.8x \cdots \ㄱ$

$x-5=y+1 \cdots \ㄴ$

㉠과 ㉡을 연립하면, $0.2x=6$

$\therefore x=30$명, $y=24$명

07 정답 ②

판매 차량 대수를 x라 치면, 차량 판매 금액은 $1,200x$이고, 판매 성과급은 $1,200x \times \dfrac{3}{100} = 36x$

즉, 월급은 $80 + 36x \geq 240$

→ $36x \geq 160$

→ $x \geq 4.4444\cdots$

∴ $x = 5$대

08 정답 ②

직사각형의 넓이의 반은 $20 \times 15 \div 2 = 150\text{cm}^2$이다.

가로의 길이를 $x\text{cm}$ 줄인다고 하면,

$(20-x) \times 15 \leq 150 \rightarrow x \geq 10$

∴ 10cm

09 정답 ⑤

A와 G가 양 끝에 서는 경우 A, G를 제외한 5명 중 C, D, E가 이웃하여 서는 경우의 수는 $3! \times 3! = 36$가지이고, A와 G는 자리를 바꿀 수 있으므로 $\times 2$를 하면 $3! \times 3! \times 2 = 72$가지이다.

10 정답 ④

전체 넓이 : $5^2\pi = 25\pi$

색칠된 부분의 넓이 : $2^2\pi = 4\pi$

∴ $\dfrac{4\pi}{25\pi} = \dfrac{4}{25}$

11 정답 ④

정규직 노동자와 비정규직 노동자 사이의 임금격차가 더 벌어질 것이라는 전망이 가능한 자료가 주어져 있지 않으므로 옳지 않다.

12 정답 ⑤

오답분석

ⓒ 방송에서 착공 후 가장 많이 보도된 분야는 '공정'이다.

13 정답 ②

학력이 높을수록 도덕적으로 비난받을 수 있으나 처벌은 지나치다고 보는 비중이 증가한다.

오답분석

① 학력과는 무관하게 나타났다.

③ 대졸자와 중졸자의 응답자 수를 알 수 없으므로 판단할 수 없다.

④ 인터넷 여론조사는 젊은 층 위주의 편향된 결과를 낳기 때문에 전 국민의 의견을 반영한다고 볼 수 없다(인터넷 미사용 층의 배제).

⑤ 연령이 높을수록 '처벌받는 것은 당연하다.'에 응답자가 몰리고 있다.

안심Touch

14 정답 ④

① 특허권 등록건수의 국가별 순위에는 몇 번의 변동이 있었다. 예를 들면, 2013년부터 2015년 사이에는 일본이 1위였으나, 2016년부터는 미국이 1위를 차지했다. 또한 한국은 2015년까지는 5위 안에 들지 못하였으나 2016년과 2017년에는 3위로 상승하였으며 2018년에는 다시 5위로 하락하였다.

② 미국은 산업재산권 등록건수에 있어서 항상 일본보다 낮은 수준이었다. 또한 특허권 등록건수에 있어서도 2013 ~ 2015년 사이에는 일본보다 낮은 수준이었다.

③ 산업재산권 등록건수 순위의 경우, 매년 일본이 1위, 미국이 2위를 차지하였으나 3위 이하의 순위에 있어서는 몇 번의 변동이 있었다. 예를 들어 3위 국가를 보면, 2013년에는 러시아, 2014년에는 독일, 2015년에는 러시아, 그리고 2016년 이후에는 한국이었다.

⑤ 2015년 전체 특허권 등록건수는 2014년에 비해 줄어들었다.

15 정답 ②

ⓒ 2013년 성장률이 가장 높은 지역은 경기지역으로 이때의 성장률은 11%이다.

ⓔ 2015년 성장률은 인천지역이 7.4%로 가장 높다. 하지만 인천지역과 경기지역의 전년 대비 총생산 증가량을 각각 비교해보면 인천은 47,780−43,311＝4,469톤, 경기는 193,658−180,852＝12,806톤으로 경기지역이 더 많다.

16 정답 ②

멕시코는 1인당 GDP가 한국보다 낮다.

17 정답 ③

2TV의 재방송시간은 총 102,000분인데 이에 대한 35%이므로 102,000×0.35＝35,700분이다.

18 정답 ③

4/4분기는 예측과 실적이 일치한다.

① 2/4분기를 빼면 모두 악화되었다.

② 예측을 달성한 분기는 하나도 없었다.

④ 2020년도 1/4분기에서 예측을 뛰어넘은 실적은 고용과 재고분야이다.

⑤ 설비가동률의 경우 예측을 달성하거나 초과한 적이 없다.

19 정답 ④

2010~2011년 사이 축산물 수입량은 약 10만 톤 감소했으나, 수입액은 약 2억 달러 증가하였다. 또한, 2015~2016년 사이 축산물 수입량은 약 10만 톤 감소했으나, 수입액은 변함이 없다.

20 정답 ③

A와 B음식점 간 가장 큰 차이를 보이는 부문은 분위기이다(A : 약 4.5, B : 1).

21 정답 ④

• 2016년 : $\dfrac{16,452}{19,513} \times 100 ≒ 84.31\%$

• 2015년 : $\dfrac{6,989}{13,321} \times 100 ≒ 52.47\%$

∴ $84.31 - 52.47 = 31.84\%p$

22 정답 ②

범죄유형별 체포건수와 발생건수의 비율이 가장 크게 증가한 것은 모두 2015년 절도죄로 각각 6.9%p, 18.7%p 증가했다.

∴ $18.7 - 6.9 = 11.8\%p$

23 정답 ②

주52시간 근무제 실시 이후 가정의 소득이 줄어들 것이라고 생각하는 주부는 $(56+12) \div 167 \times 100 ≒ 41\%$이다.

24 정답 ③

소득이 줄더라도 주52시간 근무제를 찬성하는 주부는 $56+76=132$명이다.

25 정답 ③

주52시간 근무제 시행 이후 소득의 변화가 없다고 대답한 주부는 $76 \div 142 \times 100 ≒ 53.5\%$이다.

01	02	03	04	05	06	07	08	09	10	11	12	13	14	15	16	17	18	19	20
①	④	⑤	③	①	⑤	①	④	②	①	⑤	①	①	③	⑤	②	⑤	②	⑤	④

21	22	23	24	25															
①	④	③	⑤	①															

01 정답 ①

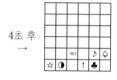
4초 후 → 시계 반대 방향 90° 회전 → 1초 후

02 정답 ④

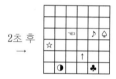
2초 후 → 시계 반대 방향 90° 회전 → 1초 후 → 180° 회전 →

03 정답 ⑤

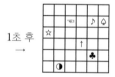
1초 후 → 180° 회전 → 3초 후 → 180° 회전 →

04 정답 ③

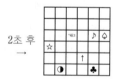
2초 후 → 시계 방향 90° 회전 → 1초 후 → 시계 방향 90° 회전

05 정답 ①

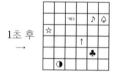
1초 후 → 시계 반대 방향 90° 회전 → 1초 후 → 시계 방향 90° 회전

06 정답 ⑤

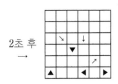 2초 후 → 시계 반대 방향 90° 회전 → 2초 후 →

07 정답 ①

시계 방향 90° 회전 → 2초 후 → 180° 회전 →

08 정답 ④

2초 후 → 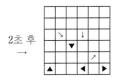 시계 방향 90° 회전 → 2초 후 → 시계 반대 방향 90° 회전 →

09 정답 ②

180° 회전 → 2초 후 → 180° 회전 → 2초 후 →

10 정답 ①

시계 반대 방향 90° 회전 → 2초 후 → 시계 방향 90° 회전 → 2초 후 →

11 정답 ⑤

오른쪽 도형의 사각형 그림은 왼쪽 도형의 위에서 두 번째 줄 가장 오른쪽 칸이나, 마지막 줄 가운데 칸에 해당한다.

 의 경우 가능한 것은 이고, 의 경우 가능한 것은 이다. 따라서 ⑤ 가 답이 된다.

12 정답 ①

왼쪽 도형에 ?를 더했을 때 오른쪽 도형이 되려면 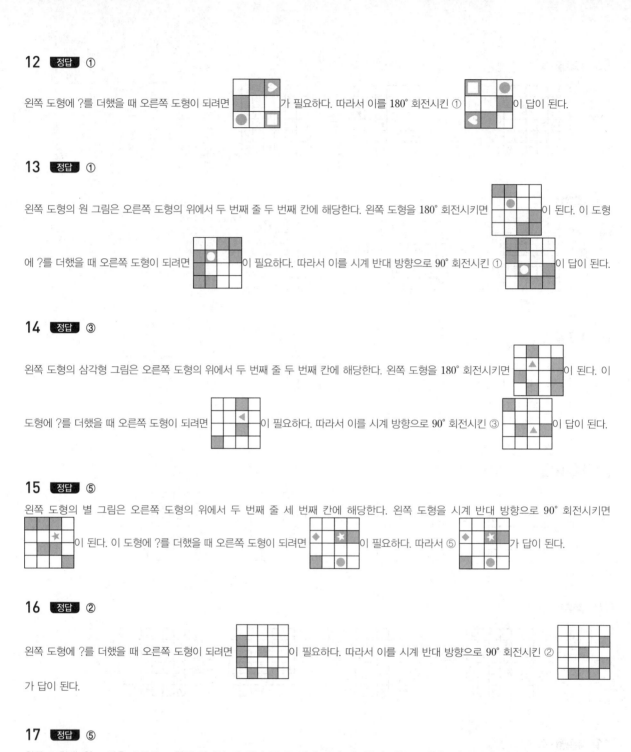 가 필요하다. 따라서 이를 180° 회전시킨 ① 이 답이 된다.

13 정답 ①

왼쪽 도형의 원 그림은 오른쪽 도형의 위에서 두 번째 줄 두 번째 칸에 해당한다. 왼쪽 도형을 180° 회전시키면 이 된다. 이 도형에 ?를 더했을 때 오른쪽 도형이 되려면 이 필요하다. 따라서 이를 시계 반대 방향으로 90° 회전시킨 ① 이 답이 된다.

14 정답 ③

왼쪽 도형의 삼각형 그림은 오른쪽 도형의 위에서 두 번째 줄 두 번째 칸에 해당한다. 왼쪽 도형을 180° 회전시키면 이 된다. 이 도형에 ?를 더했을 때 오른쪽 도형이 되려면 이 필요하다. 따라서 이를 시계 방향으로 90° 회전시킨 ③ 이 답이 된다.

15 정답 ⑤

왼쪽 도형의 별 그림은 오른쪽 도형의 위에서 두 번째 줄 세 번째 칸에 해당한다. 왼쪽 도형을 시계 반대 방향으로 90° 회전시키면 이 된다. 이 도형에 ?를 더했을 때 오른쪽 도형이 되려면 이 필요하다. 따라서 ⑤ 가 답이 된다.

16 정답 ②

왼쪽 도형에 ?를 더했을 때 오른쪽 도형이 되려면 이 필요하다. 따라서 이를 시계 반대 방향으로 90° 회전시킨 ② 가 답이 된다.

17 정답 ⑤

왼쪽 도형의 원 그림은 오른쪽 도형의 위에서 세 번째 줄 두 번째 칸에 해당한다. 왼쪽 도형을 시계 반대 방향으로 90° 회전시키면 이 된다. 이 도형에 ?를 더했을 때 오른쪽 도형이 되려면 이 필요하다. 따라서 ⑤ 가 답이 된다.

18 정답 ②

왼쪽 도형에 ?를 더했을 때 오른쪽 도형이 되려면 이 필요하다. 따라서 이를 시계 방향으로 90° 회전시킨 ② 가 답이 된다.

19 정답 ⑤

왼쪽 도형의 사각형 그림은 오른쪽 도형의 위에서 두 번째 줄 두 번째 칸에 해당한다. 왼쪽 도형을 시계 방향으로 90° 회전시키면 이 된다. 이 도형에 ?를 더했을 때 오른쪽 도형이 되려면 이 필요하다. 따라서 ⑤ 가 답이 된다.

20 정답 ④

왼쪽 도형의 클로버 그림은 오른쪽 도형의 위에서 세 번째 줄 첫 번째 칸에 해당한다. 왼쪽 도형을 180° 회전시키면  이 된다. 이 도형에 ?를 더했을 때 오른쪽 도형이 되려면 이 필요하다. 따라서 이를 시계 방향으로 90° 회전시킨 ④ 가 답이 된다.

21 정답 ①

왼쪽 도형에 ?을 더했을 때 완전한 회색이 되려면 이 필요하다. 따라서 이를 시계 방향으로 90° 회전시킨 ① 이 답이 된다.

22 정답 ④

왼쪽 도형에 ?을 더했을 때 완전한 회색이 되려면 이 필요하다. 따라서 이를 시계 방향으로 90° 회전시킨 ④ 가 답이 된다.

23 정답 ③

왼쪽 도형에 ?을 더했을 때 완전한 회색이 되려면 이 필요하다. 따라서 이를 180° 회전시킨 ③ 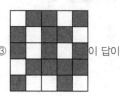 이 답이 된다.

24 정답 ⑤

왼쪽 도형에 ?을 더했을 때 완전한 회색이 되려면 이 필요하다. 따라서 이를 180° 회전시킨 ⑤ 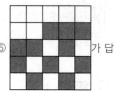 가 답이 된다.

25 정답 ①

왼쪽 도형에 ?을 더했을 때 완전한 회색이 되려면  이 필요하다. 따라서 이를 시계 방향으로 90° 회전시킨 ①

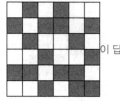 이 답이 된다.

최종점검 모의고사

01 언어능력

01	02	03	04	05	06	07	08	09	10
④	①	③	④	④	④	④	①	③	③
11	12	13	14	15	16	17	18	19	20
①	①	③	②	①	④	②	②	②	⑤
21	22	23	24	25	26	27	28	29	30
①	③	③	③	⑤	①	④	④	②	①

01 **정답** ④

네 번째, 다섯 번째 조건에 의해 B와 D는 지하철을 이용하고 둘 중 하나는 회계 분야에 지원했다. 따라서 'E는 회계를 지원했다.'는 옳지 않다. 나머지 조건을 이용하여 A, B, C, D, E의 지원분야와 교통수단을 연결하면 다음과 같다.

구분	A	B	C	D	E
지원분야	출판	회계	시설관리	생산	마케팅
		생산		회계	
		회계	생산	시설관리	
		시설관리		회계	
교통수단	버스	지하철	택시	지하철	택시 or 버스

02 **정답** ①

4를 포함한 다섯 개의 숫자를 더해서 10이 되는 배열 : (1, 1, 1, 3, 4), (1, 1, 2, 2, 4)

구분	경우 1	경우 2	경우 3	경우 4	경우 5	경우 6	경우 7	경우 8	경우 9
5층	4	4	1	1	1	1	1	1	1
4층	2	1	4	2	2	2	2	4	3
3층	1	2	2	4	4	1	1	1	1
2층	2	1	1	2	1	4	2	3	4
1층	1	2	2	1	2	2	4	1	1

03 **정답** ③

을과 정은 상반된 이야기를 하고 있다. 만일 을이 참이고 정이 거짓이라면 합격자는 병, 정이 되는데 합격자는 한 명이어야 하므로 거짓이다. 따라서 을의 말은 거짓말이고 합격자는 병이다.

04 **정답** ④

A의 진술 중 'D가 두 번째이다.'가 참이라고 가정하면 D, E의 진술 중 'E가 네 번째이다.'가 거짓이다. 따라서 A가 가장 많이 나오고, D가 두 번째이다. 그러면 B의 진술이 모두 거짓이므로 모순이다. 그러므로 A의 진술 중 '내가 세 번째이다.'가 참이다.

A가 세 번째이므로, C의 진술 중 'B가 제일 적게 나왔다.'가 참이고, D의 진술 중 'E가 네 번째이다.'가 참이다. 또한 B의 진술 중 'C가 두 번째로 많이 나왔다.'가 참이다.

따라서 요금이 많이 나온 순서대로 나열하면 D − C − A − E − B이다.

05 **정답** ④

각 팀에 분야별로 최소 한 명 이상이 들어가야 한다고 했기 때문에 가와 나는 서로 다른 팀에 속해야 한다.

오답분석
① 갑과 을이 한 팀이 되는 것과 상관없이 가와 나는 같은 분야의 사람이기 때문에 반드시 다른 팀이 돼야 한다.
② 두 팀에 남녀가 각각 2명씩 들어갈 수도 있지만, (남자 셋, 여자 하나), (여자 셋, 남자 하나)의 경우도 있다.
③ a와 c는 성별이 다르기 때문에 같은 팀에 들어갈 수 있다.
⑤ 주어진 조건에 따라 배치하면, c와 갑이 한 팀이 되면 한 팀의 인원이 5명이 된다.

안심Touch

06 정답 ④

조건을 표로 만들면 다음과 같다.

구분	사는 사람	좋아하는 스포츠	기르는 동물
7층	G		새
6층		축구	고양이
5층	D		새
4층		축구	고양이
3층	E	농구	새
2층	A	축구	고양이
1층	B		개

오답분석

① C와 E가 이웃하려면 C가 4층에 살아야 하는데 보기의 조건으로는 정확히 알 수 없다.
② G는 7층에 살며 새를 키우지만 무슨 스포츠를 좋아하는지 알 수 없다.
③ B는 유일하게 개를 키우고 개를 키우는 사람은 1층에 산다. 그러므로 홀수 층에 사는 사람들이 모두 새를 키운다고 할 수 없다.
⑤ 야구를 좋아하는 사람이 몇 명인지는 정확하게 알 수 없다.

07 정답 ④

C를 고정시키고, 그 다음 E와 D를 기준으로 시작하여 표를 그려 보면 다음과 같다.

구분	1	2	3	4	5	6
경우1	D	F	B	C	E	A
경우2	D	B	F	C	E	A
경우3	A	D	F	C	B	E
경우4	B	D	F	C	A	E

08 정답 ①

딸기가 항상 포함되는 경우
1) 딸기, 사과 : (우유, 오렌지 주스), (녹차, 오렌지 주스)
2) 딸기, 메론 : (우유, 커피), (우유, 오렌지 주스), (커피, 오렌지 주스), (녹차, 오렌지 주스)
3) 딸기, 배 : (우유, 커피), (우유, 오렌지 주스), (커피, 오렌지 주스), (커피, 녹차), (오렌지 주스, 녹차)
따라서 오렌지 주스는 모든 경우에 포함될 가능성이 가장 높다.

09 정답 ③

3, 4호의 진술을 거짓이라 하면 다음 주장이 모두 성립한다.
- 1호 : 2, 4호 중 한 명이 범인이다.
- 2호 : 3호가 범인이다.
- 5호 : 1, 2호는 범인이 아니다.
그러므로 3, 4호가 범인이다.

10 정답 ③

연경, 효진, 다솜, 지민, 지현의 증언을 차례대로 검토하면서 모순을 찾아내면 쉽게 문제를 해결할 수 있다.
먼저 연경이의 증언이 참이라면, 효진이의 증언도 참이다. 그런데 효진이의 증언이 참이라면 지현이의 증언은 거짓이 된다.
지현이의 증언이 거짓이라면, '나와 연경이는 꽃을 꽂아두지 않았다.'는 말 역시 거짓이 되어 연경이와 지현이 중 적어도 한 명은 꽃을 꽂아두었다고 봐야 한다. 그런데 효진이의 증언은 지민이를 지적하고 있으므로 역시 모순이다. 결국 연경이와 효진이의 증언은 거짓이다.
그러므로 다솜, 지민, 지현이의 증언이 참이 되며, 이들이 언급하지 않은 다솜이가 꽃을 꽂아두었다.

11 정답 ①

B, C, D 중에 한 명이 거짓을 말한다고 생각하면 E에 의해 모순이 생긴다. 또 E가 거짓이라고 하면 B, C, D에 의해 모순이 생긴다. 따라서 A가 거짓이어야 모순이 생기지 않는다.

12 정답 ①

개념사의 출현에 관해 언급하고 있는 (D)가 가장 앞에, 코젤렉의 개념사와 개념에 관해 분석하는 (A)가 그 다음에 이어져야 한다. (A)의 마지막 문장과 (B)의 첫 번째 문장이 같은 내용을 다루고 있으므로, (A) 다음에는 (B)가 이어지는 것이 자연스러우며 '이상에서 보듯이'를 통해 (C)가 가장 마지막에 배치되어야 함을 알 수 있다. 따라서 논리적으로 바르게 배열한 것은 (D) − (A) − (B) − (E) − (C)이다.

13 정답 ③

네 번째 단락의 내용을 보면 '근원 영역은 우리의 일상 경험에서부터 나온 것이므로 구체적이며 명확하고 구조화된 경험인 반면 목표 영역은 추상적이며 불명확하고 구조화되지 않은 경험이다.'라고 언급하고 있다. 근원 영역인 '전투'는 구조화된 경험이고, 목표 영역인 '논쟁'은 구조화되지 않은 경험이다.

14 정답 ②

첫 번째 단락에서 창의적 사고는 반성적 사고의 체화를 통해서 이루어진다고 하였고, 마지막 단락에서 창의력을 위해서는 유사 응용문제 풀이를 반성적 사고 속에서 반복적으로 수행하여 반성적 사고의 체화 단계에까지 도달하여야 한다고 하였다. 따라서 창의적 사고와 유사 응용문제 풀이의 반복이 관련이 없다는 것은 잘못된 진술이다.

오답분석

① · ④ · ⑤는 첫 번째 단락에서, ③은 첫 번째 단락과 다섯 번째 단락에서 알 수 있다.

15 정답 ①

'블랙홀처럼 무거운 물질이 있는 태양계 밖의 우주 공간에서는 아인슈타인의 이론이 아니면 해석할 수 없는 일들이 발생한다.'로 보아, 매우 무거운 물질이 존재하기 때문이라고 할 수 있다.

16 정답 ④

최저 임금제는 임금(상품)의 최저 가격을 설정하고 이 가격 이하로 내려가지 못하게 통제하는 제도이기 때문에 최저 가격제의 일종이다. 최저 임금제(최저 가격제)는 근로자(노동 생산자)의 이익을 보호하기 위한 것이기 때문에, 기업(노동 소비자)에게는 불리한 제도이다. 따라서 최저 임금제가 시행되면 근로자에 대한 기업의 고용량은 감소한다.

17 정답 ②

자음과 모음을 각각 문자화한 것을 음운 문자라고 하는 것을 제시문에서 확인할 수 있다. 그리고 영어 단어의 경우 한 단어가 여러 문자로 표기될 수 있으므로 소리는 같지만, 철자가 다른 경우가 많다. 반면, 훈민정음은 1자 1음, 1음 1자의 성질을 갖고 있어서 소리 나는 대로 표기할 수 있다. 그리고 제시문에서 훈민정음은 세밀한 과정 층위에 의해 말소리를 정확하게 관찰하고 분석한 결과라고 제시하고 있어서 맞는 진술이다. 그러나 영어의 모음자는 5개이지만, 하나의 모음이 다양한 소리를 낼 수 있으므로 모음자의 개수에 따라 문자의 우열을 나눌 수 있다는 ②의 진술은 적절하지 않다.

18 정답 ②

제시문은 한국식 웰빙이 어떤 배경에서 등장하였고, 또한 한국식 웰빙이 미국식 로하스와 어떻게 다른지를 선진국형 로하스의 개념과 대조하여 제시하고 있다.

19 정답 ②

세 번째 문단에서 출생 전 안드로겐 호르몬 노출 정도가 남성의 성적 방향성을 결정하는 요인 중 하나라고 언급하고 있다.

오답분석

① 두 번째 문단에서 뇌 영역 및 그 크기의 차이가 인간의 성적 방향성과 직접적인 인과관계를 맺고 있다는 증거는 발견되지 않았다고 하였다.
③ 첫 번째 문단에서 동성애자가 강압적인 어머니와 복종적인 아버지에 의해 양육되었다는 아무런 증거도 발견하지 못하였다고 나와 있다.
④ 세 번째 문단에서 안드로겐 호르몬은 정소에서 분비된다고 하였다.
⑤ 다섯 번째 문단에서 일란성 쌍생아의 동성애 일치 비율은 유전이 성적 방향성을 결정짓는 요인 중 하나라는 것을 보여주는 증거라고 하였다.

20 정답 ⑤

제시문의 "그런 혼란은 책을 신성시하는 태도에서 벗어나게 해주는 역할을 교육이 충분히 수행하지 못해 '책을 꾸며낼' 권리가 학생들에게 주어지지 않았기 때문에 빚어지는 일이다."에 의해 잘못된 판단이라는 것을 알 수 있다.

오답분석

① · ③ 내용의 '알지 못하는 것에 대해 통찰력 있게 말할 줄 안다는 것은 책들의 세계를 훨씬 웃도는 가치가 있다.'에서 추론 가능하다.
② '텍스트에 대한 존중과 수정 불가의 금기에 마비당한데다 텍스트를 암송하거나 그것이 담고 있는 내용을 알아야 한다는 속박으로 인해'에서 추론 가능한 판단이다.
④ '많은 작가들의 예를 통해 알 수 있듯이 교양 전체는 담론과 그 대상 간의 연관을 끊고 자기 이야기를 하는 능력을 보이는 이들에게 열리는 것이다.'에서 추론 가능한 판단이다.

21 정답 ①

제시문은 2극 진공관의 구조와 전류가 흐르는 원리, 그리고 정류에 대한 글이다. 따라서 (B) 2극 진공관의 구조 : 진공 상태의 유리관, 필라멘트, 금속판 → (D) 전류가 흐르는 원리 : 진공관 내부의 필라멘트가 고온으로 가열되면서 표면에서 전자(-)가 방출 → (C) 금속판에 (+)전압을 걸어 주면 전류가 흐르고, 반대로 금속판에 (-)전압을 걸어 주면 전류가 흐르지 않음 → (A) 전류를 한 방향으로만 흐르게 하는 작용 : 정류의 순서대로 연결되어야 한다.

22 정답 ③

제시문은 혁신의 확산의 정의와 지리학적 관점에서 그것이 진행되는 3가지 단계에 대해 설명하고 있다. 따라서 (A) 혁신의 확산 의미 → (E) 지리학적 관점에서 혁신의 확산 → (C) 발생기 : 혁신 발생원과 가까운 지역에서 혁신이 이루어지는 반면, 먼 지역에서는 혁신이 이루어지지 않음 → (D) 확산기 : 초기 수용 지역에서 먼 지역까지 확산 → (B) 심화 · 포화기 : 최초 발생원과의 거리에 관계없이 전 지역에서 확산이 이루어지고 지역 간의 격차가 점차 사라짐의 순서대로 이어져야 한다.

23 정답 ③

제시문은 과학자들이 새로운 지식을 생성하는 방법을 설명하며 그 과정에서 가설의 중요성을 강조하는 글이다. 따라서 (B) 과학자들이 새로운 지식을 생성하는 방법 → (A) 유사한 사전 지식에 기초하여 잠정적 가설 창안 → (D) 잠정적 가설에 대한 검증 방법 생각 → (F) 자료를 수집해 연역된 결과와 비교 → (C) 과정을 순환적으로 반복해서 결과 도출 → (E) 실험과 관찰에 의해 검증되므로 중요한 의미를 지니는 가설의 순서대로 연결되어야 한다.

24 정답 ③

제시문은 기준음을 내는 도구인 소리굽쇠에 관한 글이다. (C) 소리굽쇠의 개발 → (E) 소리굽쇠가 정확하게 초당 몇 회의 진동을 하는지는 알지 못함 → (B) 진동수를 알지 못해서 지역마다 통일되지 못하고 다른 기준음을 가지게 됨 → (D) 정확한 측정 장치가 없어서 해결하기 어려운 문제였음 → (A) 음향학자 요한 샤이블러가 해결함의 순서대로 연결되어야 한다.

25 정답 ⑤

염기는 선택적으로 교잡하는 특성이 있다는 점을 이용하여 유전자를 추적한다. 유전병과 관련된 유전 정보가 담긴 부분의 염기 서열이 정상인과 달라서 정상인의 프로브와는 결합할 수 없다고 하였으므로 ⑤가 가장 적절하다.

26 정답 ①

객관적인 기준을 중시하는 기본 모델은 주가 변화를 제대로 설명하지 못하지만, 인간의 주관성을 중시하는 자기참조 모델은 주가 변화를 제대로 설명하고 있다고 보고 있다. 따라서 증권시장의 객관적인 기준이 인간의 주관성보다 합리적임을 보여준다는 진술은 이 글의 내용과 다르다.

27 정답 ④

다성적 시점이란 혼합 시점과 같은 개념으로 볼 수 있다. 제시문의 첫 문단에 따르면 작품에 예술적인 통일성을 기하고자 한다면 시점을 일관되게 유지할 필요가 있다는 진술이 나온다. 따라서 ④의 '판소리의 시점 혼합 현상은 작품의 예술적 통일성에 기여한다.'는 진술은 적절하지 않다.

28 정답 ④

〈보기〉는 개념을 정확하게 이해하지 못해서 학문에서 사용되는 개념과 일반적 개념을 혼동한 사례이다. 즉, 〈보기〉의 학생은 철학적 의미의 '소외'와 일반적 의미의 '소외'라는 개념을 정확하게 이해하지 못해 의사소통을 제대로 못하고 있다.

29 정답 ②

웨스트팔리아체제라 부르는 주권국가 중심의 현 국제 정치질서에서는 주권존중, 내정불간섭 원칙이 엄격히 지켜진다. 인권보호질서는 아직 형성과정에 있으며 주권국가중심의 현 국제정치질서와 충돌하고 있다. 따라서 인권보호질서가 내정 불간섭 원칙의 엄격한 준수를 요구한다는 것은 글의 내용과 일치하지 않는다.

30 정답 ①

ⓒ은 ㉠에서 도출되는 결론, ⓒ은 ⓒ의 부연, ⓔ은 전환, ⓜ은 ⓔ에 대한 부연, ⓑ은 ⓜ에 대한 이유이다.

01	02	03	04	05	06	07	08	09	10	11	12	13	14	15	16	17	18	19	20
②	④	③	④	⑤	⑤	③	⑤	①	④	③	②	②	⑤	③	④	⑤	②	④	②

21	22	23	24	25															
①	⑤	⑤	①	⑤															

01 정답 ②

• 둘 다 흰 공일 확률 :

$$\frac{5}{9} \times \frac{4}{8} = \frac{20}{72}$$

• 둘 다 검은 공일 확률 :

$$\frac{4}{9} \times \frac{3}{8} = \frac{12}{72}$$

$$\therefore \frac{20}{72} + \frac{12}{72} = \frac{32}{72} = \frac{4}{9}$$

02 정답 ④

문제에서 제시된 시간의 단위는 '분'이고 속력의 단위는 'km/h'이므로 주의해야 한다.

$$거리 = 속력 \times 시간 \rightarrow 6 \times \frac{50}{60} + 40 \times \frac{15}{60} = 5 + 10 = 15km$$

따라서 총 이동거리는 15km이다.

03 정답 ③

$$_{10}C_2 \times {}_8C_2 = \frac{10 \times 9}{2 \times 1} \times \frac{8 \times 7}{2 \times 1} = 1,260가지$$

04 정답 ④

엄마와 동생, 아빠와 누나가 먹은 피자의 양이 같으므로 엄마와 동생은 피자 반 판을 먹었다. 피자 한 판의 넓이가 $30^2\pi = 900\pi$이므로 동생이 먹은 피자의 양은 $450\pi - 375\pi = 75\pi$이다.

동생이 먹은 피자의 중심각의 크기를 h라고 하면

$$\frac{1}{2} \times 30^2 \times h = 75\pi \rightarrow h = \frac{75\pi}{450} = \frac{\pi}{6}$$

반지름이 같은 부채꼴의 넓이는 중심각에 비례하므로 넓이의 비가 1 : 4이면 중심각의 비도 1 : 4이다.

따라서 아빠가 먹은 피자의 중심각은 $4 \times \frac{\pi}{6} = \frac{2\pi}{3}$이다.

> 부채꼴의 호의 길이 $l = r\theta$, 부채꼴의 넓이 $S = \frac{1}{2}r^2\theta = \frac{1}{2}rl$

05 정답 ⑤

등산복 판매량을 x, 등산화 판매량을 y라고 하면

$x+y=40 \cdots \text{㉠}$

$2,000x+5,000y=110,000 \cdots \text{㉡}$

㉠과 ㉡을 연립하고 양변을 1,000으로 약분하면

$2(40-y)+5y=110 \rightarrow 80+3y=110 \rightarrow 3y=30$

$\therefore y=10$

등산화는 10켤레를 팔았으며, 등산화 판매로 얻은 이익은 50,000원이다.

제품 1개당 이익이 이미 문제에 제시되어 있으므로 판매수수료를 제한 금액을 따로 계산할 필요가 없다.

06 정답 ⑤

• 내일 비가 왔을 때 이길 확률 : $\dfrac{2}{5} \times \dfrac{1}{3} = \dfrac{2}{15}$

• 내일 비가 오지 않았을 때 이길 확률 : $\dfrac{3}{5} \times \dfrac{1}{4} = \dfrac{3}{20}$

$\therefore \dfrac{2}{15} + \dfrac{3}{20} = \dfrac{17}{60}$

07 정답 ③

자연수의 십의 자리 숫자를 x라고 하면, 자연수는 $10x+3$이고 각 자리 숫자의 곱은 $3x$이다.

$10x+3+12=15x$

$x=3$

따라서 자연수는 33이다.

08 정답 ⑤

우유와 미숫가루의 비율이 $6:4$이므로 우유는 $300 \times \dfrac{6}{10} = 180g$, 미숫가루는 $300 \times \dfrac{4}{10} = 120g$이다. 여기에 우유를 더 섞었다면 미숫가루의 양은 변하지 않으므로 미숫가루 120g에 맞는 우유의 양은 $120:x=3:7 \rightarrow x=280g$이다. 따라서 우유는 $280-180=100g$ 더 섞었다.

09 정답 ①

세계경제는 전년도에 비해 4.1% 나아질 것이라는 낙관적인 관망을 하고 있으며, 선진국과 개도국 모두 성장률이 높아질 것이라는 예측을 하고 있으므로 잘못된 판단이다.

오답분석

② 중국의 경제성장률 등락 유형은 개도국 예측과 가장 부합된다.

③ 중국이 개도국 성장률을 항상 앞서고 있다는 점을 고려할 때 올바른 판단이다.

④ 2020년 세계 성장예측률 4.1%에 미치지 못하는 나라는 미국, 유럽, 일본의 3개국이다.

⑤ 일본이 2.9%로 가장 높고, 미국은 2.4%로 두 번째이다.

10 정답 ④

2014년의 차이는 115,820천 장이고, 2015년은 105,950천 장이다.

오답분석

① 2016년 전체 발행수는 113,900천 장인데 나만의 우표는 1,000천 장이므로 1%가 안 된다.

② 2015년에는 기념우표 수가 전년에 비해 증가했지만 나만의 우표는 감소했다.

③ 기념우표의 경우에는 2018년이 가장 적다.

⑤ 2018년 전체 발행 수는 140,738천 장인데 기념우표는 33,630천 장이므로 일단 기념우표의 비중은 30%를 넘지 못한다.

11 정답 ③

총계인 66,966마리의 절반 이상이 3등급을 받았다.

오답분석

① 복잡한 계산 같지만 이런 경우 분모는 만 단위 이하를 생략하고 분자는 백단위 이하를 생략해서 어림 계산을 해보면 쉽게 알 수 있는 문제이다.

즉, 육우가 1++등급을 받는 비율은 100/60,000=1/600이고, 한우가 D등급을 받는 경우는 3,000/140,000=3/140이다.

② 한우가 1등급을 받는 비율은 대략 4/14=2/7인데 비해 육우가 2등급을 받는 비율은 23/66≒1/3이다.

④ 젖소가 1등급 이상을 받는 비율은 대략 200/26,000=1/130, 육우가 1++등급을 받는 비율의 대략 6/67이다.

⑤ D등급을 차지하고 있는 한우의 비율은 대략 4/20=1/5, 1등급을 차지하고 있는 육우의 비율은 6/46=3/230이다.

12 정답 ②

ㄱ. 발아 씨앗 수(개)=파종면적(m^2)×$1m^2$당 파종 씨앗 수(개)×발아율(%)

→ $20 \times 50 \times 0.2 = 200$개

ㄹ. $\dfrac{50}{4} \times (40 \times 20 + 100 \times 15 + 30 \times 30 + 10 \times 60) + 50 \times 20 \times 50 = 47,500 + 50,000 = 97,500$g

따라서 밭 전체 연간 수확물의 총 무게는 96kg 이상이다.

오답분석

ㄴ. 연간 수확물의 무게(g)=연간 수확물(개)×수확물 개당 무게(g)

= 재배면적(m^2)×$1m^2$당 연간 수확물(개)×수확물 개당 무게(g)

→ $20 \times (40 \times 20 + 100 \times 15 + 30 \times 30 + 10 \times 60 + 20 \times 50) = 96,000$g

따라서 밭 전체 연간 수확물의 총무게는 94kg 이상이다.

ㄷ. 재배 면적(m^2) = $\dfrac{\text{연간 수확물의 무게(g)}}{1m^2 \text{ 당 연간수확물(개)} \times \text{수확물 개당 무게(g)}}$

→ $\dfrac{3,000}{40 \times 20} + \dfrac{3,000}{100 \times 15} + \dfrac{3,000}{30 \times 30} + \dfrac{3,000}{10 \times 60} + \dfrac{3,000}{20 \times 50} ≒ 17.03m^2$

따라서 필요한 밭의 총 면적은 $16m^2$보다 크다.

13 정답 ②

인적왕래지원은 2015년, 사회문화 협력지원은 2018년에 증가했다.

14 정답 ⑤

미국인의 공용목적 입국자 비율은 13,316/560,060×100≒2.37%이다.

오답분석
① 입국객의 50% 이상이 관광목적으로 들어온 나라는 네덜란드, 뉴질랜드, 말레이시아, 미국, 영국, 일본, 중국, 캐나다의 총 8개국이다.
② 일본의 입국자 수는 133,913명, 중국의 입국자 수는 159,524명 증가했다.
③ 상용목적으로 입국한 인도인은 전체 입국자 수의 20,619/77,502×100≒26.6%이다.
④ 전년 동기 대비 입국자 수가 감소한 나라는 없다.

15 정답 ③

2015년에 비해 2016년의 전체 취업자 수는 감소했고, 전문 · 기술 · 행정관리직과 농림어업직의 취업자 수는 증가했다.

오답분석
① 기능 · 기계조작 · 단순노무직이 가장 많다.
② 사무직뿐만 아니라 기능 · 기계조작 · 단순노무직도 줄어들었다.
④ 2018년에 이르면 사무직이 가장 작은 비중을 차지하게 된다.
⑤ 2016년에 전문 · 기술 · 행정관리직, 농림어업직 취업자 수는 증가했고, 2017년에 사무직, 농림어업직 취업자 수는 감소했다.

16 정답 ④

전자부품 수출액이 수치로는 크게 증가한 것처럼 보이지만 증가율은 (913−578)/578×100≒57.9%이므로 광자기 매체의 수출액 증가율 (15−9)/9×100≒66.7%를 넘지 못한다.

오답분석
① 매년 흑자를 기록한 분야는 '전자부품', '통신 및 방송기기', '영상 및 음향기기'의 3개 분야이다.
② 표를 통해 쉽게 확인할 수 있다.
③ 광자기 매체 수출액 증가율은 (15−9)/9×100≒66.6%, 광자기 매체 수입액 증가율은 (17−12)/12×100≒41.6%이다.
⑤ 계산을 하지 않아도 분자가 동일하다면 분모가 작을수록 수치는 커진다는 일반적인 판단을 하면 된다.

17 정답 ⑤

오답분석
① 2010년 섬유 · 의복의 종사자 수는 약 230만 명이고, 1995년 석유 · 화학의 종사자 수는 약 150만 명이다.
② 1985년 섬유 · 의복의 종사자 수는 약 290만 명이고, 2000년 석유 · 화학의 종사자 수는 약 120만 명, 2015년은 약 115만 명이다.
③ 1990년 전기 · 전자의 종사자 수는 석유 · 화학의 종사자 수보다 많다.
④ 2015년 섬유 · 의복의 종사자 수는 2010년보다 적다.

18 정답 ②

15~64세 인구는 2011년까지 증가했다가 이후로 계속 감소한다.

19 정답 ④

ㄴ. 대구와 인천은 노상주차장 수용가능 차량 대수가 노외주차장 수용가능 차량 대수보다 많다. 그러나 노상주차장 중 유료주차장 수용가능 차량 대수가 노외주차장 중 공영주차장 수용가능 차량 대수보다 적다. 따라서 직접 계산하지 않아도 비율이 낮음을 알 수 있다.

광주 : $\dfrac{815}{13,754} \fallingdotseq \dfrac{1}{17} < \dfrac{2,885}{19,997} \fallingdotseq \dfrac{1}{7}$

ㄹ. 부산 : $\dfrac{629,749-474,241-83,278}{629,749} = \dfrac{72,230}{629,749} \fallingdotseq \dfrac{1}{8}$

광주 : $\dfrac{19,997}{265,728} \fallingdotseq \dfrac{1}{13}$

따라서 부산이 광주보다 비율이 높다.

오답분석

ㄱ. $J = 23,758 - 13,907 = 9,851$이고, 7대 도시 공영 노외주차장의 평균 수용가능 차량 대수는 $\dfrac{108,234}{7} = 15,462$이다.

ㄷ. 주어진 표로는 전국 부설주차장 수용가능 차량 대수를 알 수 없다.

20 정답 ②

ㄱ. 가구주만 60,000달러를 버는 경우 〈표 1〉에 따라 납세액은 $60,000 \times 0.15 = 9,000$달러이다.

ㄴ. 가구주만 50,000달러를 버는 경우는 $50,000 - 50,000 \times 0.15 = 42,500$달러이며, 맞벌이 부부가 45,000달러를 버는 경우는 $45,000 - (15,000 \times 0.1 + 30,000 \times 0.15) = 39,000$달러이다.

ㄹ. $15,000 \times 0.1 + 45,000 \times 0.15 + 100,000 \times 0.25 = 33,250$

오답분석

ㄷ. 부부합산소득이 15,000달러 이하일 때는 어느 쪽이든 10% 세액이 적용된다.

ㅁ. 부부합산소득이 100,000달러인 경우 〈표 2〉 적용례를 참고하면 18,250달러를 내고, 가구주 혼자 100,000달러를 버는 경우 $100,000 \times 0.25 = 25,000$달러를 낸다.

21 정답 ①

법인 어린이집의 2013년부터 2018년까지의 추이는 '감소 → 감소 → 감소 → 증가 → 감소'를 보이고 있는데 이와 동일한 추이를 보이는 곳은 없다. 다만 법인 외 민간 어린이집은 '감소 → 감소 → 감소 → 감소 → 감소'의 추이를 보이고 있기 때문에 법인 어린이집의 추이와 유사할 뿐이다.

오답분석

② 2013년 대비 2018년 국·공립 어린이집 보육아동 증가율은 $\dfrac{143,035-144,547}{144,547} \times 100 \fallingdotseq 24.9\%$이다.

③·④ 표를 통해 쉽게 확인할 수 있다.

⑤ 2013년 대비 2018년 부모협동 어린이집의 증가율은 $\dfrac{2,286-1,238}{1,238} \times 100 \fallingdotseq 84.7\%$, 직장 어린이집의 증가율은 $\dfrac{24,987-14,538}{14,538} \times 100 \fallingdotseq 71.9\%$이다.

22 정답 ⑤

남자의 경우는 가장 높았던 때가 74.0%이고 가장 낮았던 때는 72.2%이지만, 여성의 경우는 가장 높았던 때가 50.2%이고 가장 낮았던 때는 48.1%이므로 2%p 이상 차이가 난다.

23 정답 ⑤

2017년 가입자 증가 수는 526,803명인데 비해 2013년은 682,846명이다.

24 정답 ①

ㄱ. 북유럽에서는 핀란드로 9.0>8.9>8.4, 동유럽에서는 폴란드로 19.6>19.0>17.7, 북미지역은 캐나다로 7.6>7.2>6.8, 오세아니아지역은 호주로 6.1>5.5>5.1, 아시아지역은 일본으로 5.3>4.7>4.4로 전년 대비 매년 감소했다.

ㄷ. 매년 증가한 나라는 오스트리아, 프랑스, 포르투갈, 스위스의 4개국이며, 매년 감소한 나라는 이탈리아, 스페인의 2개국이다.

ㄹ. 서유럽에서는 스페인이 11.1%이고, 동유럽에서는 폴란드가 19.6%이다.

25 정답 ⑤

OECD 전체평균과 같은 증감 방향(감소 → 감소)을 갖는 나라는 이탈리아, 뉴질랜드이고, EU-15 실업률 평균과 같은 증감 방향(증가 → 감소)을 갖는 나라는 체코, 덴마크이다.

03 도형추리

01	02	03	04	05	06	07	08	09	10	11	12	13	14	15	16	17	18	19	20
③	④	⑤	⑤	②	①	④	②	④	③	②	③	①	④	④	②	⑤	①	③	③
21	22	23	24	25															
②	⑤	④	②	③															

01 정답 ③

02 정답 ④

03 정답 ⑤

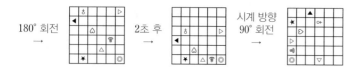

04 정답 ⑤

3초 후 →  180° 회전 → 2초 후 →

05 정답 ②

2초 후 → 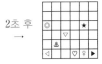 시계 방향 90° 회전 → 1초 후 →

06 정답 ①

시계 방향 90° 회전 → 2초 후 → 시계 방향 90° 회전 →

07 정답 ④

시계 반대 방향 90° 회전 → 2초 후 → 시계 방향 90° 회전 →

08 정답 ②

1초 후 → 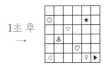 180° 회전 → 3초 후 →

09 정답 ④

시계 반대 방향 90° 회전 → 1초 후 → 시계 반대 방향 90° 회전 →

안심Touch

10 정답 ③

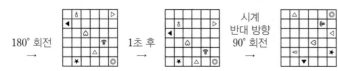

11 정답 ②

12 정답 ③

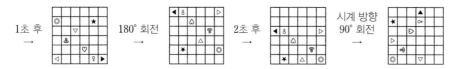

13 정답 ①

14 정답 ④

왼쪽 도형의 클로버 그림은 오른쪽 도형에서 시계 방향으로 90° 회전되어 있기 때문에 왼쪽 도형도 시계 방향으로 90° 회전을 시키면 ▨ 이 된다. 이 도형에 ?를 더했을 때 오른쪽 도형이 되려면 ▨ 이 필요하다. 따라서 이를 시계 방향으로 90° 회전시킨 ④ ▨ 가 답이 된다.

15 정답 ④

오른쪽 도형의 육각형 그림은 왼쪽 도형의 첫 번째 줄 가운데 칸이거나, 두 번째 줄 마지막 칸에 해당한다. ▨ 의 경우 가능한 것은 ▨ 이고, ▨ 의 경우 가능한 것은 ▨ 이다. 따라서 이를 180° 회전시킨 ④ ▨ 가 답이 된다.

16 정답 ②

오른쪽 도형의 마름모 그림은 왼쪽 도형의 맨 윗줄 가장 오른쪽 칸이나, 마지막 줄 가장 오른쪽 칸에 해당한다. 의 경우 가능한 것은 이고, 의 경우 가능한 것은 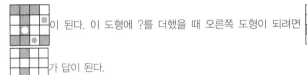이다. 따라서 이를 시계 반대 방향으로 90° 회전시킨 ② 가 답이 된다.

17 정답 ⑤

왼쪽 도형의 오각형 그림은 오른쪽 도형에서 시계 방향으로 90° 회전되어 있기 때문에 왼쪽 도형도 시계 방향으로 90° 회전을 시키면

이 된다. 이 도형에 ?를 더했을 때 오른쪽 도형이 되려면 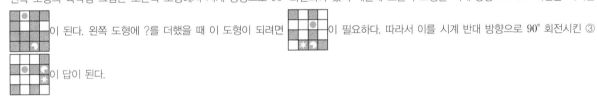이 필요하다. 따라서 이를 시계 방향으로 90° 회전시킨 ⑤

가 답이 된다.

18 정답 ①

오른쪽 도형의 오각형 그림은 왼쪽 도형에서 세 번째 줄 세 번째 칸에 해당한다. 왼쪽 도형에 ?를 더했을 때 오른쪽 도형이 되려면

이 필요하다. 따라서 이를 180° 회전시킨 ① 이 답이 된다.

19 정답 ③

왼쪽 도형의 육각형 그림은 오른쪽 도형에서 시계 방향으로 90° 회전되어 있기 때문에 오른쪽 도형을 시계 방향으로 90° 회전을 시키면

이 된다. 왼쪽 도형에 ?를 더했을 때 이 도형이 되려면 이 필요하다. 따라서 이를 시계 반대 방향으로 90° 회전시킨 ③

이 답이 된다.

20 정답 ③

오른쪽 도형의 원 그림은 왼쪽 도형에서 네 번째 줄 두 번째 칸에 해당한다. 오른쪽 도형을 180° 회전시키면 이 된다. 왼쪽 도형에

?를 더했을 때 이 도형이 되려면 이 필요하다. 따라서 이를 180° 회전시킨 ③ 이 답이 된다.

21 정답 ②

오른쪽 도형의 삼각형 그림은 왼쪽 도형의 첫 번째 줄 두 번째 칸에 해당한다. 오른쪽 도형을 시계 반대 방향으로 90° 회전을 시키면 이 된다. 왼쪽 도형에 ?를 더했을 때 이 도형이 되려면  이 필요하다. 따라서 이를 시계 방향으로 90° 회전시킨 ②  가 답이 된다.

22 정답 ⑤

오른쪽 도형의 꽃 그림은 왼쪽 도형에서 네 번째 줄 두 번째 칸이나, 두 번째 줄 두 번째 칸에 해당한다.  의 경우 가능한 것은 이고, 의 경우 가능한 것은 이다. 따라서 이를 시계 방향으로 90° 회전시킨 ⑤ 가 답이 된다.

23 정답 ④

오른쪽 도형의 별 그림은 왼쪽 도형에서 다섯 번째 줄 세 번째 칸에 해당한다. 이 도형에 ?를 더했을 때 오른쪽 도형이 되려면 이 필요하다. 따라서 이를 180° 회전시킨 ④ 가 답이 된다.

24 정답 ②

오른쪽 도형의 오각형 그림은 왼쪽 도형에서 두 번째 줄 다섯 번째 칸에 해당한다. 이 도형에 ?를 더했을 때 오른쪽 도형이 되려면 이 필요하다. 따라서 이를 시계 방향으로 90° 회전시킨 ② 가 답이 된다.

25 정답 ③

오른쪽 도형의 육각형 그림은 왼쪽 도형에서 두 번째 줄 세 번째 칸에 해당한다. 오른쪽 도형을 시계 방향으로 90° 회전을 시키면 이 된다. 왼쪽 도형에 ?를 더했을 때 이 도형이 되려면 이 필요하다. 따라서 이를 180° 회전시킨 ③  이 답이 된다.

LSIT 코오롱그룹 인적성검사 모의고사 답안지

언어능력

문번	1	2	3	4	5
1	①	②	③	④	⑤
2	①	②	③	④	⑤
3	①	②	③	④	⑤
4	①	②	③	④	⑤
5	①	②	③	④	⑤
6	①	②	③	④	⑤
7	①	②	③	④	⑤
8	①	②	③	④	⑤
9	①	②	③	④	⑤
10	①	②	③	④	⑤
11	①	②	③	④	⑤
12	①	②	③	④	⑤
13	①	②	③	④	⑤
14	①	②	③	④	⑤
15	①	②	③	④	⑤
16	①	②	③	④	⑤
17	①	②	③	④	⑤
18	①	②	③	④	⑤
19	①	②	③	④	⑤
20	①	②	③	④	⑤

문번	1	2	3	4	5
21	①	②	③	④	⑤
22	①	②	③	④	⑤
23	①	②	③	④	⑤
24	①	②	③	④	⑤
25	①	②	③	④	⑤
26	①	②	③	④	⑤
27	①	②	③	④	⑤
28	①	②	③	④	⑤
29	①	②	③	④	⑤
30	①	②	③	④	⑤

수리능력

문번	1	2	3	4	5
1	①	②	③	④	⑤
2	①	②	③	④	⑤
3	①	②	③	④	⑤
4	①	②	③	④	⑤
5	①	②	③	④	⑤
6	①	②	③	④	⑤
7	①	②	③	④	⑤
8	①	②	③	④	⑤
9	①	②	③	④	⑤
10	①	②	③	④	⑤
11	①	②	③	④	⑤
12	①	②	③	④	⑤
13	①	②	③	④	⑤
14	①	②	③	④	⑤
15	①	②	③	④	⑤
16	①	②	③	④	⑤
17	①	②	③	④	⑤
18	①	②	③	④	⑤
19	①	②	③	④	⑤
20	①	②	③	④	⑤

문번	1	2	3	4	5
21	①	②	③	④	⑤
22	①	②	③	④	⑤
23	①	②	③	④	⑤
24	①	②	③	④	⑤
25	①	②	③	④	⑤

도형추리

문번	1	2	3	4	5
1	①	②	③	④	⑤
2	①	②	③	④	⑤
3	①	②	③	④	⑤
4	①	②	③	④	⑤
5	①	②	③	④	⑤
6	①	②	③	④	⑤
7	①	②	③	④	⑤
8	①	②	③	④	⑤
9	①	②	③	④	⑤
10	①	②	③	④	⑤
11	①	②	③	④	⑤
12	①	②	③	④	⑤
13	①	②	③	④	⑤
14	①	②	③	④	⑤
15	①	②	③	④	⑤
16	①	②	③	④	⑤
17	①	②	③	④	⑤
18	①	②	③	④	⑤
19	①	②	③	④	⑤
20	①	②	③	④	⑤

문번	1	2	3	4	5
21	①	②	③	④	⑤
22	①	②	③	④	⑤
23	①	②	③	④	⑤
24	①	②	③	④	⑤
25	①	②	③	④	⑤

LSIT 코오롱그룹 인적성검사 모의고사 답안지

언어능력

문번	1	2	3	4	5	문번	1	2	3	4	5
1	①	②	③	④	⑤	21	①	②	③	④	⑤
2	①	②	③	④	⑤	22	①	②	③	④	⑤
3	①	②	③	④	⑤	23	①	②	③	④	⑤
4	①	②	③	④	⑤	24	①	②	③	④	⑤
5	①	②	③	④	⑤	25	①	②	③	④	⑤
6	①	②	③	④	⑤	26	①	②	③	④	⑤
7	①	②	③	④	⑤	27	①	②	③	④	⑤
8	①	②	③	④	⑤	28	①	②	③	④	⑤
9	①	②	③	④	⑤	29	①	②	③	④	⑤
10	①	②	③	④	⑤	30	①	②	③	④	⑤
11	①	②	③	④	⑤						
12	①	②	③	④	⑤						
13	①	②	③	④	⑤						
14	①	②	③	④	⑤						
15	①	②	③	④	⑤						
16	①	②	③	④	⑤						
17	①	②	③	④	⑤						
18	①	②	③	④	⑤						
19	①	②	③	④	⑤						
20	①	②	③	④	⑤						

수리능력

문번	1	2	3	4	5	문번	1	2	3	4	5
1	①	②	③	④	⑤	21	①	②	③	④	⑤
2	①	②	③	④	⑤	22	①	②	③	④	⑤
3	①	②	③	④	⑤	23	①	②	③	④	⑤
4	①	②	③	④	⑤	24	①	②	③	④	⑤
5	①	②	③	④	⑤	25	①	②	③	④	⑤
6	①	②	③	④	⑤						
7	①	②	③	④	⑤						
8	①	②	③	④	⑤						
9	①	②	③	④	⑤						
10	①	②	③	④	⑤						
11	①	②	③	④	⑤						
12	①	②	③	④	⑤						
13	①	②	③	④	⑤						
14	①	②	③	④	⑤						
15	①	②	③	④	⑤						
16	①	②	③	④	⑤						
17	①	②	③	④	⑤						
18	①	②	③	④	⑤						
19	①	②	③	④	⑤						
20	①	②	③	④	⑤						

도형추리

문번	1	2	3	4	5	문번	1	2	3	4	5
1	①	②	③	④	⑤	21	①	②	③	④	⑤
2	①	②	③	④	⑤	22	①	②	③	④	⑤
3	①	②	③	④	⑤	23	①	②	③	④	⑤
4	①	②	③	④	⑤	24	①	②	③	④	⑤
5	①	②	③	④	⑤	25	①	②	③	④	⑤
6	①	②	③	④	⑤						
7	①	②	③	④	⑤						
8	①	②	③	④	⑤						
9	①	②	③	④	⑤						
10	①	②	③	④	⑤						
11	①	②	③	④	⑤						
12	①	②	③	④	⑤						
13	①	②	③	④	⑤						
14	①	②	③	④	⑤						
15	①	②	③	④	⑤						
16	①	②	③	④	⑤						
17	①	②	③	④	⑤						
18	①	②	③	④	⑤						
19	①	②	③	④	⑤						
20	①	②	③	④	⑤						

LSIT 코오롱그룹 인적성검사 모의고사 답안지

언어능력

문번	1	2	3	4	5	문번	1	2	3	4	5
1	①	②	③	④	⑤	21	①	②	③	④	⑤
2	①	②	③	④	⑤	22	①	②	③	④	⑤
3	①	②	③	④	⑤	23	①	②	③	④	⑤
4	①	②	③	④	⑤	24	①	②	③	④	⑤
5	①	②	③	④	⑤	25	①	②	③	④	⑤
6	①	②	③	④	⑤	26	①	②	③	④	⑤
7	①	②	③	④	⑤	27	①	②	③	④	⑤
8	①	②	③	④	⑤	28	①	②	③	④	⑤
9	①	②	③	④	⑤	29	①	②	③	④	⑤
10	①	②	③	④	⑤	30	①	②	③	④	⑤
11	①	②	③	④	⑤						
12	①	②	③	④	⑤						
13	①	②	③	④	⑤						
14	①	②	③	④	⑤						
15	①	②	③	④	⑤						
16	①	②	③	④	⑤						
17	①	②	③	④	⑤						
18	①	②	③	④	⑤						
19	①	②	③	④	⑤						
20	①	②	③	④	⑤						

수리능력

문번	1	2	3	4	5	문번	1	2	3	4	5
1	①	②	③	④	⑤	21	①	②	③	④	⑤
2	①	②	③	④	⑤	22	①	②	③	④	⑤
3	①	②	③	④	⑤	23	①	②	③	④	⑤
4	①	②	③	④	⑤	24	①	②	③	④	⑤
5	①	②	③	④	⑤	25	①	②	③	④	⑤
6	①	②	③	④	⑤						
7	①	②	③	④	⑤						
8	①	②	③	④	⑤						
9	①	②	③	④	⑤						
10	①	②	③	④	⑤						
11	①	②	③	④	⑤						
12	①	②	③	④	⑤						
13	①	②	③	④	⑤						
14	①	②	③	④	⑤						
15	①	②	③	④	⑤						
16	①	②	③	④	⑤						
17	①	②	③	④	⑤						
18	①	②	③	④	⑤						
19	①	②	③	④	⑤						
20	①	②	③	④	⑤						

도형추리

문번	1	2	3	4	5	문번	1	2	3	4	5
1	①	②	③	④	⑤	21	①	②	③	④	⑤
2	①	②	③	④	⑤	22	①	②	③	④	⑤
3	①	②	③	④	⑤	23	①	②	③	④	⑤
4	①	②	③	④	⑤	24	①	②	③	④	⑤
5	①	②	③	④	⑤	25	①	②	③	④	⑤
6	①	②	③	④	⑤						
7	①	②	③	④	⑤						
8	①	②	③	④	⑤						
9	①	②	③	④	⑤						
10	①	②	③	④	⑤						
11	①	②	③	④	⑤						
12	①	②	③	④	⑤						
13	①	②	③	④	⑤						
14	①	②	③	④	⑤						
15	①	②	③	④	⑤						
16	①	②	③	④	⑤						
17	①	②	③	④	⑤						
18	①	②	③	④	⑤						
19	①	②	③	④	⑤						
20	①	②	③	④	⑤						

LSIT 코오롱그룹 인적성검사 모의고사 답안지

언어능력

문번	1 2 3 4 5	문번	1 2 3 4 5
1	① ② ③ ④ ⑤	21	① ② ③ ④ ⑤
2	① ② ③ ④ ⑤	22	① ② ③ ④ ⑤
3	① ② ③ ④ ⑤	23	① ② ③ ④ ⑤
4	① ② ③ ④ ⑤	24	① ② ③ ④ ⑤
5	① ② ③ ④ ⑤	25	① ② ③ ④ ⑤
6	① ② ③ ④ ⑤	26	① ② ③ ④ ⑤
7	① ② ③ ④ ⑤	27	① ② ③ ④ ⑤
8	① ② ③ ④ ⑤	28	① ② ③ ④ ⑤
9	① ② ③ ④ ⑤	29	① ② ③ ④ ⑤
10	① ② ③ ④ ⑤	30	① ② ③ ④ ⑤
11	① ② ③ ④ ⑤		
12	① ② ③ ④ ⑤		
13	① ② ③ ④ ⑤		
14	① ② ③ ④ ⑤		
15	① ② ③ ④ ⑤		
16	① ② ③ ④ ⑤		
17	① ② ③ ④ ⑤		
18	① ② ③ ④ ⑤		
19	① ② ③ ④ ⑤		
20	① ② ③ ④ ⑤		

수리능력

문번	1 2 3 4 5	문번	1 2 3 4 5
1	① ② ③ ④ ⑤	21	① ② ③ ④ ⑤
2	① ② ③ ④ ⑤	22	① ② ③ ④ ⑤
3	① ② ③ ④ ⑤	23	① ② ③ ④ ⑤
4	① ② ③ ④ ⑤	24	① ② ③ ④ ⑤
5	① ② ③ ④ ⑤	25	① ② ③ ④ ⑤
6	① ② ③ ④ ⑤		
7	① ② ③ ④ ⑤		
8	① ② ③ ④ ⑤		
9	① ② ③ ④ ⑤		
10	① ② ③ ④ ⑤		
11	① ② ③ ④ ⑤		
12	① ② ③ ④ ⑤		
13	① ② ③ ④ ⑤		
14	① ② ③ ④ ⑤		
15	① ② ③ ④ ⑤		
16	① ② ③ ④ ⑤		
17	① ② ③ ④ ⑤		
18	① ② ③ ④ ⑤		
19	① ② ③ ④ ⑤		
20	① ② ③ ④ ⑤		

도형추리

문번	1 2 3 4 5	문번	1 2 3 4 5
1	① ② ③ ④ ⑤	21	① ② ③ ④ ⑤
2	① ② ③ ④ ⑤	22	① ② ③ ④ ⑤
3	① ② ③ ④ ⑤	23	① ② ③ ④ ⑤
4	① ② ③ ④ ⑤	24	① ② ③ ④ ⑤
5	① ② ③ ④ ⑤	25	① ② ③ ④ ⑤
6	① ② ③ ④ ⑤		
7	① ② ③ ④ ⑤		
8	① ② ③ ④ ⑤		
9	① ② ③ ④ ⑤		
10	① ② ③ ④ ⑤		
11	① ② ③ ④ ⑤		
12	① ② ③ ④ ⑤		
13	① ② ③ ④ ⑤		
14	① ② ③ ④ ⑤		
15	① ② ③ ④ ⑤		
16	① ② ③ ④ ⑤		
17	① ② ③ ④ ⑤		
18	① ② ③ ④ ⑤		
19	① ② ③ ④ ⑤		
20	① ② ③ ④ ⑤		

좋은 책을 만드는 길
독자님과 함께하겠습니다.

도서에 궁금한 점, 아쉬운 점, 만족스러운 점이
있으시다면 어떤 의견이라도 말씀해 주세요.
시대인은 독자님의 의견을 모아 더 좋은 책으로 보답하겠습니다.

www.sidaegosi.com

2020 하반기 채용대비 LSIT 코오롱그룹 인적성검사 단기완성
최신기출유형+모의고사 3회

개정5판1쇄 발행	2020년 10월 15일 (인쇄 2020년 09월 29일)
초 판 발 행	2015년 09월 25일 (인쇄 2015년 08월 27일)
발 행 인	박영일
책 임 편 집	이해욱
저 자	SD적성검사연구소
편 집 진 행	이경서
표지디자인	박수영
편집디자인	양혜련 · 안아현
발 행 처	(주)시대교육
공 급 처	(주)시대고시기획
출 판 등 록	제 10-1521호
주 소	서울시 마포구 큰우물로 75 [도화동 538 성지 B/D] 9F
전 화	1600-3600
팩 스	02-701-8823
홈 페 이 지	www.sidaegosi.com
I S B N	979-11-254-8198-0 (13320)
정 가	20,000원

단기간에 완성하는

LSIT

공중보건 임상병리사

최신기출유형 + 모의고사 3회

현재 나의 실력을 객관적으로 파악해 보자!

모바일 OMR
답안분석 서비스

도서에 수록된 모의고사에 대한 객관적인 결과(정답률, 순위)를 종합적으로 분석하여 제공합니다.

OMR 입력

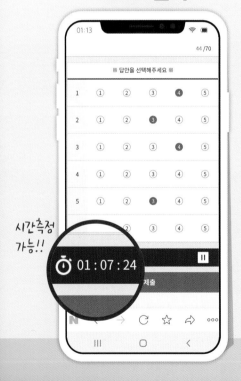

시간측정 가능!!

성적분석

채점결과

※OMR 답안분석 서비스는 등록 후 30일간 사용가능합니다.

참여방법

모의고사에 위치한 QR코드 찍기 → 로그인 하기 → '시작하기' 클릭 → '응시하기' 클릭 → 나의 답안을 모바일 OMR 카드에 입력 → '성적분석&채점결과' 클릭 → 현재 내 실력 확인하기